中国工程院院士

是国家设立的工程科学技术方面的最高学术称号，为终身荣誉。

中国工程院院士传记

关兴亚传

白尔铮 著

中国石化出版社
人民出版社

图书在版编目(CIP)数据

关兴亚传/白尔铮著. —北京：中国石化出版社，2017.10
(中国工程院院士传记)
ISBN 978-7-5114-4699-2

Ⅰ.①关… Ⅱ.①白… Ⅲ.①关兴亚-传记 Ⅳ.①K826.13

中国版本图书馆 CIP 数据核字(2017)第 259467 号

中国石化出版社出版发行
地址:北京市朝阳区吉市口路 9 号
邮编:100020　电话:(010)59964500
发行部电话:(010)59964526
http://www.sinopec-press.com
E-mail:press@sinopec.com
北京科信印刷有限公司印刷
全国各地新华书店经销
*
700×1000 毫米 16 开本 4 彩页 23.25 印张 296 千字
2017 年 11 月第 1 版　2017 年 11 月第 1 次印刷
定价:68.00 元

中国工程院院士关兴亚

关兴亚（后右）与父母、两个弟弟的合影（1955 年）

关兴亚夫妇在国外度假

关兴亚在网上收集资料

关兴亚与夏德良在研讨微型反应器制作（1974 年）

关兴亚与吴粮华在讨论催化剂评价装置

关兴亚、陈欣、吴粮华在研究试验方案

关兴亚在加拿大MB-86催化剂技术交流会上作报告（1995年7月）

关兴亚（中）在美国休斯顿孟山都公司（1998年12月）

关兴亚在2010年上海世博会石油馆里为小朋友讲解

中国工程院院士传记系列丛书

领导小组

顾　问：宋　健　徐匡迪

组　长：周　济

副组长：陈左宁　黄书元　辛广伟

成　员：董庆九　任　超　沈水荣　于　青　高中琪
　　　　王元晶　高战军

编审委员会

主　任：陈左宁　黄书元

副主任：于　青　高中琪　董庆九

成　员：葛能全　王元晶　陈鹏鸣　侯俊智　王　萍
　　　　吴晓东　黎青山　侯　春

编撰出版办公室

主　任：侯俊智　吴晓东

成　员：侯　春　贺　畅　徐　晖　邵永忠　陈佳冉
　　　　汪　逸　吴广庆　常军乾　郑召霞　郭永新
　　　　王晓俊　范桂梅　王爱红　宗玉生　唐海英
　　　　张　健　黄海涛　李冬梅　于泽华

《关兴亚传》

总　序

20世纪是中华民族千载难逢的伟大时代。千百万先烈前贤用鲜血和生命争得了百年巨变、民族复兴，推翻了帝制，肇始了共和，击败了外侮，建立了新中国，独立于世界，赢得了尊严，不再受辱。改革开放，经济腾飞，科教兴国，生产力大发展，告别了饥寒，实现了小康。工业化雷鸣电掣，现代化指日可待。巨潮洪流，不容阻抑。

忆百年前之清末，从慈禧太后到满朝文武开始感到科学技术的重要，办“洋务”，派留学，改教育。但时机瞬逝，清廷被辛亥革命推翻。五四运动，民情激昂，吁求“德、赛”升堂，民主治国，科教兴邦。接踵而来的，是连年的内战、抗战和解放战争。恃科学救国的青年学子，负笈留学或寒窗苦读，多数未遇机会，辜负了碧血丹心。

1928年6月9日，蔡元培主持建立了中国近代第一个国立综合性科研机构——中央研究院，设理化实业研究所、地质研究所、社会科学研究所和观象台四个研究机构，标志着国家建制科研机构的诞生。20年后，1948年3月26日遴选出81位院士（理工53，人文28），几乎都是20世纪初留学海外、卓有成就的科学家。

中国科技事业的大发展是在新中国成立以后。1949年11月1日成立了中国科学院，郭沫若任院长。1950–1960年有2500多名留学海外的科学家、工程师回到祖国，成为大规模发展中国科技事业的第一批领导骨干。国家按计划向苏联、东欧各国派遣1.8万各类科技人员留学，全都按期回国，成为建立科研和现代工业的骨干力量。高等学校从新中国成立初期的200所增加到600多所，年招生增至28万人。到21世纪初，高等学校2263所，年招生600多万人，科技人力总资源量超过5000万人，具有大学本科以上学历科技人才达1600万人，已接近最发达国家水平。

新中国成立60多年来，从一穷二白成长为科技大国。年产钢铁从1949年的15万吨增加到2011年的粗钢6.8亿吨、钢材8.8亿吨，几乎是8个最发达国家（G8）总年产量的2倍。20世纪50年代钢铁超英赶美的梦想终于成真。水泥年产20亿吨，超过全世界其它国家总产量。中国已是粮、棉、肉、蛋、水产、化肥等第一生产大国，保障了13亿人口的食品和穿衣安全。制造业、土木、水利、电力、交通、运输、电子通讯、超级计算机等领域正迅速逼近世界前沿。“两弹一星”、高峡平湖、南水北调、高公高铁、航空航天等伟大工程的成功实施，无可争议地表明了中国科技事业的进步。

党的十一届三中全会以后，实行改革开放，全国工作转向以经济建设为中心。加速实现工业化是当务之急。大规模社会性基础建设，大科学工程、国防工程等是工业化社会的命脉，是数十年、上百年才能完成的任务。中国科学院张光斗、王大珩、师昌绪、张维、侯祥麟、罗沛霖等学部委员（院士）认为，为了顺利完成中华民族这项历史性任务，必须提高工程科学的地位，加速培养更多的工程科技人才。中国科学院原设的技术科学部已不能满足工程科学发展的时代需要。他们于1992年致书党中央、国务院，建议建立“中国工程科学技术院”，选举那些在工程科学中做出重大的、创造性成就和贡献、热爱祖国、学风正派的科学家和工程师为院士，授予终身荣誉，赋予科研和建设任务，请他们指导学科发展，培养人才，对国家重大工程科学问题提出咨询建议。中央接受了他们的建议，于1993年决定建立中国工程院，聘请30名中国科学院院士和遴选66

名院士共96名为中国工程院首批院士。于1994年6月3日，召开了中国工程院成立大会，选举朱光亚院士为首任院长。中国工程院成立后，全体院士紧密团结全国工程科技界共同奋斗，在各条战线上都发挥了重要作用，做出了新的贡献。

中国的现代科技事业比欧美落后了200年。虽然在20世纪有了巨大进步，但与发达国家相比，还有较大差距。祖国的工业化、现代化建设，任重道远，还需要有数代人的持续奋斗才能完成。况且，世界在进步，科学无止境，社会无终态。欲把中国建设成科技强国，屹立于世界，必须持续培养造就数代以千万计的优秀科学家和工程师，服膺接力，担当使命，开拓创新，更立新功。

中国工程院决定组织出版“中国工程院院士传记”丛书，以记录他们对祖国和社会的丰功伟绩，传承他们治学为人的高尚品德、开拓创新的科学精神。他们是科技战线的功臣，民族振兴的脊梁。我们相信，这套传记的出版，能为史书增添新章，成为史乘中宝贵的科学财富，俾后人传承前贤筚路蓝缕的创业勇气、魄力和为国家、人民舍身奋斗的奉献精神。这就是中国前进的路。

宋健

序

关兴亚是我国知名的石油化工专家，是我国丙烯腈催化剂及成套工艺技术的开拓者和奠基人之一，为我国丙烯腈产业的发展作出了卓越贡献。

20 世纪 60 年代初，中国遭遇了严重的自然灾害。为了解决老百姓的穿衣问题，国家急需发展丙烯腈生产技术，而当时国内在丙烯腈的研究方面还处于空白。关兴亚是新中国成立后党和国家培养的第一代本科大学生，他既没有到海外留过学，也没有在海外进修和培训的经历。然而，本着满足国家和人民需要的强烈愿望，他勇挑重担，奋发图强，潜心开展丙烯腈生产技术的研发，最终获得了成功。

60 多年来，关兴亚一直秉持一丝不苟的科学态度、百折不挠的敬业精神和艰苦朴素的工作作风。上海石油化工研究院建院之初，科研条件非常简陋，实验室连一台商品气相色谱仪也没有；中试装置设计靠的是几元钱一把的计算尺和旧时出版的《化工手册》；催化剂制造过程如浆料配制、捏合、挤条、干燥、焙烧等均采用土制设备，作坊式生产。在这种异常简陋和艰苦的条件下，关兴亚带领他的团队，仅用短短 6 年时间就完成了丙烯腈流化床催化剂及反应工艺的研发和中试验证，催化剂综合性能高于当时的世界先进水平，这不能不说是一个奇迹，一个创举！20 世纪 70 年代，我国采用自主开发的丙烯腈技术，陆续建成总产能达2万吨/年的12套中小型装置，为解决人民“穿衣问题”发挥了重要作用。之后，我国陆续建成多套拥有自主知识产权的大型丙烯腈生产装置，创造了巨大的经济效益和社会效益。然而，关老对个人生活的需求却少之又少。为了工作，他常常以馒头加白开水为正餐，两张板凳一件大衣就是加班休息时的床，一家5口人在老式破旧石库门里一间不足15平方米的厢房里一住就是20多年……

关老对待名利更是高风亮节、坦荡无私。他说：“从搞丙烯腈课题那一刻起，压根就没有想过名和利……想的是如何为早日解决亿万人民的穿衣问题作贡献，想的是一个党和国家培养的大学生如何报效祖国和人民”。1993年“MB-86型丙烯腈催化剂工业应用”项目申报国家科技进步一等奖时，关老婉言谢绝了同事提出的将他列入获奖名单的提议，他说“我的荣誉太多了，再得也没有意思了。”

关老，一辈子不知疲倦，古稀之年仍然在全国各地的丙烯腈装置、有关高等院校、工程设计单位等奔走，并专心指导丙烯腈成套技术工艺包的设计与编制。进入耄耋之年，他仍保持每天早晨和晚上上网查资料的习惯。作为上海石油化工研究院技术顾问，他除了指导丙烯腈新型催化剂和绿色新工艺技术开发外，还经常提出各种前瞻性和方向性的课题。作为中国工程院院士，他又常常为国内石油化工企业和工业循环经济发展出谋划策，用实际行动诠释了“生命不息、奋斗不止”的宝贵精神。

作为一名上海石油化工研究院中青年科技人员，我有幸多次聆听关老所作的学术报告和谆谆教诲。在我走上领导岗位后，也常常得到关老在工作上的指点和帮助，受益匪浅。

《关兴亚传》讲述了关老坎坷而不平凡的人生经历，真实地反映了我国老一辈科技工作者为了我国石化工业的发展和技术进步，勇于探索、勇于实践、勇攀世界高峰的精神。我国的丙烯腈产业从无到有，从小到大，我国最终成为世界上少数几个掌握丙烯氨氧化制丙烯腈成套技术的国家之一。我国丙烯腈技术的每一个进步，都凝聚了包括关老在内的一代代上海石化院科研团队的心血和智慧，也凝聚了全国所有参加丙烯腈技术攻关的兄弟单位同仁的辛勤和汗水。可以说，《关兴亚传》，对广大科技工作者，尤其对青年科研人员而言，既是一本传记，更是一份宝贵的精神财富，值得大家分享。

是为序。

中国石化上海石油化工研究院

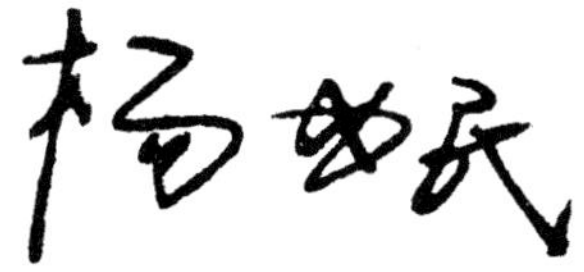

院士简介

关兴亚(1932~)，辽宁沈阳人，石油化工专家，现任中国石油化工股份有限公司上海石油化工研究院技术顾问。1955年毕业于复旦大学化学系。从60年代初开始长期从事丙烯腈生产工艺及催化剂的研究开发，是中国丙烯腈催化剂和成套工艺技术的开拓者之一。1988年被评为国家级有突出贡献的中青年专家；1989年获中国石油化工集团公司劳动模范称号；1991年享受国务院政府特殊津贴；1995年当选为中国工程院院士。上世纪70年代应用研制成功的流化床反应技术和四元、五元、七元催化剂在全国各地建成12套中小规模丙烯腈生产装置，填补了我国丙烯氨氧化领域的技术空白。80年代中期在中国石油化工集团公司领导下组织了研究、设计、高校和工厂等部门参与的丙烯腈成套技术攻关和国产化，开发出MC-22型、MC-23型、MB-82型、MB-86型、MB-96型、MB-98型和SANC系列催化剂均获得工业应用，各项性能指标均优于当时的国际同类产品，取得了显著的经济效益和社会效益。仅MB系列催化剂，至1995年底获直接经济效益4000多万美元，为企业新增利税数亿元。1988年7月"MB-82型丙烯腈催化剂研究及工业应用"获国家科技进步二等奖；1993年12月，"MB-86型丙烯腈催化剂研究及工业应用"获国家科技进步一等奖。主持的大型丙烯腈流化床反应器、副产品硫酸铵和乙腈回收，以及丙烯腈精制回收率从90%分两阶段提升到96%等项目，也分别获国家和中国石油化工集团公司奖项，在取得兰州、抚顺、大庆等工业装置扩能改造成功经验的基础上，与有关单位合作，开发了包括11项专利技术和专有技术编制的"5万吨/年丙烯腈装置工艺包，即S-ANT"，从而使中国丙烯腈生产技术进入了世界先进行列。利用该工艺包，2002年在齐鲁石化建成4万吨/年国产化丙烯腈生产成套技术示范装置。应用新开发的工艺包，2003年完成了上海石化6万吨/年扩至13万吨/年技术改造，2013年完成了安庆石化13万吨/年新装置的建设。2009年"13万吨/年丙烯腈装置工业化成套技术开发"获中国石油化工集团公司科技进步一等奖。现符合环保理念和高氨转化率的新一代SANC系列催化剂在上海石化3万吨/年装置又获成功应用。截至2012年底，主持、参与和指导下获得的各种科技奖共64项，中国专利62件，涉外专利包括美国、欧洲、日本和中国台湾地区申请专利共35件，为中国丙烯腈催化剂和成套工艺技术进入世界先进行列和走向海外市场作出了重要贡献。

目　录

第一章

家世与青少年时代

关兴亚生于1932年8月11日，即农历壬申年七月初十，东北奉天市(今沈阳市)。其父亲关颂尧和母亲孙婉蓉都是基督教的虔诚信徒，为生男孩他俩曾天天祷告，如今心想事成，便觉得首先应感谢上帝的恩赐。于是，按照基督教的信奉，在教堂内举行了新生婴儿洗礼仪式。

根据关氏家谱，婴儿属“凤”字辈，关颂尧长兄两年前生下的儿子取名为凤鸣。所以关颂尧将新生婴儿取名为凤春，有两层意思，其一，有春便有夏、秋、冬，以求关氏家族子孙满堂；其二，春回大地，时来运转。后到凤春上学时，关颂尧觉得“凤春”两字有点俗气，于是改为兴亚。

多年来，关兴亚在职工履历表和各种登记表的“民族”一栏，填写的都是汉族，但他的身上却有曾以狩猎和捕鱼为生，且英勇善战的锡伯族人的血统。1945年秋进入沈阳市立三中填写学生登记表时，本来在“民族”一栏应填锡伯族，一位老师针对父母各为满汉民族的学生说，如从今后求学、就业和发展前程看，学生可任选其中之一，能填汉族的就不要填满族了。后来，关父觉得老师言之有理，加上祖父又是并不光彩的八旗子弟，于是就按照老师的意见填为汉族。此后，包括其他几个弟弟在各种登记表中，都随母亲填写为汉族。

关颂尧祖上是八旗子弟，系镶蓝旗后裔。其父凭着“八旗子弟”的开国功劳，再加上写得一手好字，在衙门内谋了一个文职差事，生活虽非十分富裕，但还在一般平民百姓之上。1911年，孙中山领导的辛亥革命，推翻了清王朝，革命党掌了权，衙门也关了。从此，八旗子弟坐享其成的日子到头了，必须自食其力，寻找新的出路。因为没有俸禄，生活急转直下，靠拉大车、打杂工方勉强供关颂尧及其兄长完成高中学业。

关兴亚父亲关颂尧

关兴亚(前排右)4岁时和祖母、弟弟关兴业(前排中)、关兴国(前排左)的合影

关兴亚(左)与其弟关兴国童年时代

关颂尧一生与教会结下不解之缘。从 20 多岁起就在“市北教会”任一辈子的司库或称会计，管理教会的钱财进出。住在教会提供的房子，皇寺大街 176 号离教堂仅数十步路。除 3 间平房外，还有一个院子。在这个院子内，最困难时期还养过鸡和乳羊，以维持生计。

就在关颂尧结婚的那一年，沈阳市发生了震惊世界的“九一八”事变。从此，东北人民开始了殖民地的生活，除了目睹日军无辜杀戮平民百姓外，物价飞涨和物资短缺，使民众生活每况愈下。1941 年太平洋战争爆发后，美国牧师被驱逐回国，教堂经费断绝，关颂尧失去唯一的经济来源，于是，依靠饲养乳羊、鸡和经营各种小生意勉强维持全家生计。

关兴亚上学略比同龄小学生晚一些，主要还是家里穷。因为富贵家庭的子女，5、6 岁可进幼稚园，之后再读一年级。可关兴亚没这么幸运，除家贫穷外，还有是他父亲工作的不稳定性，一直在沈阳、长春、哈尔滨等地的教堂不定期地工作。那时候在沈阳还没有自己的房子，所以全家只能跟着父亲到处奔走。大约在他 8 岁的那年才调回沈阳市的基督复临安息分会，住上分会给的房子，这个家才安顿下来。靠着他父亲学前教他识的汉字和简单的算术，8 岁那年跳过一年级，直接跟着二年级的班。那时，小学有初小和高小之分，由于私立教会学校成绩未被当地文教部门所认可，不能直升高小，加上在沈阳生活条件艰苦，每天以南瓜糊口。所以，2 年后关兴亚被送到他的舅父家，沈阳至山海关铁路线的重镇高山子镇的村立小学求学。1943 年再回到沈阳市，考入日本人办的厚生国民学校读高小。

在日本人开办的学校读书，教规很多，譬如每天早晨就要绕跑道跑 13 圈，距离少说也有 3000~4000 米；还要做 100 个俯卧撑；上教学楼楼梯不能一步一级，至少一步 2~3 级；冬天必须参加冬泳；而最让关兴亚觉得“麻烦”的是进入教室必须换鞋，以保持教室的“清洁”。若不遵守这些教规，常常会挨老师们的打骂，甚至皮鞭抽打。日本老师们上课时，还常常宣扬日本武士道精神和如何效忠日本天皇，以对中国人从儿童起就进行封建文化的奴化教育和法西斯教育，所以学校打架成风。

为剥削中国学生的劳动力，1937 年当地文教部门专门发文规定，大中小学生每学期必须有一个月参加“勤劳奉仕”。在关兴亚记忆中，那时小学生主要到日本人的香烟厂去打工，如打水、扫垃圾等，有时也到日本人的药厂去打工，但必须穿上日本人的工作服，这样可便于监工们的识别。这些监工们对学生看管很严厉，看见学生怠工，一次警告，二次就劈头劈脸地打。一位同班同学，因不慎打碎一只玻璃杯竟被监工打得头破血流，还不准发出哭声。

解放后新建的沈阳二中

1945 年 8 月 15 日早晨，校长通知全体师生到礼堂集合听重要新闻，实际上是日本天皇宣读无条件投降的“接受菠茨坦公告诏书”，宣读前还播放了日本国歌。从此时起，学校已完全停课。因为当时校长、教导主任和部分日本老师在听了投降书后都流了眼泪，所以学生们都意识到战争即将结束了。不过对学生们来说最高兴的是不必再读难学的“日语”。

1945年秋，关兴亚进入沈阳市立三中，该校前身是由张学良将军出资40万大洋于1928年创建的"沈阳同泽女中"。在此之前，张学良将军还于1925年出资60万大洋创建了"沈阳同泽男中"。同泽两字出自《诗经》无衣篇"岂曰无衣，与子同泽"，原意是培养桑梓子弟，同仇敌忾，共报家仇国恨。1937年该校被日本人强行霸占先后改为"奉天第一女子初级中学"和"奉天第二国民高等中学"。解放后沈阳一中、二中、三中等合并后改为"沈阳市第二中学"。

1948年4月，离初中毕业还有3个月，为避开战争，关父决定让关兴亚离开沈阳到江苏句容中华三育学校高中部继续他的学业。如今虽然时隔六十多年，但当年情景还浮现眼前，记忆犹新。那天清晨，天蒙蒙亮，父亲就催其起身，早饭后，带上干粮和一只箱子，随其父母亲同时赶往机场，乘坐的是一架墨绿色的小型飞机。要说那是一架军用飞机，实际更像是邮政用飞机，因为机上看不见军人，也看不到军用物资，两侧座位加起来也只能坐二十余人，机上还有数件装邮件的大包。因为飞机飞得不高，地面建筑看得一清二楚，也许是气流的影响，飞机颠簸很厉害，同行的关父好友还呕吐了几次。飞机在路途中还加了油，所以从上午8点不到起飞，到青岛已是下午3点多。下飞机后，搭了一辆货车一直到船码头，搭乘前往上海的小货轮，第四天才到上海提篮桥附近的一个码头。之后，便步行到苏州河桥下武进路183号基督复临安息日会沪北分会。这幢具独特的双门结构的红砖建筑至今仍保存完好。它建于1905年，是该基督复临安息日会在上海的第一座教堂，也是当年传教士聚集场所。在基督复临安息日会沪北分会住了一夜后，关兴亚独自提着行李箱步行不到半小时便到北站乘火车前往镇江句容，从此开始过起离开父母亲的独立生活。

中华三育研究社是基督复临安息日会出资创办的一个专为教会职工子弟求读的学校。其历史可追溯到1910年，该教会在河南省周家口，即现今的周口市创建的"道医官话学校"。1913年迁至上海杨树浦路赖霍尔路，即现今的宁国路458弄51号，改称“三育大学”。1925年迁至句容县桥头镇西山，包括农田，占地面积750亩，1931年改称中华三育研究社。1931~1937年是该社鼎盛时期，教师们多才多艺，工作兢兢业业，学生刻苦努力，校风严谨，手脑并用，锻炼身心，还办起《芜园》和《山光》杂志，百家争鸣，蔚然成风。在校人数达400余人。此外，每年暑假来自全国基督复临安息会骨干在此培训，相互交流，热闹非凡。1937年受战争影响，被迫停办。之后，日军在“南京大屠杀”后，又在半夜潜入中华三育研究社杀害了多名留守牧师、教员，并将屋厦拆运精光，洗劫无存。抗战胜利后，美国华盛顿神学院院长李博克到句容桥头镇又重建因战争而毁的中华三育研究社，并于1948年秋正式落成，社长为美国人林思翰。

中华三育研究社实行的是“学分制”，高中部也是如此，这在国内并不多见。学分制的好处是不受年限制约，还可有更多打工时间，有更多的零钱可花。学分制确定每一课程的学分，还设置必修课和选修课，规定各类课程的比例，以及准予毕业的最低总学分。由于学校考虑学生要直升美国大学，所以尤其重视英语、数学、物理、化学课程。基督教会更希望学生报考医科大学。所以，生物和生理卫生课也是必修课。不过，解放以后，研究社已改为由教育部门所属“三育中学”，实际还是3年制的高中。

中华三育研究社采用半工半读或称勤工俭学的办学模式，既解决了学生上高中的学杂费、书报费、住宿费，以及生活零用钱，还培养学生爱劳动和实际动手能力。

入学时新校舍还未完全建成，学生主要做一些打扫卫生、整理校舍的杂务工。后来约有半年时间是干农活，之后正式上课。因为是半工半读，每个在校学生都要在课余时间兼一份工，关兴亚得到的是一份梦寐已求的化学实验室工作，主要为初中学生上化学实验课做准备工作。

在中华三育研究社 3 年高中学习中有几件事他至今仍未忘记。第一件事是 1948 年 11 月底到上海基督复临日总会沪北分会讨打工钱。因为进校时，校方讲明付给与美元等值的中国货币，起初也是照章办理的，后来由于战争原因物价高涨，再加上学校经费来源出现问题而无法兑现。为此，学校同意关兴亚和十几个敢于“造反”的同学作为学生代表，到上海基督复临沪北分会去讨钱。然而，到了上海没有讨到钱，却在外滩看到惊人一幕。中国银行门口挤满了手持大捆金圆券的人群，人山人海，维持秩序的警察手持警棍不停地叫喊着，可是谁去理睬警察呢？银行开的小门如一道缝一般，一天能换多少金条和银元呢？看来大多数市民手里拿的一捆捆的金圆券最终还是要变成一张张连卫生纸都不如的废纸。回到学校，金圆券果然如同一张废纸，连理发店也不收金圆券，学生们理发是用馒头支付的。

第二件事是目睹句容县解放过程。1949 年 4 月 22 日夜晚，桥头镇炮声隆隆，火光冲天，关兴亚和同学们爬上寝室屋顶瞭望长江，方知国民党声称的“长江天险”早被冲破，成百上千只帆船载着荷枪实弹的中国人民解放军已经渡过长江。第二天，他又在桥头镇见到背着枪的解放军。听镇上老百姓讲，解放军衣着虽然单薄，但昨夜还是露宿街头，没有骚扰老百姓，白天还帮居民打水、干活，真是人民的子弟兵。而且有些解放军战士也能歌善舞，在桥头镇的一块空地上扭起秧歌，唱起民歌“解放区的天”。镇上百姓闻讯后都来围观，战士们见人多了越跳越起劲，后来镇上的青年人也跟着一起跳起秧歌舞。原先在关兴亚的印象中，兵匪本是一家人，在沈阳见到的日本兵用枪托砸打中国人，国民党的兵抢劫百姓财物。相比之下，共产党的军队纪律严明，对老百姓爱护有加，所以看来还是共产党的军队好。1950 年他胞弟关兴国参加中国人民志愿军时，家里曾写信告诉关兴亚，关兴亚回信是举双手赞成，其原因也正是他亲眼看到中国人民解放军是人民自己的军队。1949 年 4 月 23 日句容县正式解放。从此，中国人民可以当家作主，开始走向幸福生活。

第三件事是“三自爱国运动”。所谓三自，“自治”是指教会内部事务独立于国外宗教团体之外；“自养”是指教会的经济事务独立于国外政府财政和国外宗教团体之外；“自传”是指教会完全由本国教会的传道人传教和由本国教会的传道人负责解释教义。从此，中国天主教和基督新教组织在中国共产党领导下，逐步脱离国外宗教团体领导和干扰而独立出来。

因为中华三育研究社学生都是基督复临安息日教会的信徒，所以必须参加“三自爱国运动”。那时，由解放军领导的这场运动中，揭露了帝国主义利用教会进行反革命的勾当。

通过这场运动，关兴亚思想有了提高，结合实际，他发现原来认为研究社的“育心、育脑、育手”这三育有正面意义。再仔细一想“育心”，育的是什么心呢？说到底要中国人的心跟着美国，跟着教会，那么装有“美国心”和“教会心”的中国人还有什么民族节气呢？从此之后，他再也不愿做基督教徒，并与教会彻底脱离了关系。

在3年高中学习期间，关兴亚还有一个重要收获是邂逅了他的同学，后来成为终身伴侣的戴赣耀。因为关兴亚学习成绩优秀，又肯帮助同学，所以给戴赣耀留下很好的印象。在戴赣耀的眼里，关兴亚聪明、能干，还有东北汉子的正直、豪爽，是一个信得过，将来可以依靠的顶天立地的男子。戴赣耀祖籍江西南昌，在班级里功课也在中上水平，而且思想进步。父亲戴亚夫是上海基督复临安息日教会的信徒，还受过高等教育，职业又与关兴亚父亲关颂尧一样是教会的会计，所以俩人共同语言很多，但戴赣耀早就不信基督教的那套理念。她常常对关兴亚说：“人死后怎么会上天堂呢？天堂是怎么样的，谁也没见过。”

后来俩人经常交往成为知己，直到毕业前夕才确定未婚夫妻的关系。戴赣耀不仅鼓励关兴亚继续高考深造，还在经济上支持关兴亚，而她自己虽说也是要求上进的，不过报考重点大学还有点顾虑，于是进入上海护士学校学习 2 年。之后，在上海西藏中路和延安东路交叉口的红十字医院任手术室麻醉师。她工作上精益求精，对关兴亚也有重要影响。

中华三育研究社旧址

基督复临沪北分会旧址(武进路 183 号)

1951 年，关兴亚在三育中学完成高中学业后，父亲原本盼其出国留洋的可能性已经渺茫，所以希望他将来能当上一名医生。尤其是出身世代从医家庭的母亲孙婉蓉更是如此。在她看来，一来“救死扶伤”，符合基督教的理念，二来还有较丰厚的收入。她的哥哥继承父业，在黑山县高山子村也是一名中医。因为不管什么朝代，吃五谷杂粮的人都会生病，都少不了医生，所以医生永远是高尚的职业。父母亲要他学医，但关兴亚最终还是选择了自己喜欢的化学专业，报考了交通大学化学系。他是一个孝子，但在选择自己未来专业时却违背了父母的愿望。对此，他说，自己生性好动，也许是与化学这门学科结下不解之缘的重要原因。还在初中二年级时，化学老师上的第一节课是，比较物理与化学的研究领域。老师说，物理是从分子角度研究物质变化，化学是从原子角度研究物质变化。到 20 世纪初，牛顿三大定律以及其他经典理论已经奠定，之后再要有新的定律发现就很难。但是化学却是千变万化，许多理论有待于你们青年人的努力去研究发现。所以，在关兴亚心目中，化学比物理更有趣。

后来，关兴亚开始关心化学课程，尤其喜欢做化学实验。一个偶然的机会，他经过离家仅咫尺的教会医院。关兴亚至今还记得，这是一幢4层楼的建筑，底楼最左端一间是配药房。从窗外一眼就可以看到，药剂师在配药。说也奇怪，倒在烧杯中的固体粉末一会儿变成液体，一会儿从无色透明变成了红色，有的则变成蓝色或黑色，犹如变魔术一样。关兴亚会凝视好长时间，他觉得这跟老师做的化学实验怎么如此相似呢？于是带着问题询问化学老师。老师告诉他药剂配制是化学，药物合成更是化学。凡是世界上有的物质，大多数可以通过化学途径来合成，所以化学可为人类造福。至于其中原理，以后你们会明白的。

此后，关兴亚就在家里腾出一间小房，既当卧室又当化学实验室。说来凑巧，正在为实验设备、器皿和药品试剂发愁时，关兴亚在放学回家路上看到一大堆化学用品放在地上，无人问津，真所谓踏破铁鞋无觅处，得来全不费功夫。

那时沈阳社会很乱，作为战争胜利者的苏联军队到处寻找战利品，特别是日本人留下的工厂设备。苏联军队把沈阳的几个化工厂机器设备都拆了，其中泵、压缩机、仪器等装备都装入卡车运往苏联。但看似无用的东西，像玻璃瓶、烧杯、试管、滴定管以及化学试剂等都扔在大街上，甚至连花花绿绿的布也整匹堆在地上，哄抢的人当然不少。烧杯、试剂之类化学品对哄抢者来说是危险品，但却是关兴亚想要的东西，于是他将这些物品收集起来，再拿回家，约有半房间之多，办一个家庭化学实验室绰绰有余。

有了家庭化学实验室，关兴亚先是学着老师在课上教的示范实验，回家后再按照课本中要求的步骤自己动手，后是做自己想做的化学实验，哪怕是老师没教过的。有两个实验他至今未忘。一个实验是氯气制备，氯气跑出来后，母亲闻到了气味，以为是日本人又在放毒气了，呛得不停地咳嗽，而他却若无其事，还很得意，因为实验成功了。另一个实验是看了大学教材普通化学后，为验证离子能在水中移动，于是搞了一些蒸馏水，在烧杯中将硝酸银与氯化钠反应，结果在界面上出现一根白线，从而验证了银离子迁移过程。

进入中华三育研究社后，半工半读，其中“工”是当一名专为初中学生上化学课的实验员。为做好实验准备工作，有时一个半天，甚至星期天都扑在化学实验室内，而且在化学老师指导下还学到了许多实验室的基本操作规则。所以，酷爱化学和化学实验的关兴亚在选择未来专业时不得不自作主张，选择化学系。

关兴亚心知肚明，当时报考上海交通大学最薄弱的环节是“国语”，因为在日本人开设的高小是不设国语课的，所谓国语实是日语。在教会办的中华三育研究社，因前几届毕业生都是送往美国医科大学的，所以主要课程是英语、数学、物理、化学和生物，同样不设国语课。国语只是在沈阳市立三中学了不到3年的功夫。于是，在上海远房亲戚的那间不到4平方米的小阁楼中成天做普通高中国语教本的习题，背诵大量古文和诗词。由于不习惯上海的黄梅天和闷热的天气，加上阁楼的狭窄空间，实在难熬，故一度有放弃高考的念头，但在未婚妻戴赣耀的鼓励和帮助下，还是坚持到最后。

苍天不负有心人，十年寒窗终有回报。1951年8月中旬，上海交通大学发榜，关兴亚见到自己名字，才兴奋地将这一喜讯告诉父母亲和未婚妻。其实在等待通知的2个月内多少有点忧心忡忡，不过他也有思想准备。当时报考者可填5个志愿，如交通大学考不上，还有复旦大学、同济大学、浙江大学和沪江大学4所高校的化学系，总不会门门落空吧！

交通大学前身是中国近代金融大亨、洋务派代表人物盛宣怀于1896年创办的南洋公学。作为享誉东亚的最高学府，蔡元培、马寅初、吴有训等大师曾在此任教。

南洋公学建校之初，从美国麻省理工学院（英文缩写MIT）和哈佛大学购来教科书，依照美国大学课程进行教学。后来逐步明确“以理科为基础，工科为重点，兼有管理学科”的办学方针。到20

世纪30年代交通大学已有东方MIT，即东方麻省理工学院的美誉，甚至连学生实验课的内容也都类同MIT。据称，孙中山先生也曾亲临交通大学，勉励师生“奋发学习、掌握科技，以期在不远的将来迎头赶上欧美强国”。

交通大学校门与上海其他高等学校明显不同，有一对石狮子雄踞大门两侧，红色大门和绿色琉璃瓦的屋顶，这在北京并不稀奇，但在上海却绝无仅有，让人感觉有官办的色彩。校内建筑至今仍保留着盛宣怀聘请美国人福开森设计并督造的西式三层主楼，还包括建于1899年的中院，即附中部；建于1900年的上院，即大学部；建于1909年的新中院，即新附中部；建于1919年的图书馆和建于1925年的体育馆，以及建于1925年的总办公厅。

交通大学座落在上海西南地区徐家汇。其中“徐家”两字来自著名科学家徐光启。徐家当年在此有个农庄，“汇”字，是因该地处于肇家浜与法华浜两水汇合处。徐家汇的标记建筑是建于1896年的天主堂，天主堂与交通大学之间则有1850年创建的徐汇中学。

百余年来，交通大学为国家培养了大批高级技术人才和管理人才。其中我国“两弹一星”功臣钱学森1934年7月毕业于该校机械工程学院。化学系成立于1928年，它是中国化学家云集地之一。关兴亚入校时，化学系主任是著名化工专家苏元复教授，多位学术大师如顾翼东、曾昭伦、张大煜、吴学周曾在此工作过。

解放前，上海交通大学也是中国共产党领导下的学生运动重要据点，具有光荣的革命传统，江泽民总书记曾是该校地下党成员之一。

解放后，凡考入上海交通大学的新生第一堂课就是进行缅怀革命烈士穆汉祥和史霄雯的爱国主义教育，关兴亚也不例外。现在两位烈士的纪念碑仍矗立在华山路1954号交通大学校区内。

穆汉祥烈士，生于1924年，天津人，1945年考入重庆交通大学电信管理系，1946年随学校迁至上海交通大学，1947年加入中国共产党，1949 年 5 月在上海解放前夕被国民党军警杀害于闸北宋公园，时年 25 岁。

史霄雯生于 1926 年，江苏常州人，“新青联”会员，1945 年考入上海交通大学化学系，任学生自治会执委，与穆汉祥同时牺牲。

穆汉祥和史霄雯被捕后，被扣上沉重的脚镣，关在警察总局死牢，任凭棍子拷打、上老虎凳、灌辣椒水、刺手指甲等酷刑逼供，仍宁死不屈。临刑时还高呼“中国共产党万岁！”“中国人民解放军万岁！”史霄雯在临死前还对穆汉祥说：“我史霄雯的血能够和共产党人，为祖国解放和人类进步事业而战斗的最坚定战士的血在一起是我最大的光荣。”从而表达了革命者的崇高理想。

1949 年 6 月 5 日，两位烈士的灵柩载归交通大学校园，成为爱国主义教育的重要课堂。

交通大学一向对学生要求严格，具有课程多、重基础、考试严格等特点。因为考试严格，到二年级时，大约会少了三分之一的学生，毕业时有一半学生已是相当不错了。不过，在长期办学过程中形成了自己独特的办学传统和办学特色，即“起点高，基础厚，要求严，重实践”。关兴亚刚进入交通大学时并不适应这种学习氛围。他至今仍记得，拿到的“普通物理”课本是美国麻省理工学院的英文版教材。因为教材很深奥，而且对许多物理专业的英文词汇掌握得不多，所以，第一次普通物理考试就不及格。于是便发奋学习物理和物理专业英文词汇，后来到期终考试包括难度更大的理论物理考试都获得优良成绩。

关兴亚刚进交通大学时，生活费也是一道坎。自教会开展“三自爱国运动”后，由于其父工资收入减少，已无力供给他的大学生活费用，所以只能向学校打报告申请人民助学金。好在不久后国家教育部发文，从 1951 年 9 月起全部在校大学生都享受人民助学金待遇，这才使关兴亚消除了后顾之忧。学校考虑到他家的实际困难，每月还发给数元零用钱。除购买牙刷、牙膏、肥皂等生活必需品外，他的零用钱主要用来购买参考书。那时，上海福州路有个旧书商店，该店专门收集各高等学校毕业生用过的旧书，然后再上架以不到二、三折，甚至一折也有，卖给新进高等学校的“穷学生”。关兴亚常到福州路这家旧书店去淘老师指定的参考书，起初，他不懂买旧书，怎么叫淘旧书，后来才知道上海人买旧的书籍、旧的衣物都称“淘”。说来也是，同一书名的“有机化学”有不同作者，内容和深度都不一样，所以，要从几本或几十本中淘出最适合自己的书籍。除了购买这些与化学有关的书籍外，关兴亚还喜欢买一些翻译好的化学专业书，因为这种书有个特点是专业用语处有英文对照，还可学到专业英语词汇，所以一举两得。一直到文化大革命前，他总是该书店的常客。文革之中，红卫兵要扫四旧，这家上海滩最知名的旧书店只能停止营业。

那时，高等院校没有全国统一教材，同一门课程各高校选用教材不同，甚至不同任课教授上课重点也不完全相同。大量的教材是教授们编写的讲义，讲义后面是列出的一大堆参考书。有些重要参考书还得自己购买，以培养学生的自学能力。

交通大学，虽说是全国著名高等学校，但校舍也很拥挤，8 个学生一个寝室，室内仅装一盏 40 瓦特的电灯泡，要找一个安静的读书环境也极不容易。而且校舍还邻近上海最闻名的臭水沟，即肇家浜。这里聚集了 2000 多户贫困人家，有上海“龙须沟”之称，终年肮脏不堪，臭气冲天，也是上海最大的水上棚户区。不过后来由上海市人民政府出资 1370 万元，使 2000 多户居民迁入新居，并建成长达 2900 米的林荫大道，这才改变了面貌。如今这条肇家浜路已成为上海景观区之一。据关兴亚回忆，当年在校背诵外语单词和复习上课笔记常常是在路灯下进行的。平时喧闹声还能忍受，只是到夏天，臭水沟的气味实在难闻，还有苍蝇和蚊子叮咬。好在“万金油”很管用，闻到万金油的味道，苍蝇和蚊子会离你而去。

解放初期，由于我国高等学校基本采用欧美模式，而且是教授治校，所以到1952年全国高等学校模仿苏联办学，开始对院系作了大调整，并取消了教授治校的模式。还有一个重要特点是专业分得更细，而不像欧美模式培养的是通用人才。例如化学与化工在欧美教育模式中并不分开，然而按照苏联模式不仅分开，化学专业下还要分“专门化”，由于院系调整，原浙江大学、同济大学、沪江大学、大同大学、震旦大学、交通大学与复旦大学七校化学系合并，关兴亚也由交通大学调整到复旦大学，属化学系有机化学专业生物碱专门化学生。由于化学与化工的分家，上海地区又成立了华东化工学院。在化工这个大学科中又分“有机化工”、“无机化工”、“高分子化工”、“煤化工”等系。

复旦大学是中国人自主创办的一所著名的高校，也是第一所通过民间集资创办的高等学校。始建于1905年，初名复旦公学，创始人为近代中国知名教育家马相伯，首任校董为国父孙中山先生。据称复旦二字选自《尚书大传·虞夏传》中“日月光华，旦复旦兮”，意在自强不息，寄托了当时中国知识分子自主办学，教育强国的希望。由于马相伯先生曾于1903年创办过“震旦学院”，不久因外籍传教士南从周篡夺校政而发生学潮，130名学生愤然离校，并拥戴马先生另立新校，所以复旦也有恢复震旦之意。复旦公学在1917年改为私立复旦大学，1941年改为国立复旦大学。

复旦大学化学系始建于1926年，1952年院系调整后，师资力量倍增，由来自浙江大学的著名化学家吴征铠教授担任化学系主任，同时从浙江大学调入的还有于同隐教授。从交通大学调入的有顾翼东教授和朱子清教授，从沪江大学调入的有吴浩青教授。这些当时国内著名化学家和教授的加入，使复旦大学化学系一跃成为培养国内一流化学家的摇篮。

不过，包括关兴亚在内多数交通大学化学系学生还是有不少想法，似乎“身价”低了，因为此时复旦大学毕竟还是以文科为主的高等学府，其化学系的名气还不如交通大学化学系。

百年来复旦大学在培养人才、创新科技、传承文明、服务社会方面为国家作出了突出贡献，师生谨记“博学而笃志，切问而近思”的校训，严守“文明、健康、团结、奋发”的校风，力行“刻苦、严谨、求实、创新”的学风，发扬“爱国奉献、学术独立、海纳百川、追求卓越”的复旦精神，因而人才辈出。

复旦大学化学系高度重视实验室教育，并将无机化学实验、有机化学实验、物理化学实验与无机化学、有机化学、物理化学分开设置学分。而实验仪器和装备又是当时国内一流水平，从而培养学生实验室研究开发能力。

在交通大学和复旦大学化学系 4 年学习中，对关兴亚学业和以后工作产生重要影响的任课老师中，莫过于我国著名元素有机化学家、教育家、主讲“有机化学”、“有机分析”和“生物碱”的朱子清教授。

朱子清教授生于 1900 年，1926 年毕业于东南大学理学院化学系，1929 年远涉重洋，前往美国伊利诺大学研究院深造，1933 年获该校哲学博士，同年在德国明兴大学进行有机化学研究，1934 年赴奥地利格拉兹大学，师从微量化学创始人、诺贝尔化学奖获得者普雷格尔(Fritz Pregl)学习微量分析。1935 年朱子清回国历任南京应用化学研究所研究员、同济大学教授。在此期间，朱子清除出色地完成了教学任务外，还在马钱子碱、钩吻素、贝母素等生物碱的研究领域，作出了重要贡献。

新中国成立后，朱子清执教于交通大学，并兼中国科学院有机化学研究所的研究员。1955 年在国内测试条件落后，设备条件极差的情况下，基于前人在单独使用锌粉蒸馏或用硒作催化剂脱氢对贝母素分子结构研究失败教训的基础上，将两种方法结合在一起确定了这类植物的基本骨架为变型甾体，发表在《化学学报》上，引起化学界重视。

为改变西北地区落后面貌，1956 年朱子清教授主动携带全家老小和主要助手奔赴兰州大学担任化学系主任，建立了有机微量分析实验室和生物碱实验室。由于填补了雪莲化学成分研究空白，荣获了1985年国家教委颁发的科技成果二等奖。

朱子清教授先后担任过甘肃省药学会第一届理事会理事长、甘肃省科协名誉主席，甘肃政协第四~六届常委，九三学社甘肃省委员会副主任等职务，为国家培养了一大批中高级科研人才。

朱子清教授在交通大学和复旦大学任教时，非常欣赏关兴亚的实验能力，尤其是娴熟的实验设备搭建能力，而且觉得关兴亚所做习题答题常常是与众不同的。一般学生所做答案是一个，但他却是有多个，而且还要提出几种假设条件，在每种假设条件下，又是产生什么样的结果。例如乙醇氧化的产物，多数学生的答案是乙醛，但他的答案是主要是乙醛，还有乙醛进一步氧化的副产物乙酸，即醋酸等。

那时许多学生喜欢听朱子清教授的讲课，在可容纳百人的阶梯教室几乎是座无虚席。他讲课思路尤其清楚，不用讲稿，却深入浅出，善于结合生活实例，使你觉得丰富多采，而绝不是枯燥无味。因为朱子清教授对学生亲切、和蔼，所以，关兴亚常常带着问题去请教，朱子清教授又是有问必答，之后师生关系非常密切，还经常用自己的亲身经历和体验来勉励关兴亚，发扬勇于吃苦的奋斗精神。

关兴亚常常说，朱子清教授的一句话成就了我的一辈子，那就是“记住，同学们，你们今后工作要出成绩，必须天天到图书馆去一次，接受新鲜事物。”后来，朱子清教授调至兰州后，与关兴亚仍然保持着联系，而且关兴亚每次去兰州出差，总要看望其恩师，并汇报他的工作业绩。不过，遗憾的是恩师未看到自己的得意门生关兴亚在1995年获得中国工程院院士称号，已于1989年与世长辞。

受朱子清教授的影响，以及青少年时对医药的热爱，关兴亚在完成基础课学习后，选择“生物碱”为专门化课程。

生物碱是存在于自然界(主要为植物)中的一类含氮碱性有机化合物，有类似碱的性质，大多数有复杂的环状结构，氮素包括在环内，有显著生物活性，是中国草药中重要的有效成分之一。例如毛茛科的黄连根茎中的小蘗(nie)碱是黄连素的主要成分，有抗菌消炎作用；萝芙木中的利血平能降血压；石蒜中的加兰他敏对小儿麻痹后遗症有疗效；罂粟果皮中的吗啡或是重要镇痛剂；奎宁碱是解热药；三尖杉碱和长春碱是治癌良药。有时一种植物中可含有几种乃至上百种生物碱，所以研究生物碱既有实用价值，更可造福人类。正如关兴亚在毕业鉴定书上写的那样"认识到中国几千年的宝贵经验，中药对我们的贡献有多么大，自己愿意把中药用科学方法整理起来，使它发挥更大的作用。"

中药能治病，但解放前对中药的化学成分研究得不多，以致大部分中药停留在"汤药"水平，如能将其主要化学成分提取出来制成片剂或丸剂，这样药效将会显著提高，患者使用也更方便。

在朱子清教授的直接带领和指导下，关兴亚选定的毕业论文题目是"津柴胡及决明子中生物碱的检查和提取"。其目的是将其用于感冒发热、疟疾的津柴胡和具清肝泻火、养目明目的决明子，通过物理和化学途径提取出主要成分生物碱，研究其化学结构，以便制造药效更好，使用更方便的各种制剂。为此又在最后一个学期开学初，关兴亚到中国科学院有机化学研究所实习"金霉素结构的测定"以及"金霉素之接触氢化脱氯反应"，以熟悉药物主要化学成分的结构测定和相关化学反应的实验技术，并用于津柴胡和决明子中生物碱结构测定和提取技术的研究。

然而，就在紧张进行与毕业论文相关的实验研究时，接到了学校发来的"立即回校参加批判胡风反革命集团的政治运动"的通知，这是关兴亚和他的指导老师始料不及的，难道毕业论文不用写了？相关的实验是否还要做下去？连化学系的老师都不知道。政治运动一直搞到7月底，学校突然给每个毕业生发了一张由中华人民共和国高等教育部制、上海市人民委员会人事翻印的"高等学校毕业登记表"，并且开展了毕业分配的相关工作。当时，朱子清教授正在开展“贝母植物碱”的研究，希望关兴亚能留在他的身边，或作为他的助手，或考他的研究生。关兴亚在工作志愿这一项，也希望今后能够从事中国药草的化学研究工作。然而，国家需要还是他的第一志愿。而且在毕业分配动员会上，关兴亚也一再表示，“一切服从国家分配”、“党指向哪里我就奔向哪里”。

也许当年我国化学工业发展急需化学专业人才，9 月初学校便宣布关兴亚分配至沈阳化工综合研究所工作，并要求在一周内前往工作单位报到。

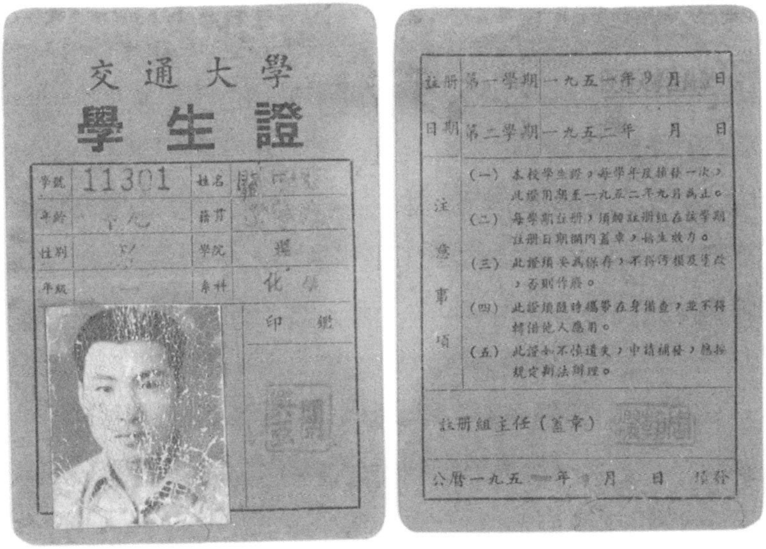

关兴亚在交通大学的学生证

复旦大学化学系大楼

交通大学校门

第二章

艰苦奋斗 勇挑重担

第一节 实习课题 乙炔氯化

1955年9月初，关兴亚乘坐在上海到沈阳的列车上，倚着窗口，凝视着祖国大好山河，脑海里浮现着4年的大学生活，还有是在沪宁线句容县的一个小镇，桥头镇中华三育研究社高中部3年半工半读的生活。在这里他结识了后来的妻子、同学戴赣耀。她是手术间里的麻醉师，连事假也请不出。要不是今天她上班，她也一定会来火车站送行的。其实这条铁路线关兴亚并不陌生，5年前的1950年，在句容读书的暑假期间，因为年仅15岁的弟弟关兴国即将奔赴朝鲜参加抗美援朝战争，也曾回沈阳一次。那时，长江天堑还没有一座大桥，京沪线从长江南端的南京下关到长江北端浦口是由一艘专门装载火车箱的渡船来回摆渡的，遇到台风暴雨季节2~3个小时也靠不上对岸。一路上，他憧憬着未来，但心中一直有个解不开的结：自己学的是有机化学专业生物碱专门化，在中国科学院有机化学研究所实习时的课题是“金霉素结构测定”和“金霉素之接触氢化脱氯反应”，工作志愿是中国药草的化学研究工作，怎么会分配到一个与专业和专门化毫不相关的工业性研究单位呢？还有自己在毕业登记表中已经将在上海红十字医院工作的未婚妻填在爱人一栏，而且还向毕业分配工作组谈及过此事，希望能分配在上海工作，结果两个希望都落空了，实在有点想不通。也许自己是沈阳人的缘故吧！不过再想想，国家培养一个大学生也不容易。建国初期，百废待兴，国家财政十分困难，但仍向高等院校投入大量资金。在校期间，不仅不要缴学费，而且还免费提供伙食费和生活必需品。困难学生还享有助学金等生活补助，甚至冬天还发棉衣棉裤。老师们常常说是几个工人或几十个农民养活1个大学生，所以我们这些“天之骄子”不能忘记党和国家的培养，更不能辜负人民的期望，应该把个人利益远远抛在后面，把国家需要作为自己第一志愿。

30多小时的旅途生活很快就过去了。出沈阳车站的第一个感觉就是凉爽，因为离开上海时还是热气腾腾的35℃高温，暑意未消，仿佛经历了两个世界。沈阳是关兴亚的出生地，这里的一草一木，甚至每幢建筑，他太熟悉了。但是与5年前相比还是有不少的变化。5年前，雄赳赳、气昂昂、跨过鸭绿江的抗美援朝战争气氛很浓，满街都是“中朝人民团结万岁”“把美帝国主义从朝鲜赶出去”“打败美帝国主义及其走狗李承晚”等标语。晚上警报声常常不断。他的胞弟关兴国就在那年参加了中国人民志愿军奔赴朝鲜战场，不过此时他已凯旋回国，在一所中学里仍然进行原先未完成的学业。另外，街道也比以前整齐多了，而第一个五年计划的建设又使沈阳作为我国最重要的重工业基地而初露端倪，工厂烟囱到处在冒烟。尽管从现在看来加剧大气污染，但那时却是工业化的“标记”。

回到阔别5年的故乡，父母见到学业有成的儿子归来也有说不出的高兴，但关兴亚惦记的却是迈出人生第一步的工作岗位。第二天一早便手持复旦大学介绍信兴致勃勃地来到地处铁西区的“重工业部沈阳化工综合研究所”报到。

“重工业部沈阳化工综合研究所”前身是成立于1949年1月8日的“东北化工局研究室”，是新中国成立最早的化学工业科研单位❶。当时中国最大钢铁基地鞍山钢铁厂炼焦副产的煤焦油急待研究利用，而原先这些宝贵的煤焦油资源在日本人占领时期是运往日本进行分离和深加工的，进一步生产苯、甲苯、萘、蒽、咔唑、喹啉等各种有机化工基础原料。日本人走后，留下的煤焦油越积越

❶王震．沈阳化工研究院的创建与发展[M]//武衡主编，李新副主编．缅怀林华．北京：中国石化出版社，1998：73-81.

多，不仅无法利用这些宝贵资源，而且对环境造成很大污染。因此急需开发各种以煤焦油为原料的生产工艺，除了苯、甲苯、二甲苯在内的芳烃提炼外，还需开发出苯硝化还原制苯胺，用甲苯制邻甲苯胺和对甲苯胺，氯苯制二硝基氯苯、邻氯硝基苯和对氯硝基苯等各种用于医药工业和染料工业的有机中间体，解决沿海地区基本有机原料和中间体短缺的难题。

但是，化学工业是技术密集型产业，它的专业门类甚多，产品品种多，许多深度加工产品更新换代快。同一个有机化工产品可以用不同起始原料进行生产，同一种原料生产某一种有机化工产品又可采用不同工艺路线。化工生产还要考虑资源的合理利用和综合利用，以期获得最佳经济效益。还有化工生产过程通常具有高温高压、易燃、易爆、有毒等特点，对工艺技术、机械设备、仪表控制等有严格要求。但是，旧中国化学工业极其落后，要真正恢复东北地区化学工业，必须先建设自己的科研机构。另外还要考虑正与苏联商谈化工援建项目所做许多前期工作，如丁苯橡胶生产装置等。于是，在上级领导批复下，于 1949 年 1 月 8 日创建了以化工专家林华为主要领导人的“东北工业部化工局研究室”。研究室成立时，包括两名留用日本人，一共才 7 名技术人员。1949 年年末，发展到 51 人，其中技术人员 46 人。

为充实东北工业部化工局研究室的技术力量，东北工业部到全国各地，尤其是上海、广州、武汉、重庆等大城市吸收大量工程技术人员和专业人才，还包括一些海外专家和留学生。他们为参加新中国建设，抛弃了在国外或大城市优厚生活条件，克服种种困难，不远万里，几经辗转投入了祖国化学工业的恢复和建设。时任化工局总工程师的赵宗燠就是其中之一。赵教授人称“中国人造石油之父”，1935 年在德国柏林大学化工系留学，1939 年获该校化学工程博士学位。同年回国任重庆北碚合成汽油厂厂长。1955 年又选聘为中国科学院首批学部委员，现称院士。1950 年东北工业部化工局研究室迅速增加到403人，其中技术人员133人。

1953年7月，根据时任重工业部化工局副局长、化工专家李苏的建议，为集中国内化工科技力量，决定将北京化工试验所和浙江化工试验所迁至沈阳，与东北工业部化工局研究室合并，改称为“沈阳化工综合研究所”。1955年1月，又将沈阳染料厂并入该所。此时该所已发展到2000多名职工，其中科技人员400余人，是当时国内化工系统第一个也是规模最大、专业门类最多、技术力量最强、物质条件最好的综合性化工研究机构。研究领域从染料和中间体扩展到选矿、磷肥、无机盐、有机合成、合成树脂、涂料等专业，并开展了化学工程、物化分析、技术经济等方面的研究。研究所及下属各研究室主任大都从美国、西欧、日本等国名牌大学学成回国，有的还在国外从事多年研究工作或工厂生产技术管理工作，所以号称当时国内一流化工科研机构是名符其实的。

关兴亚进综合化工研究所，被分配在有机化学研究室，研究方向是开发以乙炔为原料的基本有机化工原料，具体课题有：醋酸和乙炔制醋酸乙烯，作为合成纤维维尼纶原料；乙炔与氯化氢制氯乙烯，即聚氯乙烯单体，作为塑料原料；乙炔二聚为乙烯基乙炔进而合成氯丁橡胶单体；而乙炔水合制乙醛，再制醋酸，是一条有别于传统以粮食发酵得到的酒精(学名乙醇)为原料，再经二步氧化制醋酸的路线，可以节约大量粮食，这在当时国内粮食紧缺时期意义重大。

其实，发达国家在石油化工尚未进入全盛时期的20世纪40年代，乙炔已是有机合成工业基础原料，许多重要有机产品和塑料、合成纤维、合成橡胶这三大合成材料的单体都是以乙炔为原料生产的。20世纪50年代我国还是一个贫油国，但东北地区有丰富的煤炭和电力资源，尤其是水力发电站，发电成本低，所以乙炔化学在东北地区很有发展前景。

不过，关兴亚在实习期间要开展的课题是“乙炔氯化制四氯乙烷”。当时，该研究所在芳烃光氯化方面做了一定工作。1951 年美帝国主义在朝鲜采用灭绝人性的细菌战，投掷了细菌弹。为支援抗美援朝战争，科研人员不分白天黑夜，连续奋战，在短时期内，迅速研制了用苯光氯化生产六六六粉，粉碎了美帝的细菌战。但包括芳烃在内，烃类催化氯化还是一个空白，尤其是催化剂的制备研究甚少。所以，通过此课题的研究，除直接为四氯乙烷工业化生产提供必要数据外，也为其他碳氢化合物，即烃类催化氯化在理论和实践方面积累了一定的经验。与氯乙烯、醋酸乙烯等大宗产品相比，四氯乙烷似乎更精细一点，不过它的用途却很广泛。

四氯乙烷可用作溶剂、萃取剂、杀虫剂和除草剂。以四氯乙烷为原料生产的三氯乙烯可用作干洗剂、纺织用脱脂剂，以四氯乙烷为原料生产的氟化物可用作制冷剂和金属清净剂。不过在液体氯代烃中，四氯乙烷毒性最大，急性中毒可导致死亡和永久性麻痹等症，经皮肤吸收也可引起慢性中毒。四氯乙烷的毒性难不倒关兴亚，因为只要认真操作，并采取安全措施是可以克服的。最关键的是，要在规定时间内完成该产品的工业化所需数据，否则就会影响产品的工业化进程，甚至会直接影响相关工厂的原料供应。

确实，在一年实习期间要完成一个课题研究谈何容易。查资料确定试验方案，搭建实验装置，还要拿出至少能够达到文献给出的实验结果。虽然，室主任再三关照慢慢做，一年内能做多少就做多少。同时还叮嘱注意安全，因为乙炔易爆炸、氯气有毒性。但关兴亚是一个个性很强的人，无论如何要在一年内完成任务。后来，在完成实习任务后的 1956 年 3 月 20 日的一份实习报告中，他的第一项写到“我的培训方式是以自学为主，有问题和培养人联系解决。”为了争取宝贵的时间，他宁可住在单身宿舍，也不每天回家，即使星期天回家也在探望父母后又匆匆回单位，整天在实验室或图书馆里埋头苦干。那时候，东北地区学习苏联老大哥生活方式，周末舞会十分红火，尤其是未婚青年。他们将舞会看作寻找异性朋友的好机会和好场合。中年职工则将舞会看成一个放松的机会，也是对一周辛勤劳动的一种“休闲”活动。为鼓励职工参加舞会，研究所工会想出各种奖励办法，如发糖果、点心、水果、文具用品等各种小礼品，可是关兴亚对舞会丝毫没有兴趣，因为他满脑子想的是研究课题，看书、学习是他最好的“放松机会”。所以在同事眼里，关兴亚是“一个没有业余生活的大学生，也是来自复旦大学的工作狂。”从早到晚一直在实验室，看不到他有休息时间。

为了写好试验方案所需的国外文献总结，文献检索是一个难关。在大学 4 年里学的是俄语，到了沈阳化工综合研究所，因为研究所图书馆俄文资料多，所以对实习生规定还要学习俄文，而且一年实习结束必须通过俄文考核。虽然俄文也有化学文献，但检索十分不便，而且即使查到相关文献还是英文居多。还有俄文有关化学和化工方面的期刊，偏重理论，有关工业技术开发，即便发表的专利也是相当保密。所以，关兴亚必须两门外语一起学，好在关兴亚在教会办的中华三育研究社高中部读书时还有点英文基础，只是缺了一些有关化学工程方面的专业词汇，于是便加紧补习。不久就可以在借助中英词典基础上查阅美国化学文摘（Chemical Abstracts, C. A）。又通过 C. A 中分子式索引和化学物质索引找到一些有关四氯乙烷制备的论文报告和专利。经过对文献的整理和分析，撰写了数万字的文献总结，之后他确定了试验方案。方案中比较了多种技术路线的优缺点。考虑到乙炔与氯气的气相反应速度极快，几乎可达到爆炸程度，因而采取了相对温和的反应条件，并引进了四氯乙烷作反应介质，以无水三氯化铁为催化剂。氯气和乙炔都溶解在反应介质中，然后进行化学反应。此方案获得室主任的好评，也是以后工业化的主要生产路线。

搭建实验装置，对关兴亚来说多少有点尴尬。因为在大学有机化学实验中，虽然老师说他动手能力很强，而且还学会了吹玻璃，这是大多数同学所不及的，但毕竟大多数化学反应是在用玻璃制成的三口烧瓶中进行的，一个口装搅拌棒，一个口插温度计，还有一个口是加料漏斗用的。但是，现在研究对象是乙炔和氯气，两者都是气体，控制进料必须使用转子流量计，还有气体都有压力，玻璃制品根本不能耐压，而且文献要求的结构是塔式反应器，反应器的升温又需要由变压器控制的电加热装置。通常的是将电热丝绕在反应器外壳，为达到保温目的还要在外面裹一层玻璃棉。这样的装置在学校根本没有见过。好在研究所内其他实验室有类似装置可借鉴，但必须根据自己的实验条件和实验要求重新设计。

另外，反应器尺寸还需按照进料量和反应条件加以计算，这种工程计算方法过去也没学过。更让人头痛的是还要绘出供机修师傅用的加工图纸，这对理科大学生来说也算是一项难题。“万事开头难”，关兴亚经过冥思苦想总算设计出一台钢制塔式反应器草图。但机修师傅能否看懂自己的设计意图呢？于是，关兴亚主动虚心请教机修师傅，并将自己的设计思路和盘托出，并请师傅指点。师傅见此草图，一下子提出许多修改意见，因为这位师傅经常加工来自不同实验室的设备，不要说塔式反应器，就是鼓泡式反应器、悬浮床反应器、固定床单管反应器也见得多了。最终，关兴亚如愿以偿地完成了包括流量计、反应器等小试实验用设备加工和装置的搭建，从中又学到了一门适用有机化工原料试验的实验装置搭建技术。

后来，关兴亚与这位师傅成了好朋友。这位师傅告诉他，许多实验用设备要靠自己动脑筋想办法，现成的设备很少，甚至是没有的。他说建所时许多化学反应器加工需要搅拌装置，但是这种适合小反应器装置的搅拌器市场上是没有的，后来就想到利用自行车上的车轴，再从废旧仓库找一个小型马达，改进一下就解决了搅拌装置难题。还有带压力的反应器，也没有现成的，也是自己动脑筋用无缝钢管来替代，这样带压力、带搅拌的小型反应器就成功了，化学实验也就能顺利进行。所以科学研究不能坐享现成，而是没有条件要创造条件，这样才能攻克科研难关。如果所有一切都要为你准备好了，还要搞什么科研呢？

催化剂，也称“接触剂”或“触媒”。因为它能改变化学反应速度，但自身却不参与反应，仅作“媒介”而已。可反映化学反应产物产量的收率却取决于催化剂的性能。学校里关兴亚学过一整套催化剂制备和催化反应理论，却未曾做过催化剂。文献将无水三氯化铁作为乙炔氯化制四氯乙烷催化剂，但如何制备无水三氯化铁以及掌握它在反应物中的浓度要自己在实践中摸索，经多次试验才能找到合适条件。不过这些都没有难倒他，关兴亚有良好的数学基础，先是模仿国外文献中对化学实验数据处理的方法，以三氯化铁浓度为横坐标，以四氯乙烷收率为纵坐标，制得关联曲线，但起初得到的曲线并不能与实验结果完全符合，于是就想到不断加以校正，直到找到了合适的反应条件。

另外，一开始的试验也并不顺利，主要是产物四氯乙烷收率随反应时间增长而迅速下降，而且更为严重的是“发生火花现象”，试验不得不中断。于是，想到再查文献，可是文献中根本无法找到火花现象的报道。所以，后来关兴亚深有体会地说“学术性的论文是不考虑工业化条件的。”联系到过去在中科院有机化学研究所的实习和自己做过的有关金霉素等有机化合物结构测定实验，相比之下，似乎工业有机化学产品的研究开发的意义要胜过理论来、理论去的物质结构研究。从此，逐渐打消了再考研究生的念头，而打算把主要精力放在具有实用意义的工业有机化学产品的开发。

在室主任指导和鼓励下，经过反复试验和论证，关兴亚终于弄清了产生火花的原因并突破了制约该化学反应正常进行的三大难题。第一，氯气浓度增高到一定程度就会发生火花现象，适宜的氯气和乙炔通气比为 2∶1，但反应过程中氯气消耗得比乙炔少，所以随着反应时间增长，氯气积累量增大，氯气浓度越来越高，最终便导致“火花”现象的发生。第二，原料纯度，来自碳化钙路线生产的乙炔含有多种能使催化剂三氯化铁中毒的杂质，所以必须对原料乙炔和氯气中的水分和杂质进行处理。第三，反应温度控制，过高的反应温度会导致发生置换反应，并生成各种高沸点物质。此外，催化剂无水三氯化铁的浓度也很重要，它对产物四氯乙烷收率的影响至关重要。因为之前乙炔氯化研究工作中偶而也遇到过“火花”现象，但却未能破解其真实原因，更没有提出防止产生火花现象的方法，只能降低氯气与乙炔比例，甚至暂时中断化学反应。而一个大学刚毕业的实习生，竟然在不到半年时间内，从理论和实践中解决了此难题，因而获得了室主任的高度评价。为此，他曾兴奋了几天，因为这是他工作之后的第一个最为得意的成果。老母亲还烧了一桌子的好菜，全家为其庆祝一番。不过老父亲在赞扬他的同时，却告诫他不能骄傲，要再接再厉。

1956 年 3 月 20 日，关兴亚在实习小结中简述了 3 点主要收获。第一，所谓理论上的提高，就是学会或体会到如何用理论来指导实验过程，例如从催化理论来分析和研究反应中应当注意的因素等等；第二，在操作方面，掌握了一些过去所没有遇到的实验装置，如塔式反应器装置、平衡压力装置、各种通气方式等等，这对以后工作很有帮助；第三，在收集资料方面，学到如何与工业化条件相适应及技术路线的选择，过去的资料收集方式都是学术活动的收集方式，是不考虑工业条件的。对这份实习报告及关兴亚在实习期间的表现，研究室领导的评定意见是“工作能力强，工作出色，能不辞劳苦主动把工作做好。”

鉴于该研究课题对工业应用的作用，被列入“十年来中国科研——化学”(1949—1959)成就之一[1]。书中是这样写的：“乙炔氯化合成四氯乙烷工作中，沈阳院研究了反应条件、影响反应的各种因素，以及原料与成品质量及反应过程中的控制方法，同时找出了

[1]中国科学院编译出版委员会主编．十年来的中国科学——化学(1949—1959)[M]．北京：科学出版社，1963.

乙炔在四氯乙烷介质中反应进行时产生火花现象的原因及防止方法，反应温度为 80～85℃，四氯乙烷收率为 94%，超过了文献数据，为以后四氯乙烷的工业化生产提供了重要依据。”

有了四氯乙烷合成工艺研究的经验，关兴亚在沈阳化工研究院的 2 年的工作期间很快完成了五氯苯酚和乙炔氢化两个课题的研究。其中五氯苯酚主要用作水稻田除草剂，纺织品、纸张和木材的防腐剂和防霉剂。而乙炔加氢制乙烯原是一条乙烯生产途径，但随着石油化工发展，该过程使用的钯催化剂已在乙烯装置的部分加氢除炔工艺和许多合成工艺的原料预处理中得到广泛应用。

为配合乙炔氢化制乙烯的研究，精力充沛的关兴亚还关注了当时新兴分析技术，诸如色谱分析和示踪原子在有机化学中的应用。前者力图缩短化学分析时间，后者从理论上去探索反应机理。传统中乙炔含量分析是通过硝酸银溶液吸收来测定的，过程繁复，耗时长，但国外文献已有采用气相色谱仪来分析的报道。然而那时全世界色谱分析技术还处于发展初期，1941 年英国生物学家马丁(Martin A. T. P)研究了液相色谱。1952 年马丁与杰米斯(James)终于成功地创立了崭新的气相色谱分析法，并发明了第一个气相色谱检测器，是一个接在填充检出口的测定装置。直到 1954 年马丁与瑞·依(Ray. N. Y)提出热导检测计，才开创了现代气相色谱仪时代。所以，当时市场上根本无商品气相色谱仪可售，只有靠自己动手，制造一台能适用于乙炔等气体定量分析的气相色谱仪。1956 年，根据工作实践和有关文献，关兴亚写了工作后的第一篇论文“气相色谱分析”，发表在由留美学者、著名化学家王箴任主编的《化学世界》刊物上。根据文献所述气相色谱仪的五大组成部分，即气路系统、进料系统、分离系统、温控系统、检测系统，他搭建了一台简易而实用的乙炔含量气相色谱仪，从而简化了乙炔含量分析过程，提高了分析效率，而我国南京分析仪器厂成功推出国内第一台商品气相色谱仪则在 1958 年。

同位素是20世纪科学史上的重大发现之一，同位素示踪法是随之产生的一项科学应用技术，广泛用于生物、医学、农业、化学等领域，尤其在反应机理研究方面还属于“前沿技术”。关兴亚利用业余时间，收集了国内外百余篇文献，详述了该技术在各种类型有机化学反应历程和机理研究中的应用，分两期发表在1957年的《化学通报》上。由于内容全面新颖，又被译成日文，转载在日本化学刊物上，赢得了国内外学者的好评。有意义的是，这两篇论文的稿酬竟让他办了一个与戴赣耀医生的简易婚礼。

关兴亚在沈阳化工研究院两年工作期间，共完成了“四氯乙烷”、“五氯苯酚”、“乙炔氢化”3项研究课题。包括在内部刊物发表的论文报告共5篇，成绩出色，初步具备了独立工作能力，并显露了一个复旦高材生的才华和敢于奋斗的拼搏精神。

大约在20世纪60年代中期，当时上海石油化工研究院的一位领导在兰州开会时，碰见林华同志的夫人，主管沈阳化工研究院科研工作的李新同志，偶而谈起关兴亚正在开发丙烯腈技术。李新说，在她印象中，关兴亚是当年这批学生中的佼佼者，是一个出类拔萃的人才。

沈阳化工研究院实验大楼

第二节　石化工艺的初步探索

1956年毛泽东主席向全国人民发出“向科学进军”的号召。国家制订了《一九五六——一九六七年全国科学技术发展远景规划》。同年5月12日，第一届全国人民代表大会常务委员会第四十次会议决定，将原重工业部的化学工业管理局、轻工业部的医药工业管理局和橡胶工业管理局合并，成立中华人民共和国化学工业部，简称化工部。为适应形势需要，加强科学研究工作，同年9月，化工部决定将沈阳化工综合研究所调整改组一分为四，将有机合成和合成材料部分迁至北京，建立北京化工研究院；将无机盐和涂料部分，与沈阳药物研究所合并，迁至天津，并从天津油漆厂调入部分人员，建立天津化工研究院；将化学选矿和化学肥料部分迁至上海，与上海天利淡气制品厂和上海制酸厂合并，建立化学肥料工业管理局肥料工业研究所，1956年9月25日，化工部又正式将其改名为上海化工研究院；留下农药和染料两部分，改名为沈阳化工研究院❶。

按照专业划分，关兴亚所在乙炔化学研究室迁入北京化工研究院。当时组织上考虑这是解决关兴亚夫妻分居的一个极好机会，并与北京有关部门多次联系，原本以为分居问题即将解决，于是他在征得组织同意后就写信告诉在上海红十字医院工作的未婚妻子戴赣耀做好赴北京工作准备。因为北京天气比上海冷，所以还要准备一些御寒的棉衣制品。但戴医生却按照上海人的习惯加紧打毛衣、毛裤，因为棉衣制品到北京也是可以买的。不久，研究所人事干部告

❶杨光启，陶涛主编．当代中国的化学工业[M]．北京：中国社会科学出版社，1986，6：448.

诉关兴亚，因当时北京的户籍政策，其未婚妻戴赣耀无法调入北京，关兴亚只能自己想办法，找出路。于是，又在研究所人事干部同意下，他写信给恩师朱子清教授。朱教授很高兴，因为在关兴亚毕业时就有意留住他，或者考他的研究生，或者在中科院有机化学研究所作为他的助手继续从事生物碱研究，还欢迎关兴亚到兰州大学与他一起继续生物碱的研究工作。但朱教授也考虑他们夫妻分居问题，于是就写信给著名有机化学家、中国科学院学部委员、中科院有机化学研究所的汪猷所长，由于汪所长曾经关注过关兴亚在该所做的“金霉素结构测定”和“金霉素之接触氢化脱氯反应”实验，了解关兴亚的工作态度和工作能力。如果不是因为政治运动而是按正常程序的话，汪所长还将有可能参加关兴亚的毕业论文答辩，所以当汪所长收到朱教授来信后很高兴，一方面有机所要发展正缺乏熟悉有机化学的人才，另一方面觉得关兴亚是一个极有培养前途的科研人员，于是很快要人事部门发函至沈阳化工研究院，希望尽快将关兴亚调入中国科学院上海有机化学研究所。然而，汪所长没想到该院迟迟未复函。原来，新建的上海化工研究院从长远发展考虑，虽以化学肥料为主要研究领域，但是有机化工同样需要发展，还打算成立有机化工研究室。所以，沈阳化工研究院最终还是决定让优秀人才留在化工系统，正式通知关兴亚迅速办理移交工作，到上海化工研究院去报到。因为当时有关工作调动的消息经常在变化，所以，其未婚妻还写信，要他好好安心工作，并说工作调动组织上会考虑的，不要过于急躁。谁知，她的信刚发出，便接到关兴亚的电报，称已离开沈阳，乘火车即将到上海。此事前后历经近一年，两地分居问题总算圆满解决，真是好事多磨。不过，真正离开自己的故乡和已经年迈的父母亲，他还是有点依依不舍。好在他出差机会较多，在丙烯腈成果推广期间，每年上东北就有好几次，而每次到东北总要带着许多当时东北市场紧缺的日用品和副食品，回家看望老母亲尽自己的一份孝心。

上海化工研究院建院初期以化肥研发为主，后来逐步形成化肥、有机化工、化工机械、仪表与自动控制4个科研领域。

1957年9月，关兴亚刚到地处上海西区云岭东路的上海化工研究院，交通很不方便。云岭东路还是“晴天一刀刀，雨天一团糟”的烂泥路。后来，随着他对周围环境的逐步了解，尤其是那些早期化工厂的框架，虽然已经发锈了，但依然矗立在半空。所以，他似乎有一种进入近代上海工业，尤其是化学工业的感觉。

原来上海化工研究院的南大门沿光复西路，过苏州河便是知名的周家桥地区。1916年江苏无锡富商荣氏家族在这里购地数十亩，开设了申新一厂和申新九厂两大棉纺厂。江苏南通著名实业家张謇也开设了大德油厂。之后，商人们接踵而来纷纷在此购地设厂，工厂多了，聚居的人口日渐增多，商业也发展起来，于是便形成了周家桥三角场，又开设了很多商店，如服装、百货、饮食、食品，形成了街市。

邻近周家桥，在天山路和长宁路之间有我国早期氯碱和聚氯乙烯主要生产企业天原化工厂。该厂前身是天原电化厂，有化工实业家北范（范旭东）、南吴之称的吴蕴初经理于1929年创办的天厨味精厂。吴蕴初早年毕业于陆军部上海兵工学堂化学专业，他将所学专业知识用于制造“味精”产品，以“佛手”为商标，与日本货“味の素”相抗衡。味精生产原料是面筋和盐酸，但当时盐酸主要依赖日本进口，为此，吴蕴初决定从法国进口设备创办“天原电化股份有限公司”。于1930年10月正式投产，从此，天厨味精真正做到“完全国货”。

天利淡气制品厂是吴蕴初从美国杜邦公司引进的国内最早合成氨生产装置，日生产能力为7担左右，并于1935年10月投产，1954年与天原电化厂合并，改称天原化工厂。1956年上海化工研究院成立后，天利淡气制品厂又从天原化工厂脱离成为上海化工研究院的一部分。

邻近化工厂也不少，一边是生产染料中间体苯酐生产厂，即华亨化工厂。该厂后来改为上海染料化工七厂。关兴亚怎么都不会想到，到20世纪60年代为开发流化床丙烯腈技术会多次前往该厂学习取经，受益匪浅。另一边是创建于1940年的专门生产化学试剂的上海试剂厂，该厂有一套以粮食酒精为原料的醋酸生产装置，其中粮食发酵制酒精工段是在1932年美商远东酒精厂基础上发展起来的。以酒精(化学名为乙醇)为原料经乙醛合成的醋酸装置建于1953年，该醋酸装置虽然规模小，年产能仅300吨，但却是国内首套合成醋酸装置。且装备齐全，连酒精氧化脱氢制乙醛用的银催化剂都是自己制备的，后来醋酸装置规模逐年扩大，70年代为上海石化总厂年产6.6万吨醋酸乙烯装置相配套的万吨级乙醛制醋酸乙烯装置，即采用上海试剂厂生产技术，是上海石化总厂唯一采用国内生产技术建设的有机化工原料装置。同样，关兴亚没有想到，因为试剂生产的许多设备与催化剂生产相近，所以，丙烯腈催化剂也会在这里进行扩大试验。也许是因为关兴亚对这里周围环境太熟悉的缘故，所以，后来的丙烯腈研制和催化剂的放大试验常常会想到沿苏州河边的这些化工厂。

上海化工研究院近北新泾的一端，还有不少比作坊规模稍大的小厂，因为靠近苏州河，工厂原料和产品运输方便，废水排放也方便。也许因为当时人们环保意识还不强，污水稍作处理就排入苏州河。尽管当时苏州河已经开始变黑变臭，但考虑更多的是发展生产，为国家多作贡献，所以邻近小型化工厂也不少，但却无人想到要治理苏州河。

那时，居住在市区的职工大部分从苏州河靠周家桥的渡口摆渡并从光复西路大门进出。用电拖动的摆渡船比黄浦江上的市轮渡小得多，像无轨电车，头上有一根“辫子”，直接与电线相连。当时工厂企业和研究单位管理人员还未曾考虑职工避开高峰的错时上下班制，所以除三班制工人外，上班是上午8点到下午5点。上下班时的摆渡船挤得像沙丁鱼罐头那样，使人喘不过气来。但关兴亚上班要比人家早，下班比人家要晚，常常避开了高峰。用他的话来说是，“这样也有好处，既省力又可挤出时间多做些工作”。

新泾港是上海长宁区境内一条主要河流，也是吴淞江即苏州河重要支流之一。新泾港北端，即北新泾又是哈密路、长宁路和北翟路交汇口，是沪西地区重要市镇。由于江苏昆山等地区农副产品源源不断从吴淞江进入沪市，因而这里集市贸易十分红火，小贩众多，市面很繁荣，许多职工下班后会带些蔬菜、鱼类等回家做饭用。尤其是周末，鸡、鸭家禽类特别多，蔬菜品种更是名目繁多，只是价格比菜场贵一些，但不要“凭票”或“凭证”。因为与上海化工研究院相近，逢年过节时，关兴亚也会拎一只网线袋，从当时被称为资本主义尾巴的“自由市场”中买些副食品回家。他虽然不操理家务，但多少可减轻妻子的一些负担，也可为孩子改善些生活，增加些营养。

关兴亚所在的上海化工研究院有机化工研究室，主任年长关兴亚十来岁，是一名老党员。早在中央大学读书时，他就是一名中共地下党员，工作负责，待人和气，一点没有官架子，尤其对下属和蔼可亲，有时也会同你聊聊家常。这位主任有一个嗜好，就是喜爱抽板烟丝，一只烟斗整天不离手，除非走进实验室。但他管理严格，要求下属工作不能马马虎虎，尤其是实验记录和工作小结，不能涂涂改改。文献总结要求全面，还要提出自己的观点和想法，否则整个小组就要插白旗。一直到文化大革命才知道，这位室主任竟是前国家主席刘少奇的连襟，但却丝毫没有沾过光，反而在文革中受牵连，遭批判。

当时上海化工研究院设立有机化工研究室，目的是开发替代传统以粮食和煤为原料生产有机化工产品的生产路线。因为传统生产路线不仅技术落后，消耗宝贵的粮食资源，而且生产规模难以大型化，产品远远不能满足国民经济发展所需，大量外汇不得不用于有机化工产品的进口。当年的情况是第一个五年计划实施后，在有机合成化学工业方面基本上仍是空白点。化学工业本身所需要的有机合成化学原料，也大部分得不到解决，所以化学工业仍处于落后状态，化工产品远远不能满足工业、农业、国防、轻工以及人民生活需要。主要产品依靠进口。据统计，1956 年化工原料及制品进口额占各类进口物资的首位，1952~1956 年进口总值达 23.8 亿元人民币，占全国外贸进口总额的 10.2%，约为化工部在第一个五年计划投资的两倍。为此，1956 年中共第八次全国代表大会正式提出要发展有机合成化学工业的指示。1957 年化工部在制订第二个五年计划发展纲要中提出，“在有机合成化学工业各部门中，首先要建立原料基础，主要发展塑料工业，消灭有机合成化学工业领域的空白点。”同时，纲要还指出，“要配合石油工业，在兰州、抚顺建立以石油气为原料的有机合成工厂，生产酒精，减少粮食消耗量；增产苯酚提供合成纤维原料；继续建设完成兰州合成橡胶厂第一期 1.5 万吨合成橡胶工程；上海市利用上海炼油厂的石油加工气，生产聚苯乙烯等塑料原料。”这个纲要得到了国家批准❶。为此，有机化工研究室又下设了石油化工课题组，并由关兴亚任专题组长。

那时，课题组以青年人为主，精力都很充沛，其中半数来自应届高中毕业生。上海化工研究院学习沈阳化工研究院的老办法，从提高他们的业务水平出发，搞了个培训班或称夜大学，白天工作，晚上读书，通过两三年的学习达到大专水平；部分来自社会应聘的老大学生，他们虽然离开化工专业多年，但底子还不错，是骨干力量；少数来自药厂和染料厂的工程师，其中有的还留过洋，工作经验丰富，但年龄偏大，亲临实验室操作有点力不从心。相对而言，关兴亚年富力壮，在国家一流化工研究单位打拼过几年，又是复旦大学高材生，所以，可算得上年青的学科带头人。因为一个新组建的有机化工研究室的具体研究方向、研究领域、研究

❶张万欣主编．当代中国的石油化学工业[M]．北京：中国社会科学出版社，1987，10：160-161.

课题还在酝酿之中，所以室领导希望他能多提一些有良好发展前景的课题。

说实在话，虽然那时国外石油化学工业已进入快速发展时期，以美国为例，乙烯这个石油化工最有代表性的产品，其生产路线早从粮食发酵的酒精脱水路线转向石油路线，产量从1943年的12万吨迅速攀升到1957年的200万吨。1957年，美国共生产1700万吨石化产品，占全部化工产品的55%，而甲醇、丙酮、丁醇、甲醛、醋酐及合成氨等基础化学品几乎全部来自石油资源。因为原油价格不到每桶3美元，美国的石油化工获得了巨额利润，日本和联邦德国，这些缺乏石油资源的国家，也开始进口原油，起步石油化学工业。但当时石油作为战略物资，西方国家对中国是禁运的，因此在中国通过进口石油来发展是困难的，而且发展有机化学品主要应该发展与合成树脂、合成纤维、合成橡胶这三大合成材料相关的单体，或称原料，如尼龙6单体己内酰胺、聚氯乙烯单体氯乙烯、异戊橡胶单体异戊二烯。所以，研究课题除上级下达军工任务(如烷烃硝化制硝基烷烃等)外，多数是与三大合成材料直接和间接相关的，如环己烷制环己酮进而合成己内酰胺、对二甲苯氧化制对苯二甲酸，即合成纤维涤纶的单体。

然而，当时最为迫切需要解决的是最有代表性的石油化工产品——乙烯的生产问题。为此，许多专家绞尽脑汁提出不同发展途径。其中关兴亚在沈阳化工研究院做的“乙炔加氢制乙烯”研究课题也是一条途径，但该方法缺乏经济性而被否定。

1957年11月，林华以化工部派出的老专家身份参加中国科技代表团随团专家组，趁苏联十月革命40周年庆典之机，去苏联考察有机化学工业及发展方向等科研情况。在苏联参观一家研究所时，了解到他们正在研究用超吸附的方法从含乙烯不到5%的气体中浓缩和提取乙烯。林华就联想到当时国内油藏贫乏，正在发展钢铁工业，而且焦炉气中含2%～3%的乙烯，正可用此法提取乙烯。回国后，林华就向沈阳化工研究院下达了用超吸附法分离乙烯的课题❶。

关兴亚得到此信息后，结合上海情况(既有焦化厂，又有炼油厂)，而且从国外资料中获悉，德国人在1943年就采用固定床吸附分离技术从焦炉气中得到1.8万吨的乙烯，于是将“超吸附分离乙烯”作为课题组第一个与石油化工相关的研究课题。因为国外有成功事例，上海地区又有可获资源，所以很快得到院部的支持。

当时，国外乙烯分离主要有两种技术，一种是深冷分离，这种方法用低温将大部分烃类都冷凝下来，然后用精馏法把冷凝下来的烃类按它们的沸点逐一加以分离。该法至今仍是主要的烯烃分离技术，但-100℃的低温需要的钢材，当时国内还不能生产。

另一种是油吸收法，或称吸收精馏法，根据烃类在溶剂中的溶解度不同达到分离目的。其流程与深冷分离法类同，最低温度在-40℃，对设备用钢材要求稍低于深冷分离法，但增加了吸收油处理和储藏设备，钢材使用量则增加一倍。

超吸附分离技术既有别于上述两种分离方法，又有别于间歇式固定床吸附工艺，作为当时新兴技术是一种连续操作过程，以活性炭或分子筛作固体吸附剂，吸附气体中要分离的那些组分，然后依次脱附达到分离目的。因为在常压下，活性炭吸附乙烷比同等量轻油高20倍，所需活性炭仅为吸收油的1/90~1/80，所以分离烃类消耗能量和设备尺寸大大低于传统油吸收分离法，从而降低了投资费用和生产成本。不过该方法用来分离烃类物质也存在固有缺点，主要是吸附烃类从吸附剂表面脱附必须进行增湿、加热、蒸发过程，以致吸附剂有效作用时间很短。

按照国外文献报道，用作吸附剂的活性炭，其比表面积、孔容、孔径、耐磨率、干燥率等指标都有严格要求。但是，限于当时的实验和测试仪器等实际情况并不具备测试条件，一台从意大利进口专门用来测定孔结构的压汞仪要价4万~5万美元，要进口如此

❶武衡主编，李新副主编．缅怀林华[M]．北京：中国石化出版社，1998，3：105.

贵重精密仪器是不可能的，所以，只能“蛮干”，在实验中不断摸索。因为要接触活性炭，有时难免脸和手沾染黑色粉尘，可他不怕脏，洗好脸和手之后照常去食堂就餐。为观察活性炭吸附性能，有时连续几天在实验室，故被同事称作“工作狂”。所以关兴亚在上海化工研究院工作期间，妻子戴赣耀说：“他这个人调不调到上海来工作，其实是一回事，早出晚归，家里什么事情也不管的，只有工作，除了工作还是工作。”经过几个月的试验，终于筛选出一种性能较好的活性炭吸附剂，但要放大试验却没有条件，连原料石油气的运输也解决不了，因此很快就结题了。

之后，他又做过好多课题，如环已烷液相氧化制环已酮、烷烃气相硝化制硝基烷烃、异丁烯制异戊二烯、仲丁基苯制苯酚、石油气(丁烯)制甲乙酮、石油气(丙烯)制异丙醇等。与组内科技人员合作又做过“氯醇法丙烯制环氧丙烷和环氧丙烷水合制丙二醇”、“异丙苯法制苯酚丙酮”等课题。他没完没了地做这么多的课题，希望能够从中筛选出有工业化前景的课题，最后这样美好的愿望还是落空了。其原因众多，从现在看来还是一个体制问题，从上海化工研究院看，如果一个项目从小试、中试一直到工业生产全部由研究院来做的话，哪里来这么多的科技人员呢？

1959 年 7 月，关兴亚还在安排下一个研究课题，此时却收到了一份下放“肥效站”劳动锻炼的通知单。所谓“肥效站”，顾名思义是旨在提高化肥使用效率的一个机构。

为推广应用上海化工研究院化肥试验装置生产的化肥，提高肥料利用率，让上海郊县早日成为“粮食亩产千斤县”，实现《农业纲要四十条》规定的单产指标，上海化工研究院决定让研究人员轮流到郊县人民公社一边建设“肥效站”，一边参加农村劳动，实行与农民“同吃、同住、同劳动”的三同教育，使知识分子在劳动中得到改造。同时，让知识分子真正感受人民公社的“一大二公”的优越性。其实，虽说关兴亚是研究院的技术人员，但化肥与有机化工又是两个行业。常言道，隔行如隔山。建“肥效站”有化肥室的科技人员，他的任务还是下乡劳动，只是有几天帮肥效站的人干些杂活而已。

当年的"三同生活"，"同住"还可以，因为被子和生活用品都是自己带去的，而且下放的干部都住在农民腾出的房间，大都是客堂或柴草间。"同劳动"，开始有点不适应，好在学生时代在江苏句容干过半年的农活，很快就适应了。记得那年正值农村掀起兴修水利高潮，主要是挖河泥和挑河泥，起初挑着河泥爬上一丈多高的坡路有些摇摇晃晃，步履十分艰难，一天下来，两肩早已红肿，不过一周之后便逐步适应。然而"同吃"就比较难过，需要勇气，因为农忙期间，农民们自己吃的也是咸菜和稀饭，倒不是不喜欢吃咸菜，而是看农民们腌咸菜的情景，实在有点不习惯，原来腌咸菜的容器竟是小孩每天洗澡、大人每天洗脚的木桶。若不吃咸菜，农民会有想法，影响工农关系和下放干部的劳动评定，吃下去多少有点恶心，但最终还是吞咽下去。一直到临别时，告诉农民最好用两只木桶，将吃的和用的分开来，然而农民们竟一笑了之，并说"我们早就习以为常，连春节鸡鸭鱼肉都是放在脚桶里的"，如今随着人们生活水平的提高，这种陋习在农村早已经销声匿迹了。

当然，这次下放农村劳动锻炼，他自己认为也有不少收获。1960年2月10日，在他的"劳动小结"中，有关收获有好几点，但最主要的还是"自力更生，自己动手"。小结中是这样写的，"这种自己动手，利用一切可以利用的材料，把肥效站建立起来，不用设计，也不要基建，同样搞得很好，从而改变了自己过去的想法，正确的是自力更生，自己动手。搞科研就需要有这样的精神。"3月初工作还没接上手，便得知，上海市化工局决定成立上海石油化学研究所，他所在石油化学课题组人员将全部调入该所的消息。此后，便进入工作总结时期。

回顾在上海化工研究院的两年里，那是"一天等于二十年"的大跃进时代。广大工人和科研人员的忘我劳动中，也出现了一些奇迹，例如，上海化工研究院"乙炔合成苯"的研发成功曾轰动国内外。尽管该工艺至今未被工业应用，但也是开辟了一条苯的新来源。然而，有些想法过于“大胆”，且缺乏理论依据，如同20几年前社会上出现的“水变油”那样，要从水中提炼酒精，希望在化学工业中也能放出一颗“卫星”。可是，关兴亚并没有去做那样违背科学的研究课题，只是工作中受“多快好省”中“多”字的影响，一个课题组在不到三年时间里做了十几个课题，差不多重要石油化工和有机原料生产过程都摸索一遍。结果是科研成果一堆，总结后便归档入库，束之高阁。实际上，即使在今天美国、日本等发达国家，搞乙烯、苯酚等大宗石化产品的技术开发也都是十几人甚至几十人的“大兵团”作战。因为过程太复杂了，需要解决的问题太多了。所以尽管那时科技人员的干劲很大，不计劳动时间和劳动报酬，连星期天也要来加班，但有点违背了客观规律。他心知肚明，这种科技“大跃进”难以持久，但为了抢时间，实验粗制滥造，数据少还不精确，有的连写一篇像样的论文报告都不够条件，更何况工业应用，只能是走过场而已。但那时没有“多”，课题组哪来三次流动红旗，只能是插“白旗”。要知道经常插白旗结果是什么吗？除了影响课题组每个人今后的工资、技术职称外，还要与个人的工作态度、政治立场等挂钩，所以这两年多的工作，用他的话来说是“初入石化之门”，大量的工作是调研和探索，有成功的，也有失败的，有些课题如硝基乙烷、环氧丙烷、异丙苯法制苯酚丙酮等至多也只能就是布下种子，开花结果则在其后的上海石油化学研究所。

上海化工研究院实验大楼

第三节 白手起家的建所功臣

1960 年 1 月，中共上海市委在闵行召开上海科技工作会议。根据会议精神，为配合高桥地区上海炼油厂和建设中的高桥化工厂，发展石油炼制和石油化学工业，上海市科委批复同意上海市化学工业局 1959 年 11 月 30 日拟订的“关于建立上海石油化学研究所的方案”。上海石油化工研究所即中国石化上海石油化工研究院前身，简称上海石化院。该方案阐明了建所的时代背景、目的、任务、组织机构及经费预算等内容。

4 月 23 日，上海市化工局召开上海化工研究院、高桥化工厂、上海炼油厂人事科长会议，商定新建上海石油化学研究所工程技术人事配备事宜。会议决定，上海化工研究院支援 11 名(其中工程师 1 名、技术员 5 名、助理工程师 5 名)，高桥化工厂 9 名(其中工程师 1 名、技术员 2 名、干部 1 名、工人 5 名)，上海炼油厂 5 名(其中技术员 3 名、助理技术员 1 名、工段长 1 名)。其实，上海化工研究院 11 名均来自该院有机化工研究室的石油化工课题组，换言之，是全组全部迁入上海石化院。

关兴亚记得，1960 年 6 月，他是在上海石化院驻市区的办事处，即地处江西中路和福州路交叉的原新城饭店的底楼报到的，接待他的是一位解放前就参加革命的人事科长，名叫吴克平。当时实验大楼的地址还在商议之中。开始选址是邻近上海炼油厂的草高路，但考虑到国家正值自然灾害期间，为节约用地，因而改在高桥化工厂内，而且包括食堂、托儿所、浴室等各种生活设施全部依托高桥化工厂，因而又可为国家节省大笔建设费用。

那时候，上海的浦西和浦东生活条件有较大差距。浦东东塘路东侧的桂家村，是上海石化院的旧址。东塘路西侧靠近黄浦江，此时还是一片芦苇草地。因为院址的地段属川沙县，新分配来的大中专生都是由高南公社代管的市区集体户口，所以每人每月配给的油票、肉票、鱼票及各种票证的发放水平均要低于市区。由于交通不便，学校、医院等设施跟不上，所以在浦西人的眼里，“宁要浦西一张床，不要浦东一间房”，他们即使住在老式石库门里的亭子间或者阁楼也不愿意迁入浦东地区。那时在浦东郊区工作的浦西人都千方百计寻找理由，写报告要求调入浦西工作，而关兴亚却主动要求从浦西到浦东工作，为的是石油化工事业。妻子也知道他是工作狂，为了工作连小孩生病都可以不管，还对妻子说：“你是医生，小孩感冒咳嗽你到药房买点药就是了。”

黄浦江是上海人民的母亲河，它为上海人民提供了主要生活用水和工业用水，借助黄浦江的地理位置又带动了上海的经济繁荣，使上海成为国际闻名的大都市。但是也带来了浦江两岸居民的过江麻烦。当年，从延安东路外滩乘轮渡过黄浦江的对岸便是当今闻名全球的陆家嘴，是中国最具影响的金融中心，是众多跨国银行在大中华地区及亚洲总部所在地。这里的摩天大楼可与纽约和东京相提并论。可是，在1960年仅一江之隔的陆家嘴与对面的外滩却有天壤之别，乘坐摆渡船过江后要走上200米才能到达81路公共汽车站。81路公交车属郊区线路，公交月票不能使用，上海炼油厂、高桥化工厂这类大型企业职工都是每周回家一次，所以，除星期六下午和星期一早晨外，平时车站也显得冷冷清清，每辆公交车的间隔约在半小时左右。

20世纪60年代初，81路行驶的浦东大道和东塘路的路面非常狭窄，大约在10米。最窄处竟容不得两辆公交车同时相对而行，必须让对面公交车开过后，另一辆公交车才能继续行进。另外，路基也很差。从陆家嘴到杨家宅这段路大部分是用小方石头铺设的“弹格路”，因年久失修，高低不平。从杨家宅到桂家村高桥化工厂的厂址，再延伸到炼油厂附近的草高路原先也是用沥青铺设的，上海人叫柏油马路的。但是时间长了，沥青已经退去，加上自然灾害原因，沥青成了紧张物资，只能利用废煤渣，所以大部分是用废煤渣铺设的“煤渣路”，到处是大大小小的洼地。

由于汽油供应紧张，公交车的头顶还带着一只长方形的黑色沼气袋，行驶过程中还要到充气站排队充沼气。所以从陆家嘴到桂家村20多个车站能在1个半小时到达是算顺利的。那时，上海石化院虽说是事业单位，迟到和请事假都不扣工资的，但考勤也抓得很紧，只有极少人因乘坐公交车而迟到的。

81路公交车沿线云集了众多工厂企业，尤其是大大小小的造船厂和码头仓库，是上海地区的一个重要工业区。例如邻近杨家宅车站的上海船厂，前身是英商莫联船厂和招商局的机器造船厂，1958年研制成功我国第一台2000马力的船用柴油机，1959年建成3000吨级沿海用货船，1970年建成“风雷号”万吨级远洋货船；邻近八号桥的沪东造船厂是英商爱立克·马勒机器造船厂，60年代初造出3000吨级航船，70年代制造出万吨级货船；邻近民生路的中国人民解放军4805厂，前身是1896年的英联和丰船厂，1953年与江南造船厂复兴岛分厂合并后成立海军修造船厂。因为该船厂有丰富的机械制造和焊接经验，所以，后来上海石化院年产60吨丙烯腈中试装置的固定床反应器也是请该厂加工的。

其实，关兴亚对造船工业也很有兴趣，因为1948年从青岛到上海乘的是小火轮，但却是生平第一次看到海，看到海上的大轮船。然而，陪同他的这位父亲好友说，造船工业是一个国家工业综合水平的体现，中国人还不能自己建造大轮船，更谈不上军舰，所以也很仰慕造船业。后来因为上海交通大学的船舶制造专业在国内高校中是数一数二的，这对化学系在读的关兴亚多少也有些影响。不过真没想到解放才十年，我国造船工业已初具规模，实在振奋人心。

由于那时国家正值经济困难时期，而且同属上海市化工局的上海合成橡胶研究所、上海合成树脂研究所、上海塑料研究所、上海合成橡胶制品研究所等十个研究所和化工设计室都在筹建之中，所以经费十分匮乏。又因为多数员工都是每周星期天才回家，故宿舍是一个大难题，行政科同志想方设法到周围农民处租房。那时候，十多个大中专生同居一室，因为许多学生来自全国各地，光行李就一大堆，所以宿舍十分拥挤，就连两位五十开外的资深工程师也只能挤在这样的民房内居住。关兴亚刚住进民房时，洗脸和洗脚用的都是河水，电灯也没有，用蜡烛照明。过了好几个月后才接上自来水管和电线，平时喝的水还要走一段田埂小道，用热水瓶到高桥化工厂的生活区打水。

后来，因上海炼油厂是新研究所的参与筹建单位之一，所以看到新来员工的实际居住条件后才决定将该厂在草高路的上炼新村腾出几间房子，同样参建单位之一的高桥化工厂在新建的职工宿舍内也腾出十余间空房，作为上海石化院职工宿舍，住宿问题才有所缓解。每个房间放 6 张床，对外地来的大学生也有了照顾，双人床的下铺睡人，上铺放行李、箱包。但书桌没法放，要想找一个静心看书的地方也不容易。

职工就餐搭高桥化工厂的食堂。由于国家对新建楼堂馆所的严格控制，高桥化工厂也是按照“先生产后生活”的原则。千人大厂，建厂初期也只能在用芦席搭建的简陋大棚中就餐，一直到 1960 年，年产 500 吨聚苯乙烯装置建成投产后，有了上交利润，才盖了与大礼堂两用的职工食堂。

大食堂内有数十张用废旧钢管焊接成，并带有座位的餐桌，桌面是用水泥板铺成的。这个条件比当时上海多数企事业单位只有餐桌没有座位的食堂相比是好得多了。

由于自然灾害的原因，食堂主食大米与面制品供应有一定比例，面食占 80%，有时还搭些山芋等杂粮。有段时期，还盛行一种看来可填饱肚子的“双蒸法”大米饭。所谓双蒸法就是将大米经过两次蒸煮，以使16两制为1斤的4两大米可将搪瓷碗盛得满满的，看起来比8两还要多，大米饭像爆米花一般，蓬蓬松松的，但是再盛上一碗免费的菜汤或酱油汤，米饭又凹了下去。后来有人说双蒸法把大米的营养都蒸掉了，所以又恢复了单蒸法。

当时高桥化工厂是上海市的重点企业，化工行业接触有毒有害气体，多数操作工人有一份“营养菜”，所以上级单位配给高桥化工厂食堂的荤菜要比一般企业单位要多。为让每个接触有毒有害气体的职工享有这份福利，每月都有27张营养券，即每人每天一张，但是因为窗口少，职工多，所以要排长队。由于车间工人师傅劳动强度大，常常是食堂还未到开饭时间，食堂大门就挤满了人。上海石化院的职工，知识分子居多，吃饭不会“打冲锋”，所以到月底，不少人的“大米券”和“荤菜券”浪费掉了。关兴亚对吃饭相当马虎，一则北方人不喜欢食米饭，二则常常为了工作，到食堂就餐时差不多将近闭门休息了，所以经常是两只馒头，一盆青菜，或者是卷心菜，发给他的“大米券”和“荤菜券”基本是作废的。在关兴亚看来，能填饱肚子就可以了。他不愿意将时间花在排队吃饭上。直到今天，进入耄耋之年的他，仍然是两只馒头一顿饭，或是壹包方便面，一般情况是不进食堂就餐的。那时，许多职工每年盼12月26日即毛泽东主席生日的那一天，因为这一天食堂会免费提供一份有鱼、有肉、有蛋的“会餐”，还有是用精白面粉制成的一大碗面条，食堂热闹非凡，可是因为忙于工作，关兴亚有几次竟将“会餐券”也过了期。

现在的青年人可能无法理解，这么艰苦的生活环境和工作条件，连一个像样的实验室也没有，怎么开展科学实验呢？然而，关兴亚这一代知识分子并不畏惧这些前进道路上的困难。从市区至郊区工作，大多数员工并没有怨言，而且许多从工厂企业调入属事业单位的上海石化院以后，各种奖金没有了，许多福利费也都取消了，实际收入少了拾多元，这在低工资年代是一笔不小的数字，但没有一个人提出要保留“奖金”和“福利”要求。许多员工是抱着“党叫干啥就干啥”而来到上海石化院的，怎么可以同单位领导提出要求保留这“不合理”报酬呢？

为了贯彻中共上海市化工局党委“边筹建、边开展科研，面向生产大搞协作”的指示，从 1960 年 6 月起，上海石化院筹建的同时将关兴亚等 11 名科技人员从上海化工研究院带来的部分课题和上海炼油厂带来的课题列为上海石化院的首批研究项目。其中丙烯醇、硝基甲烷、对苯二甲酸、氢氰酸、己内酰胺等课题以厂所协作形式在革新塑料厂、华侨化工厂、洋行化工厂和上海合成纤维研究所等单位进行。配合高桥化工厂和上海炼油厂生产需要的一批课题。如异丙苯制苯酚与丙酮、椰子壳制造超吸附分离用活性炭、航空煤油、航空润滑油 MK-14、抗氧化性能添加剂等项目分别在上海炼油厂和高桥化工厂也以厂所协作方式进行，或独立进行研究。还有利用高桥化工厂年产 120 吨超吸附石油气分离中试装置，厂所协作安排了炼厂气超吸附分离石油气中丙烯-丙烷馏分两个项目。这是关兴亚做梦也没想到的事情，上海化工研究院做的这些小试验项目已经写了总结，进入档案室，这就标志着至少在一段时间内，没有工厂去承接这些项目的话，工业化的可能性渺茫。而到上海石化院后，竟然又在原来小试基础上再要做进一步的工作，并且不少项目有可能通过厂所合作形式工业化。但是，筹建中的上海石化院实验条件怎么能同化工部直属沈阳化工研究院和上海化工研究院相比呢？一切都要从头开始。

为开展科研工作，在实验大楼尚未建成的情况下，上海石化院从桂家村农民处租来两间平房作作实验室，另从高桥化工厂借来一间宿舍作分析和设计场所。在市区福州路新城饭店底层一小间则作为市内办事处和采购物资的中转站。据当地农民说，两间平房原是农民家的客堂，所以面向大门的一张长台上还放着几十块老祖宗的牌位，后来又用来堆放木柴等杂物。原来客堂还有一口“寿材”，只是要出租给上海石化院，生怕“寿材”有损，才将这口“寿材”搬走。由于很少打扫，屋内蜘蛛网甚多，平房门前，天晴还可，一到下雨，烂泥地滑滑的，一不小心就会摔跤。最麻烦的是外面下大雨，里面下小雨。为了不损坏实验设备和药品试剂，员工常常从宿舍拿来脸盆接雨水。

那时，尽管实验室简陋，但实验室的必要器具和设备却一样不能少。为了搭起实验室，关兴亚像个“总管大人”，许多人没有实验室工作经验，什么事情都要问他。而他与那些主要来自工厂的同仁相比，在两个部属化工研究院打拼过几年，多少积累了一些工作经验。于是关兴亚先列出一大批清单，即需要采购的物资，从名称、规格到数量。可是，没有专职的采购员和搬运工，他就带领大家先做采购员和搬运工，再做化学实验。好在那时，化学实验所需化学试剂、烧杯、烧瓶、滴定管等玻璃器皿，还有实验台等供应商基本集中在黄浦区河南中路和福州路一带。只有专用设备，如测温用仪器仪表、焙烧催化剂等用的马福炉则需派人到生产厂家去订购。当时最困难的还是运输。

筹建中的上海石化院，因为规模小，级别低，申请一辆两吨载重的卡车还不够格，装载量为半吨的三轮摩托卡车，经层层审批少说也需半年才能批下来。但科研工作不能停滞不前。所以，被上海人称作“黄鱼车”的三轮车便成为主要运输工具。

氧气钢瓶、氢气钢瓶是化学实验不可缺少的用品。尽管生产氧气和氢气的吴淞化工厂就在黄浦江对岸的吴淞地区，但没有渡口，只能绕到庆宁寺摆渡口过江，这样来回少说也有 20 多公里。在上海石化院，女同志较多，所以关兴亚和刚从大中专学校毕业的男青年便是最合适的“搬运工”。一辆黄鱼车可装两只 100 多斤重的钢瓶，两个人轮流踏车，即使在冬天也常常是满头大汗。而且在浦东地区大部分是煤渣路面，既踏不快，又费劲，所以是“辛苦活”。

在同事们的印象中，关兴亚是最不怕吃苦的人，运输氧气钢瓶和氢气钢瓶总是跑在最前面，而且从不言苦。钢瓶运到石化院后，又常常是一个人用肩扛着 100 多斤重的钢瓶送到实验室，简直比一个搬运工还卖力。即使是别的实验室需要钢瓶，他也会随叫随到。

在关兴亚的带头下，在缺乏合适场地和足够资金的情况下，将用于气体超吸附分离用活性炭制备的扩大试验放在两间农民平房中进行。干燥、炭化、粉碎，以及挤条成型的机械都是土法上马，自行设计，再请检修组师傅加工，最后再自己调试而成。在狭小平房内，既要堆放原料，又要制作产品，外人看来连弄堂小作坊都不如，简直是个“大饼摊”，也有人说是“螺丝壳里做道场”，而关兴亚这种实干精神又被众人称赞为“大饼摊风格”。当时有人认为“大饼摊风格”听起来有点不舒服，但生产的活性炭在高桥化工厂中试装置上成功应用了，所以他也不计较这样的称赞到底是在表扬他还是批评他。

后来，上海石化院的工作逐渐开展起来，人员分工也明确了。但是好多课题是他和同仁们从上海化工研究院带来的。所以，即使不属他研究的课题，也总少不了请教他。而他总是有问必答，即使一时答不上来，也会帮助寻找相关资料，解决他人的困难，其中有 4 个课题项目给他留下的印象最为深刻。

当时，关兴亚进入上海石化院的第一个项目是“超吸附分离烯烃”，原先在上海化工研究院的工作目标是制取乙烯，但到上海石化院，为配合高桥化工厂“120 吨/年超吸附丙烯-丙烷馏分”试验，主要任务是制备以椰子壳为原料的活性炭吸附剂。其实，当时国内将超吸附技术用于石油气分离的研究，除了沈阳化工研究院和上海化工研究院，高桥化工厂也在做类似试验工作，而且还在该厂第一车间，即 6750 装置处还建了一套年产 120 吨/年的中试装置。

那时，6750 装置在当时被看作中国石油化工自力更生的典型。其 6750 名称的由来不得不提及兰州化学工业公司和上海炼油厂。20

世纪50年代，为配合丁苯橡胶生产，并用石油气中的乙烯替代酒精来生产丁苯橡胶，苏联在兰州援建了一套5000吨/年的乙烯装置。化工部根据中共中央关于在第二个五年计划时期要尽快发展有机合成化学工业的指示，确定在上海炼油厂附近选址建设高桥化工厂，生产聚苯乙烯等塑料。经国家批准，1957年在上海成立高桥化工厂筹备处。

根据编制的设计任务书，建设中的高桥化工厂乙烯年生产能力可达5000吨，但是限于当时石油裂解分离装置的关键设备和耐高温裂解用炉管及耐低温冷冻用特殊材料无法进口，而且前苏联援建的兰州化学工业公司5000吨/年装置建设还未完工就撤走专家，撕毁图纸，所以必须通过国内试制解决，设计方案不得不重新调整。最后，决定以年处理相当于上海炼油厂年可供石油气2.7万吨的四分之一，即6750吨炼厂气为基础，将乙烯设计能力定为年产1600吨。在上海化工医药设计院的通力协作下，参照前苏联援建兰州合成橡胶厂年生产能力为5000吨乙烯裂解分离资料，其中裂解部分采用管式方箱炉技术，分离部分采用中压油吸收精馏技术。该装置于1962年底建成，经调试和修改，于1964年12月25日正式投入运行，成为我国用自己力量建成的首套利用炼厂气制乙烯生产装置，结束了高桥化工厂用粮食酒精生产乙烯的落后工艺。

然而，高桥化工厂采用中压油吸收分离，设备需要耐压，材料也是一个难题，因此也想用只需常压的超吸附技术来替代中压油吸收分离。又因为不经裂解的石油气中丙烯-丙烷馏分含量相对较高，所以又开展了以丙烯-丙烷为目的产物的超吸附分离技术。这就是高桥化工厂当初采用的“两条腿走路”的方针。当时，超吸附的中试装置是建了，但吸附剂活性炭性能一直不理想，为此，高桥化工厂想到与上海石化院共同协作开发“以椰子壳为原料的活性炭吸附剂制备”。由于关兴亚在上海化工研究院制备的活性炭吸附剂通过采用不同材料（如木材、果壳、烟煤、煤炭等）、不同工艺条件的试验，得出一个结果是采用来自海南岛的椰子壳为原料制得的活性炭性能较为理想，但是，因为没有测试仪器，更拿不出与吸附性能相关的比表面积等材料结构数据，所以，能否在中试装置上使用受到专家们质疑。不过没想到用经验制得的活性炭吸附剂用在高桥化工厂的中试装置上却取得了很好的效果，终于在1961年年底，用一年多的时间完成了试验任务。可惜该项目未得到进一步放大。个中原因除超吸附技术固有缺点外，主要还是兰州化工公司年产5000吨乙烯装置在苏联专家撤走后，用自己的力量完成了开工过程，拿出了合格乙烯产品。同时国内耐高温、耐低温、耐高压的冶金材料生产技术已有所突破。相比之下，仅适用小规模、低浓度烯烃生产的超吸附技术在石油气分离方面已失去经济性和竞争力。另外，那时国家正值经济困难时期，本着集中力量打歼灭战的原则，将主要财力用于中压油吸收装置建设，并停止了超吸附分离技术试验。

第二个项目是烷烃硝化制硝基烷烃。甲烷、乙烷、丙烷都属于烷烃，它们硝化后的产物分别为硝基甲烷、硝基乙烷、硝基丙烷。硝基烷烃大部分用于国防工业，硝基烷烃凝胶主要作炸药。硝基甲烷可用作液体火箭燃料促进剂，发动机燃料的助爆剂。用硝基烷烃为原料制得的硝基醇类，其中最重要的衍生物，三硝酸酯和2-硝基-2-甲基，1,3-丙二醇的二硝酸酯，都是烈性强的炸药，而硝基醇转化得到的磷酸酯或有机酸酯又可用作高分子材料的增塑剂。这是一个难度和危险性都较高的课题。因为过程在高温、高压，又是强酸的条件下进行，如以丙烷硝化为例，反应在390~440℃，压力在8个大气压下进行，用普通钢材制成的反应器，根本无法承受硝酸的腐蚀，所以必须采用以瓷砖为内层涂料的不锈钢反应器。但是瓷砖与不锈钢的粘结是一个问题。而且，当年劳动保护条件较差，一旦硝酸泄漏，后果不堪设想，损伤皮肉是小事，反应过程发生爆炸那是危及整个实验室，乃至整幢实验大楼的大事。当时多数课题组成员存在畏难情绪，但关兴亚自告奋勇，敢于一人挑起重担，先将实验装置搭起来，然后开始进行一项又一项的试验，只是没有想到，试验没做完便收到下放“肥效站”劳动锻炼通知。好在到上海石化院后，程文才等几位同事又在原有工作的基础上更上一层楼，取得了放大试验所需数据。1966年，上海市化工局正式下文要求上海石化院尽快组建硝基乙烷生产装置，并限时拿出产品，供军工部门需要。为此，上海石化院组织一支40多人的技术队伍，在四川永川天然气研究所的帮助下，借鉴该所硝基甲烷生产经验，攻克了中试装置高温高压硝化过程中对设备的腐蚀，以及产品分离、化学分析等一系列问题，并于1967年建成年产15吨硝基乙烷生产装置，当年即拿出合格产品，满足上天和下海等国防军工所需。由于按时完成上级下达的军工任务，又为研究院创收了几十万元，因此多次受到上海市化工局的表彰。

第三个项目是氯醇法丙烯制环氧丙烷。在上海化工研究院期间，关兴亚是与杨炳章技术员一起合作试验的，到上海石化院后，他也是负责人，但杨炳章具体工作做得更多一些。

环氧丙烷主要用来生产聚氨酯树脂，用这种树脂制成的泡沫塑料具有耐热性高，对水及许多化学药品作用稳定，成型方便等优点；聚氨酯树脂还与金属及其他材料具有良好的粘结能力，形成的粘合体强度高、质量轻、绝缘性能和隔音性能也都十分好，广泛用于建筑工业、飞机制造工业、造船工业、汽车工业等，是国家当时急需石化产品之一。丙二醇主要用作不饱和聚酯树脂中间体和抗冻剂。

氯醇法丙烯制环氧丙烷和环氧丙烷水合制丙二醇是在上海树脂厂进行的。借用了该厂原来氯醇法制乙二醇生产装置，重新设计改造而成。在小试验基础上，最终于1962年6月完成年产60吨环氧丙烷和年产22吨丙二醇中间试验，产品提供给新泾药厂、革新塑料厂、轻工业局研究所等试用。1964年环氧丙烷、丙二醇中试产品获得国家计委、经委、科委三委颁发的工业新产品三等奖。该研究成果又被高桥化工厂采用，建成国内首套年产环氧丙烷和丙二醇各400吨的生产装置。这些产品在1968年3月“珍宝岛”自卫反击战中起到重要作用。由于那里冬天温度在零下30至40度，汽油和柴油都要结冰，必须添加丙二醇抗冻剂，否则即使汽车24小时发动，也不能保证汽车不发生故障。此外，20世纪60年代中期，由于我国大庆油田的开发和原油产量的增长，为石油化工发展提供了有利条件。在兰州化工公司“洋法”原油砂子炉制乙烯工业化的同时，国内出现了一大批土法上马的蓄热炉原油裂解法制烯烃装置，到1970年大大小小装置竟多达30~40套。因为当时氯醇法制环氧丙烷生产技术已经工业化，所以，以蓄热裂解产物乙烯和丙烯混合物不经分离直接制得的环氧乙烷和环氧丙烷成为其主要下游产品，也是炼厂丙烯综合利用重要项目之一，为缓解当时国内环氧乙烷和环氧丙烷的市场供应发挥了重要作用。

第四个项目是“异丙苯制苯酚丙酮”。异丙苯制苯酚和丙酮在当时也是十分新颖的一项新工艺。开题时，海湾石油公司在加拿大建设的首套年产6000吨工业装置还不到十年。因为传统苯酚生产采用磺化法工艺，生产1吨苯酚要消耗100%硫酸1.75吨和氢氧化钠1.7吨，同时还副产大量硫酸钠，并造成环境污染。传统丙酮生产采用粮食发酵法，一家采用玉米粉、黑麦粉和小麦粉为混合原料的溶剂生产厂，大约每吨溶剂要消耗5吨混合原料。而产品中丙酮含量仅33.5%，其余58.5%为丁醇，7.8%为乙醇，即酒精。所以开发此新技术不仅有利于改善环境，而且可大幅减少对粮食的依赖，是利国利民的好项目。由于该工艺技术经济性好，而且一个过程可同时得到两种价值很高的产品，所以，至今仍是苯酚和丙酮主流生产工艺。该课题在带入上海石化院后，与高桥化工厂合作，1969年在高桥化工厂建成国内首套联产苯酚丙酮1.5万吨/年工业装置，并在北京石油化工总厂，即现中国石化燕山分公司推广应用，作为上海石化院与高桥化工厂两个单位的协作项目，还获得了1978年全国科学大会颁布的科技成果奖。

“异丙苯制苯酚丙酮”工艺比较复杂，流程长，过程包括丙烯和苯烷基化制异丙苯、异丙苯氧化制过氧化氢异丙苯，过氧化氢异丙苯分解为苯酚和丙酮。其中丙烯和苯烷基化以三氯化铝作催化剂，该步骤基本与高桥化工厂乙烯与苯烷基化制乙苯过程类同，关键是异丙苯氧化制过氧化氢异丙苯这一步骤。因为过氧化氢异丙苯是一个极不稳定的化合物，一旦操作不当，便会发生剧烈分解反应，轻者导致生产效率下降，重者则引起爆炸的危险。那时就在小试过程中也经常会发生防爆膜破裂的事，但包括关兴亚在内的研发者没有气馁，而是通过反复实践，不断总结经验，困难还是被克服了。因为我国石油化工规模工业生产装置多数是在20世纪70年代后引进的，但异丙苯制苯酚丙酮却是例外，60年代末和70年代初就用自己技术力量建成了万吨级工业装置。

关兴亚十分重视技术资料的收集。到1961年，上海石化院图书馆已收集了技术资料1000余篇，藏书3000余册，初步建成了情报图书资料系统。这里同样包含着关兴亚的一份辛勤劳动。他认为搞科学研究不能凭空想象，更不能胡思乱想。为了得到第一手国外资料，他经常借周日休息天到地处南昌路的上海科技编译馆或地处南京西路的上海图书馆亲自查阅，那时候还没有复印机，一整天就用手抄写。而最辛苦的要算是在细微阅读仪下阅读比蚂蚁稍大一些的照相版英文或日文的专利说明书，而且一边看，一边还要把重要内容抄下来。看得眼睛发酸发花，而胶卷的不断转动还会使头脑发晕。可是他常常在那里可以呆上一天时间，直到闭馆为止。这些资料为上海石化院有关课题研究发挥了重要作用。

如今，上海石化院领导都要请关兴亚给新来的青年人，包括博士生、硕士生、大中专毕业生和新来的员工上一堂“上海石化院建院初期艰苦奋斗，白手起家”的院史教育课，希望新员工能继承和发扬当年老员工们的光荣传统，为上海石化院作出新贡献。

上海石油化工研究院实验大楼旧址

第四节　勇挑“丙烯腈”重担

1961年，自然灾害使我国的粮食和棉花大幅减产，亿万人民不得不节衣缩食，从而牵动了中央和各级地方领导的心。同年6月，中共上海市委下达了“着重解决人民吃、穿、用问题，急需发展合成纤维工业”的指示。此时，担任上海石油化学研究所所长的陈承欢便多次与专家和科技人员们商讨，要求大家敢想、敢说、敢做、敢为，积极响应市委的号召，并组织他们进行调查研究，开设新课题。

几千年来，人们穿衣主要依靠农牧业提供的棉花、亚麻、蚕丝和羊毛等天然纤维。然而这些天然纤维在产量和品种上都有限度，难以满足日益增长的人口和人们生活水平提高后的需求。

中国是世界养蚕制丝历史最悠久的国家，早在4700多年前就有了丝制品。2000多年前，我国养蚕制丝技术开始传到越南、朝鲜、日本和中亚地区。公元六世纪又通过“丝绸之路”传到欧洲。欧洲人在蚕吐丝的启示下，用植物纤维试制成人造纤维真正进入工业化时代还是近百年的事情。

多数中国人对合成纤维的认识还是在1945年抗日战争胜利后，那时大量美国商品涌入中国市场，其中就有一些尼龙66(Nylon)的袜类制品。当时人们还弄不清它是什么材料制成的，只因为外观薄而透明，就叫它为“玻璃丝袜”，价格昂贵的玻璃丝袜，只有少数有钱人才能穿得起。其实，它的化学名称就是聚酰胺66纤维。

继聚酰胺66纤维问世后，在20世纪40年代和50年代，聚酰胺6纤维即尼龙6纤维、聚乙烯醇缩甲醛纤维即维纶、聚酯纤维即涤纶先后实现工业化生产。到1960年全世界合成纤维产量已达70.2万吨，其中美国30.7万吨，苏联1.5万吨，日本11.8万吨，联邦德国5.2万吨，法国和意大利分别为4.5万吨和3.4万吨。

那么人们不禁要问，为什么世界合成纤维工业会发展得如此迅速呢?

第一，可以节省耕地面积。大约1万吨合成纤维可织成2亿1千尺布，可供1000万人穿着，相当于25万亩棉花田生产的棉花加工成的棉织品数量。而一套年生产能力为9万吨的合成纤维工厂占地面积相当于一座足球场的占地面积，仅4000平方米。又如一头绵羊身上一年仅能剪出几公斤到几十公斤的羊毛，畜养一头绵羊还要付出很多劳动力。如今我国每年聚丙烯腈纤维消费量约100万吨，大约相当于1亿头绵羊产出的羊毛，而放养1亿头绵羊所需草地面积至少在40万平方公里。所以，发展合成纤维工业可腾出更多的植棉田来生产粮食。目前我国每年合成纤维产量接近3000万吨，如全部依赖棉花田生产，现有18亿亩有效耕田面积至少要有40%用来生产棉花，13亿人口的粮食供应根本无法保证，这也就是发展合成纤维的最主要意义。先进工业国家，尤其弹丸之地的日本，解决1亿多人口的穿衣问题主要依靠发展合成纤维工业。

第二，强度高、耐腐性好。合成纤维的许多性能是天然纤维所无法比拟的。以俗称“的确凉”的涤纶纤维为例，制成的织物挺括美观，用涤纶制成的结构材料能耐较高温度，耐磨性也好，吸湿性很低，在自动化设施和照明技术等部门有广泛应用。以 20 世纪 60 年代初曾充满市场的维尼纶纤维为例，外观与棉花相似，但吸湿性和强度优于天然纤维，而且生产成本低，价格也便宜。

第三，可满足人们穿着多样化需要。用各种合成纤维织成的衣料、服饰，不但价格便宜，而且色泽鲜艳，美观大方，花色品种繁多。当时在市场上尤其受欢迎的是合成纤维与棉、麻、毛、丝等混纺的织物和各种合成纤维新产品，成为人们装饰和美化生活的必需品之一。

此外，像聚丙烯腈纤维，不仅有较好的耐热性，而且与羊毛相比，最大的优点是不怕蛀虫侵蚀，还耐酸，与羊毛以适当比例混纺后又可改善外观光泽，且不影响手感。

旧中国根本没有合成纤维工业。直到解放初，只有一家化纤厂，即丹东化纤厂，年产黏胶纤维 230 吨。20 世纪 50 年代末，我国从民主德国引进了一套年产 6000 吨人造纤维装置，建在保定化纤厂，之后又自己设计建成南京、杭州等地的第一批人造纤维工厂[1]。

为了解决六亿人口的穿衣问题，中共中央在第一个五年计划期间就提出：“纺织原料必须在发展和提高现有各种天然纤维单位面积产量的同时，大力发展化学纤维，实行天然纤维的生产与化学纤维的生产同时并举的方针。”

为了建立中国合成纤维工业，1954 年到 1956 年，国家决定从棉纺印染、化工行业中抽调一批技术人员参加化学纤维工业的建设；分期分批选派技术干部、研究生和大学生到苏联学习；结合技术、设备引进，派遣技术人员和工人到苏联和民主德国实习；组织

[1] 张万欣主编．当代中国石油化学工业［M］．北京：中国社会科学院出版社，1987：252.

建厂和生产人员在国内进行技术培训；在全国多所高等院校设立有机合成、高分子材料和化纤工艺专业，并组建中等专业学校，有计划地培养化学纤维专业人员，形成了一支化学纤维专业技术队伍。与此同时，在一些重点研究院所，如中国科学院化学研究所、沈阳化工研究院、纺织科学研究院等，开展以合成纤维为原料的有机合成、聚合纺丝以及纺丝设备等一系列的实验和工业性放大的探索试验，为发展我国合成纤维工业奠定了一定的技术基础。

然而，就在执行第二个五年计划中，尽管合成纤维研究工作也取得了一定进步，小规模的锦纶(即尼龙6)和维纶装置已开始兴建，却未想到遇上了严重的自然灾害。当时，国家急需寻找一种原料易得、生产过程简单、成本低廉、投资少、见效快的合成纤维，很快确定是性能最接近棉花的维纶纤维。而从国内维纶纤维研发进度看，还是远水解不了近渴，为此，1963年6月，国家决定从日本引进成套设备和技术，在北京建设了年产1万吨维尼纶装置，可织布7000多万米。在考虑发展性能接近棉花的维尼纶同时，人们同样在考虑能替代毛线的人造羊毛，即聚丙烯腈纤维。为此，1961年5月刚挂牌的上海石化院，在同年6月，选择了当时具国际先进水平的“丙烯氨氧化制丙烯腈”课题作为建所后的第一个重大攻关项目。同时，任命关兴亚为课题组长，负责小试验工作。

其实，当初还是青年技术员的李乔生和关兴亚，提出“丙烯氨氧化制丙烯腈”课题时已作了大量调查研究。当时，国内化学纤维的生产主要是黏胶纤维。这类纤维可以用竹子、木材、甘蔗渣、棉子绒等天然高分子化合物为原料，而且具有很好的吸湿性、透气性，穿着舒适，光洁柔软，手感滑爽，还有丝绸感，具有良好的染色性，而且不易褪色。它的不足之处是手感重、弹性差，且易褶皱，不耐水洗、不耐磨，容易起毛、尺寸稳定性差，缩水率高，不耐酸和碱。而从生产工艺看，要消耗大量能源，生产1吨黏胶纤维需消耗600立方水和1万度电，还要对环境造成污染。所以，从长远发展看，有它的局限性，不宜大力发展。

维纶纤维虽然在性能上接近棉花，但质量欠佳，品种适应面窄，并不受人们欢迎。相比之下，有“的确凉”之称的涤纶和有“人造羊毛”之称的聚丙烯腈纤维更受人们喜爱。但是，涤纶的原料对二甲苯主要来自炼油厂，那时上海炼油厂和上海高桥化工厂仅几站公交车的距离，却分属石油部和化工部两个系统。除高桥化工厂可有偿使用炼油厂排出的废气，即石油气外，其他所有产品包括可裂解制烯烃的轻油、苯、对二甲苯都是国家计划产品，需要打报告调拨供应，手续麻烦且燃料又是国家紧缺产品，在计划经济年代只能是可望不可及。然而，建设中的高桥化工厂却有大量丙烯资源等待应用开发，而丙烯腈正是人造羊毛的最重要原料。所以，上海石化院与高桥化工厂商量共同开发丙烯腈时，两家单位一拍即合。1961年8月，上海石化院正式将“丙烯氨氧化制丙烯腈”列入研究课题。同时在情报室资深工程师孙文温配合下，撰写了“丙烯氨氧化制丙烯腈”开题报告，呈送上海市化工局、上海市科技委员会和中共上海市委工业委员会。同年12月，中共上海市委工业委员会副主任李广仁在外滩市府会议室组织召开上海市有关工业局领导参加的“石油气精分和丙烯氨氧化制丙烯腈”项目工作会议，会上安排了各协作单位分工，并明确由上海石化院为丙烯腈项目总负责单位。要求上海石化院在1962年年底要拿出中间试验装置设计所需数据，而且必须同时提供中间试验装置用催化剂。换言之，在一年零4个月内便要完成实验室阶段的所有数据采集，这对一个刚三十岁出头，大学毕业才六年的青年技术员关兴亚来说压力非同小可。

确实，当接到新任务，并担任丙烯腈课题组长时，他首先想到的是，正与高桥化工厂合作开发的“环氧丙烷”和“苯酚丙酮”两个课题的下一步工作。常言道万事开头难，一年的辛勤劳动终于使两个课题的工作可以正常开展起来，现在却要放下研究工作实在有点依依不舍。不过，多年来他不是一直在想搞大课题、新课题、难度大的课题吗？如今"丙烯腈"正是这三者都"齐全"的课题。所以，领导将这一个重任交给自己，不仅满足了自己多年梦寐已求的心愿，而且还是为国为民解决穿衣问题而大显身手的大好机会。想到这里，他就觉得浑身充满着力量。

他回顾自己的工作经历，1955 年在重工业部沈阳化工综合研究所即后来的沈阳化工研究院工作了 2 年，虽说做过 3 个课题，其中四氯乙烷完成得较好，但未做到工业化，就接着做五氯苯酚和乙炔加氢两个课题的小试验；在上海化工研究院工作了近 3 年，研究课题多达十几个，实际只是初期的探索而已，根本谈不上工业技术开发；到上海石化院后，满以为超吸附分离技术有望工业化，但因该技术本身的局限性，在小规模烯烃生产也许还用得上，真正工业化还是缺乏经济性，所以，以工业技术开发为目标的一个完整的石油化工产品开发过程还未尝试过。如今"丙烯氨氧化制丙烯腈"这个课题，上上下下都在看着你，不是能不能，而是一定要工业化，拿出产品，并且越快越好。想到这里，关兴亚不由打了一个寒颤，一度怀疑自己能不能完成这样重要的课题。不过细细想来，在上海石化院内学历和资历在他之上的人有许多，有留美、留日的，有解放前名牌大学化学系毕业的，还有长期在化工厂和制药厂工作多年的资深工程师，但领导却未让他们挑重担，偏偏看上他这个初出茅庐的青年人。那么，领导为什么看中他呢？也许年纪比他们轻，精力充沛，还有是勤奋肯干，有点优势。但是这个丙烯腈课题太难了，万一不能如期完成任务，个人声誉是小事，误了国家大事可不好交代，所以有好几夜未能入睡。当时也有人说，丙烯腈专题组长是吃力不讨好的工作。成功了功劳是大家的，失败了你的名誉就会扫地。但关兴亚没有这样想，他自己虽非共产党员，但为国为民做好事这点道理是懂的。所以最终还是战胜了自己，觉得做工作不能患得患失，事在人为，外国人能做的事，中国人为什么不能做？有志青年应该为中国人争这口气。后来，他在自己的写字台玻璃板上写下了4个大字“发奋图强”，自己立下军令状，一定要在1962年底前拿出中试装置设计所需数据，决不辜负领导的信任和期望。

当时，参加过抗美援朝战争的胞弟关兴国来信，也希望他能尽快将这个课题拿下来。关兴国告诉他，当年在朝鲜战场上，志愿军吃的是“一把炒米一把雪”，美国兵是压缩饼干、罐头饮料和罐头食品。穿着方面更不能比，志愿军穿的是笨重的棉衣和棉裤，盖的是薄棉被子，而美国兵穿的是份量轻、保暖性好的人造羊毛制品。在零下30度的冰天雪地里，美国兵钻在由人造羊毛做的睡袋里，志愿军却远没有这么好的条件。与他同时入伍的志愿军，尤其是来自南方的志愿军，无法适应冰天雪地的环境。有些志愿军不是被敌人打伤的，而是在1尺多深的雪地里行军冻伤的，甚至致残和死亡。如果那时我们志愿军能穿上能耐湿保暖性好的人造羊毛制品，就能减少战士的伤亡。所以，搞丙烯腈科学研究，不仅有政治和经济意义，在军事上同样有重要意义。

当时，化工部获悉上海石化院要进行丙烯氨氧化制丙烯腈生产技术开发后，还组织了一个专家考察组前来上海，在观看实验装置和了解研究院人员构成后，一位留美老专家私下对关兴亚说：“难！难！难！像这样的条件你们能搞成丙烯腈那一定是天下奇迹。”言下之意，就凭当时上海石化院的实验条件和人员结构根本无法搞丙烯腈的。当时，关兴亚听后很不高兴，但嘴上却对这位老专家说：“请相信我们，不出一年，我们一定会拿出丙烯腈的。”后来，此事传到李广仁副主任那里，李副主任在会上说“上海工人阶级支持你们，丙烯腈一定会搞出来的”，从而坚定了丙烯腈课题组所有科技人员的信心和决心。

后来，他细细思考老专家的这番话，也不无道理，因为生产丙烯腈的技术难度太大了。为什么当时世界上也只有一个公司采用丙烯氨氧化技术？道理很简单，就是技术难度高。回顾国外丙烯腈发展历史，最初，丙烯腈制造是采用由德国法本公司开发的，以环氧乙烷和氢氰酸为原料的生产技术。1952 年美国联碳公司用该法进行工业生产，反应中间体是氰乙醇，然后氰乙醇脱水制得丙烯腈。此法缺点是原料昂贵，氢氰酸毒性大，操作过程繁杂。

之后，德国拜耳公司开发了另一条工业路线，那就是在氯化亚铜和氯化铵催化剂作用下，由乙炔和氢氰酸为原料制造丙烯腈。这种生产方法比环氧乙烷法要简单些，乙炔原料价格又远低于环氧乙烷，虽然生产成本降低不少。但是副反应很多，所以粗产品中组成复杂，以致产物精制困难。另外，氢氰酸毒性也大，而乙炔生产原料电石又需耗用大量电力。

相比较而言，从合成工艺和分离提纯难度远胜上述两工艺的丙烯氨氧化法却具有 4 大优点。第一，对原料丙烯、氨及空气要求不高，其中采用一般肥料级或冷冻级氨即可，氧化剂是空气，可以大量供给，最重要的是采用石油裂解制乙烯的联产品丙烯，或炼厂催化裂化干气中的丙烯为原料，生产成本较低；第二，反应不需要加压，所以对反应器所用材料无特殊要求，换言之不需要特种合成材料；第三，原料无毒，操作安全；第四，因为反应产物比较单一，所以产品精制过程也比较简单，生产成本低。1949 年美国联碳公司首次发表有关该技术的专利。1957 年美国俄亥俄州的标准油公司，简称为索亥俄(Sohio)公司开发成功高效催化剂后，于 1960 年才正式将该技术工业化。然而，仅从此国外工业化与上海石化院开题所相差的时间看，在一年左右，显然这是一个起点高，紧跟世界先进水平的研究课题。所以当时连上海石化院的上级单位某些领导也担忧，初建的石化院能否完成这项高难度的研究课题。

尽管丙烯氨氧化制丙烯腈工艺技术先进，但其技术难度是环氧乙烷法和乙炔法工艺无法相比的。该新工艺技术涉猎面广，其中流化床反应器、细颗粒杂多酸催化剂、苛刻的反应条件、复杂的反应产物分离、剧毒副产氢氰酸和乙腈的处理，乃至分析测试都面临相当技术难题。与化工部直属的北京化工研究院，国内最早建成的兰州化工研究院和兰州化工公司研究院相比，位于高桥化工厂内，面积为2000平方米的1号试验大楼落成不到几个月的上海石化院，确实差距不小；实验设备还在完善之中；分析手段以手工的化学分析为主，仪器分析基本空白；稍微精密的分析仪器像气相色谱分析仪还要靠分析人员自己制作；科研人员多数从工厂抽调或刚从大中专学校毕业分配而来，高级人才廖廖无几，中级人才也是少数，可以说对科研工作的方法、规律尚需经过一段时间的摸索和熟悉。然而，关兴亚做梦也没有想到，1961年8月起从全国各地分配来的大中专毕业生，个个生龙活虎，干劲十足，他们没有思想包袱，说干就干，说做就做，他们把参加具有世界一流先进水平的“丙烯氨氧化制丙烯腈”技术开发，看作是极好锻炼的机会。他们中间的党团员工作尤为积极，还在各种不同场合表决心，尽快拿出丙烯腈产品。这些青年人对关兴亚来说，原本以为是一大包袱，实际上个个是他的好帮手，也给他增添了无穷的力量。

当时，试验工作开展的初期，如何应对丙烯腈试验过程中的劳动保护，曾是一个棘手问题。从有关文献的报导可知，丙烯氨氧化制丙烯腈过程中不少原料和产物对人体是有毒害的，例如丙烯、氨、硫酸、氢氰酸、丙烯腈、乙腈、丙烯醛等。尤其是丙烯腈、氢氰酸、乙腈带有—CN氰基团的化合物，在短时间内吸入或高浓度接触会引起中毒，轻则引起皮肤瘙痒，伴有头昏、头痛、全身乏力等症状，严重时会发生呼吸困难、意识不清，进而出现抽搐和不停地痉挛，最终停止呼吸和心脏跳动而死亡。这样的实例国内外屡见不鲜，但由关兴亚主持的丙烯腈实验室和中试装置从未出现类似现象。

根据卫生标准，国家颁布的有毒物质在空气中允许浓度是：氢氰酸为0.0003毫克/升，丙烯腈是0.0005毫克/升，丙烯醛是0.0005毫克/升。然而，实验室内不可能不间断地测定这些有毒有害物质在空气中的浓度，也没有条件去购买这种高灵敏度高精度分析仪器。所以，关兴亚起草了严格的实验室操作规程，还规定有些实验必须在通风橱内进行。即使如此，也不一定可完全阻止中毒现象的发生。为此，他曾多次请教同仁，还走访了吴淞化工厂等生产氰化物的生产企业，同时借鉴这些生产企业的经验，在实验室养了两只小鸟，因为小鸟对空气中有毒物质比人类更敏感，所以一旦小鸟发生中毒情况，就可起到实际的报警作用。

1961 年后，每年总有一大批大中专毕业生进入丙烯腈课题工作，他们虽然工作热情高涨，不怕苦不怕累，但对实验室安全事项和劳动保护还缺乏应有认识，所以，关兴亚经常在工作中督促和热心帮助他们，叮嘱他们千万注意安全，莫要后悔终生。不但如此，课题组还有个不成文的规定，那就是凡难度大的、有危险性的工作都是关兴亚先来尝“险”。例如，化学分析需要的各种不同浓度丙烯腈等有机毒物的配制都是他亲自动手的。

然而，最让关兴亚一辈子难忘的是“56 天连续奋战的日子”。丙烯腈正式立题的前期做了大量调研和搭建实验设备工作，以及在小试验范围对催化剂进行的大量筛选工作。在初步确定催化剂配方和制备工艺后，接着就是要进行催化剂寿命试验。在此催化剂寿命考察期间，要拿出中试装置所需合成工艺和其他相关数据。此时已是 1962 年 7 月初，好在 8 月来了一批大中专毕业生，报到后经安全培训和实验室工作守则教育后，便立即投入“三班倒”运行的催化剂寿命试验。

当时，虽然来了一批大中专学生，但因为是早、中、晚三班的连续运行，人员还是不够。但是，这些青年人不计较工作时间，有的从早班连中班，有的中班连夜班。那时加班没有多一分钱的工资，也没有调休的时间。因为人员少，只有明确分工，但也不是“各扫门前雪”，而是什么岗位需要就到什么岗位去，重活大家都抢着干。那时搬运原料丙烯钢瓶、氧气钢瓶、氢气钢瓶是最重的活，20 多岁的小伙子们跟着关兴亚抢着干，从实验大楼的底楼背到三层楼实验室。

由于正值自然灾害期间，粮食供应是大问题，为填饱肚子，这些青年人为能不分昼夜地连续作战，有的将晚餐分成两份，其中一份留到晚上 11 点钟中班结束后吃；有的将一天的定量按每顿四两(当时一斤等于十六两)来安排；也有的将买大米或馒头用的代粮券换成买山芋的券，以使实际供应量增加一倍。而关兴亚自己一天之中，基本以馒头、杂粮和白开水为生，早、中、晚三班都见到他忙忙碌碌的影子，而且工作碰到问题，即使他在宿舍休息，也会及时赶到。整整 56 天对他家人来说，他似乎是一个“失踪”的人，不说回家，连一个电话也没有。后来，妻子问其为何电话也不打一个，他推说，200 多员工的上海石化院只有一部号码为 866032 的电话，由高桥化工厂接入上海石化院的分机是不允许打外线的。

1962 年 11 月，由于众人的努力，终于丙烯腈课题组拿出了年产 60 吨丙烯腈中试装置设计所需的主要数据。

第五节　耐住寂寞　甘当绿叶

1962 年，上海石化院领导在听取关兴亚等科研人员提出先开发固定床，后发展流化床的建议后，从加快中间试验进度出发，研究决定暂停部分课题。又根据集中力量打歼灭战原则，集中全所半数以上人力，并于 1962 年 7 月正式成立丙烯腈项目大组。由来自天平制药厂的共产党员、资深工程师刘久之任大组长，但刘久之身体欠佳，长期患病在家休养，实际由沈银林副大组长负责统筹和协调工作；6 月刚晋升工程师的关兴亚任副大组长，负责具体科研工作。下设 5 个小组，由关兴亚兼任流化床反应器组长；6 月刚晋升工程师的李乔生任固定床反应器组长；从药厂调来的资深工程师周修和任产品分离提纯组长，同时负责全流程方案；由药厂调来的资深药师李华妹任分析测试组长；原任超吸附分离副组长的吴加武任催化剂研制组长。同年9月，上海石化院又决定成立以资深工程师巫万居为组长的化工组，负责中试装置的设计，并落实设备加工。巫万居早年留学日本，1956年在上海珊瑚化工厂，即我国最早有机玻璃生产企业之一，他先用国外进口的有机玻璃废制品及边角料裂解复制有机玻璃，后以氢氰酸等为原料通过丙酮氰醇法合成单体甲基丙烯酸甲酯，制造出有机玻璃。受到当时国家领导人之一的李富春副总理接见和表彰。

作为大组技术负责人的关兴亚对下设6个小组的组长们既明确任务，又放手发挥他们的积极性，碰到问题及时商量对策。据后来成为我国乙烯气相乙酰化制醋酸乙烯催化剂研制，并首次在引进装置应用的第一发明人、中国石化总公司劳动模范的吴加武回忆，当时关兴亚给了他两篇资料。一篇是国外某公司1959年发表的专利说明书，主要是涉及催化剂的制备。但是，关兴亚根据自己经验对吴加武说，完全按照专利说明书中的实例去做恐怕是做不出的，因为内中有许多诀窍，或者称“know how”是绝对保密的。专利说明书给你的是考虑问题的思路，不要被专利“捆死”，要在实践中摸索，还带上一句鼓励的话“相信你是会做出来的”。另一篇是发表在美国《石油炼制》，即后来改名为《烃加工》(Hydrocarbon Processing)上的文章，有4个作者，他们分别是索亥俄丙烯腈研究所长、生产车间主任、催化剂生产主管以及催化剂焙烧工程师，“记住以后可以在化学文摘中根据他们的姓名，即作者索引来跟踪相关技术的进展”。所以，吴加武一直记住关兴亚的经验之谈，并用于醋酸乙烯催化剂的技术开发，实在受益匪浅。

有关资料声称，“以磷钼酸盐为主体、二氧化硅为载体的催化剂可在丙烯氨氧化制丙烯腈反应中得到较高选择性”。至于磷钼酸盐和硅胶的具体制备方法、过程控制、主体和载体如何达到合适的比例，以及催化剂的成型方法都需自己摸索。但是，碰到问题，关兴亚会主动与你商量。例如在无正规挤条机下催化剂如何挤条成型，当时，吴加武觉得是一个难题，但他提供的经验是用一根合适尺寸的玻璃管来替代，既实用又省钱。这使吴加武暗暗佩服。因为，这种好办法是任何书籍也无法找到的，也是关兴亚长期工作经验得到的“诀窍”。

由于成立丙烯腈课题大组后，固定床技术开发成为工作重点，大量合成技术的试验工作围绕着固定床的研究开发。此时，似乎负责流化床技术开发的关兴亚工作可轻松一些了。确实，在一段时间内关兴亚围绕流化床的研发工作相对少了许多，旁人看来工作有点“寂寞”。然而，作为大组副组长却一点没有空闲时间，他不仅耐住这种“寂寞”，而且将固定床反应技术在中间试验过程中迫切需要解决的，除合成技术外的必须要做的试验，而且又是最危险、最困难的相关试验揽着自己做。

第一件事是丙烯在空气中爆炸极限测定。

当时，有些人觉得这个数据可以从化工手册中查得，而且爆炸极限试验有危险性，轻者是爆破声音会惊动实验室人员，重者要伤害周围员工和其他设施，而且市场上没有现存的产品。但关兴亚觉得，化工手册上的数据可以参考，爆炸极限也必须测定。因为在原料气中，除丙烯外，还有氨和水蒸气等其他组分。于是，他就根据有关文献提供的资料，将包括恒温控制、真空抽提、气体配制、气体混合、点火、监控等单元组成的爆炸极限测定仪安装起来。由于当时没有自动点火条件，用的是火花塞，手工点火，所以有一定危险性。关兴亚记得第一次爆炸极限测试装置就出现了故障，5 立升的玻璃瓶发生爆炸，幸好没有伤到人。他分析了其中的原因，悟出了道理，在爆破控制方面作了改进。这台仪器看似很土，与现在市场上购买的商品在外观上不能相比，但却解决了加入氨和水蒸气后，丙烯在空气中的合适浓度应该是多少的问题。因为丙烯浓度控制得过低，反应器的加工费就要增加，相反，丙烯浓度控制得过高，反应器设计体积要小一些，反应器的加工费就可减少一些，但危险性却要增加，如果因丙烯浓度控制过高，引起包括反应器在内的相关容器的爆炸是绝对不可取的。因为许多石油化工工艺也存在类似问题，所以，后来的“乙烯氧化制环氧乙烷”等研究课题，也将此爆炸极限测定仪用于测定乙烯在氧气或空气中的爆炸极限。

关兴亚通过测定丙烯、氨、水蒸气三者在空气中的爆炸极限，还为中间试验提供了水蒸气在其中的合适比例。虽然丙烯氨氧化反应不需要水蒸气，但加入水蒸气后可帮助反应产物从催化剂表面解吸出来，避免丙烯腈的深度氧化，提高丙烯转化率和丙烯腈选择性；水蒸气的加入降低了丙烯分压，使反应比较缓和，也容易控制，还抑制了在催化剂表面的积炭；水蒸气的加入更有利于降低丙烯和氨混合物易燃易爆的危险性，但水蒸气的过量加入又会导致设备生产能力下降和能耗的增加。爆炸极限试验从一个方面给出了水蒸气的适当加入量，也为工业装置原料的配比和反应条件的确定，提供了重要基础数据。

第二件事是固定床反应器出口气体的最佳冷凝温度。

丙烯氨氧化产物中含有很多易聚合物质，除丙烯腈外，最易发生聚合反应的是丙烯醛。虽然它的含量不多，但出口冷凝器常常因聚合物而堵塞管道，导致反应难以持续进行，所以确定最佳冷凝温度十分必要。国外有关资料报道，是通过聚合物的反应动力学来确定的，但不同的反应条件和不同反应产物组成获得的数据有差异。当时实验室还不具备做聚合反应动力学测试条件，而且时间也不允许，所以只能用配制组成基本与反应物出口相似的组分进行聚合试验。

由于丙烯腈、乙腈、氢氰酸这些反应器出口物都是有毒物质，而且要配制氢氰酸还需用剧毒氰化钠作原料，所以首次气体配制工作也是关兴亚亲自动手的。他说"自己工作年数比他们长一些，经验也多一些，如让新来的同志做危险工作，出了事故就对不起他们"。通过聚合试验，他发现反应气体最佳冷凝温度并不是像文献中所述的某个温度，而是某个温度范围，接着，又提出在设计中应该采用的措施，从而，防止在中试过程中，因管道堵塞导致反应压力上升所引起的爆炸可能性。

第三件事是亨利常数的测定。

在丙烯氨氧化反应器出口的反应气体中，丙烯腈、乙腈、丙烯醛等有机化合物含量总共不到10%，必须用水加以吸收，然后大量(约60%空气)尾气另作处理。那末设计的吸收塔应有多高呢？此时必须具备有机物在水中的溶解度数据，用专业语言讲需提供这些有机物在不同温度条件下的气液平衡常数，即亨利常数。而测定亨利常数，必须自己配制出模拟的反应产物的气体组成。同样，这种气体与上述聚合试验所用气体一样，具有一定危险性，当然又是关兴亚自己动手。

此外，为配合李乔生工程师负责的固定床研究工作的开展，作为技术总负责人关兴亚时常废寝忘食，一日三餐常常是馒头加开水，晚上用四只板凳拼起来变成一张临时铺位，不分昼夜，全心投入工作。每个月除了有一个星期天回家送工资外，几乎天天把实验室当作自己的家。每天早晨当组内员工上班时，他早已将原料气配制好，而且反应器油浴温度也慢慢升至目标值，甚至化学分析用试剂、溶液配制等所有准备工作全部搞定，从而，为研究工作抢出了时间。他把实验室当成家，还用自己的被子制止了一场事故的发生。有一次一位同志操作不当心，硫酸喷溅出来，关兴亚便奋不顾身用自己的被子挡住了硫酸，然后关上只有开启关闭，而没有调节流量大小作用的玻璃阀门。否则硫酸继续喷溅将伤害实验室员工，后果严重。

20世纪60年代初，气体分析主要采用现在看起来很繁琐而又费时的奥氏气体分析仪。这种传统仪器主要用来分析二氧化碳、总烯烃、氧气、一氧化碳 4 种气体的浓度。吸收液的配制，按理是一般分析操作人员的工作，但关兴亚考虑到吸收液配制比较繁琐，有的具有腐蚀性，如二氧化碳吸收液是 40%的氢氧化钾水溶液，氧气吸收液是焦性没食子酸和氢氧化钾混合液。为了让催化剂考察人员能牢牢控制好反应温度，防止因反应温度波动而导致数据的偏差，关兴亚又常常是亲自取样分析，提起奥氏分析仪中的水准瓶，不住地上下拉动，使气体在吸收瓶中进行吸收，反复数次，直到剩余气体体积不变为止，记下读数，再计算丙烯腈收率，从而得到第一手数据。所以，从外人看来，他与一般操作人员没有什么差别，都是自己动手，一点不像重大项目技术负责人。十二硫醇是当时分析丙烯腈用的化学试剂，但市场上十二硫醇试剂无货供应，关兴亚就想到到市场上购买原材料，自己动手制造化学试剂。因为制造试剂纯度要求高，加上经验不足，所以曾多次失败，但他并未因失败而气馁，分析了失败原因，找到关键所在，即提纯方法，最终还是获得成功，解决了分析上的一个难题。

为了配合合成试验需要自制一台色谱分析仪，其中高级恒温设备无法解决。关兴亚不是坐着等，而是动脑筋想办法，根据恒温设备原理，并通过旧烤箱的改造制成了恒温设备。不仅如此，因为色层柱用火砖粉焙烧、蓄电池的充电也需要 24 小时有人看管。为了让组内同志能很好休息，他自己值夜班，通宵不眠，第二天照常上班。所以，1962 年关兴亚晋升工程师，评上先进工作者。1963 年工资又连升两级，且涨幅很大，从 65. 5 元升至 92 元，而一般符合条件的职工都升一级工资，涨幅不超过拾元。但全组乃至全所几乎无人有什么反对意见，都说："关兴亚这一切都是靠干出来的"，如果有什么意见的话，那就是"关兴亚的工作节奏太快，我们跟不上。"

事实也是如此，在催化剂筛选期间，只有一套实验评价装置，但催化剂样品一大堆，由于关兴亚连星期日都在实验室，制备不同金属氧化物主体含量的催化剂和各种系列催化剂样品，催化剂性能考察根本跟不上，所以在他手下工作的人也只能跟着关兴亚“分秒必争”地干。星期日加班也是常事，不过大家为工作仍毫无怨言地埋头苦干。

催化剂是整个丙烯氨氧化制丙烯腈的关键技术。当时国外丙烯氨氧化制丙烯腈研发中的催化剂已有多种类型，而发展何种类型催化剂与选择何种反应器形式同样重要。所以，关兴亚和吴加武等还对国外研究开发的几大类催化剂的基本情况作了详细比较分析。从产物丙烯腈选择性、原料价格以及对人体健康有否影响等因素考虑，将磷钼铋系催化剂作为主要研究对象。

在关兴亚直接指导下，1960 年毕业于大连工学院的吴加武没有辜负大家的期望。吴加武是一位对工作十分执着且善于思考、勇于创新的科技人员。他反复研究了文献中有关催化剂制备的实例，文献上声称催化剂采用氧化钼、磷酸、硝酸铋和硅溶胶配成一个溶液共胶化而成。不过真正着手制备催化剂时面临了一大堆问题。首先是当时我国还不能生产硅溶胶，必须自己制备。吴加武从有关资料中得到启发，在关兴亚指导和鼓励下，想到用正硅酸乙酯水解来制得硅溶胶，并立即从上海某试剂厂购入正硅酸乙酯。另外主体组分中除硝酸铋可溶于硝酸水溶液外，氧化钼和磷酸不能形成溶液。吴加武又想到用可溶于水的杂多酸磷钼酸来替代氧化钼和磷酸，经过多次试验，终于在 1962 年 3 月初，由吴加武、李宝根等共同参与下制得了磷钼铋与二氧化硅（$PMoBi/SiO_2$）共胶化的胶冻，经老化、干燥、焙烧后得到金黄色的颗粒。并将 20 目以上大颗粒催化剂，送交由李乔生负责的固定床反应器进行考察试验。筛下的 20～60 目细粉催化剂，送交由关兴亚负责的流化床反应器进行考察试验，最终确定了固定床中间试验装置中编号为 1116 型催化剂的配方。

1962 年 11 月，固定床反应器用高活性催化剂初步选定，并获得相应的工艺条件，加上各种气液平衡、化学动力学等测定数据，完成了中试初步设计方案要求提供的基本数据。之后，上海市化工局组织有关单位的领导和专家，对中试工艺流程、主要设备及装置规模作了评审。一致认为小试验提供的数据可靠，可以展开年产60吨规模的中试，还希望通过中试为工业规模装置提供必要数据。

但是，新的问题又出现了，因为实验室催化剂制备都以试剂级产品为原料，价格昂贵，考虑到工业生产需要，必须将生产成本降下来。为此，关兴亚和吴加武等大胆设想，以自购氧化钼为原料，用自己的技术来制备磷钼酸盐主体，还用水玻璃为原料制造硅胶。尽管困难重重，但一道又一道难关还是被克服了。后来考虑到硅胶的长期供应和生产成本问题，最终还是交由上海某试剂厂专门研制和生产。

催化剂放大试验也是一个难关，主要是上海石化院缺乏相关设备，例如挤条机、干燥机、焙烧炉等，而且适用于磷钼铋系催化剂制备过程的机械设备的具体类型更不清楚。此时，关兴亚便想到当年在上海化工研究院工作时邻近的上海试剂一厂，并主动与该厂进行了多次联系。终于在上海市化工局支持下，1963 年 3 月由刘久之和吴加武带队赴上海试剂一厂进行催化剂放大试验。在上海试剂一厂协助下，借用该厂用于试剂生产的设备，再通过多次反复实践，才逐步掌握了放大技术。上海试剂一厂是一个有着数十年历史的化工厂，许多工人师傅有着丰富的试剂生产的经验。当时社会上流行的一句话是“社会主义大协作”，相互协作是无私的奉献，根本不计较名和利。所以，当试剂一厂的工人师傅听说是解决亿万人穿着的人造羊毛项目，都毫无保留地将掌握的技术告诉上海石化院参加催化剂放大试验人员，还出点子想办法解决实际问题。因为许多无机化学试剂的放大试验过程有许多方面与催化剂放大过程类同，所以这些点子非常实用而有效。

例如开始采用烟道气焙烧炉对催化剂焙烧时，常有氧化钼针状晶体出现，这种现象在三氧化钼试剂生产时，也碰到类似问题，说明局部位置焙烧温度有可能超过某温度值。为此，师傅们提出每隔一定时间翻动盘内物料的建议，直到催化剂呈浅黄色才出料，从而避免了物料过热现象。当然从现在来看，凭肉眼看产品颜色来判定产品质量似乎缺乏严格的科学性，但就当时技术水平而言，已经相当不错了。

实验室内湿催化剂的干燥比较容易，通常是薄薄一层摊开放在烘箱中烘干即可，但放大制备时却发现结成大块。关兴亚和吴加武等分析了其中原因，并专程到华东化工学院，即现华东理工大学请教催化剂专家汪仁教授。汪教授提出快速气流干燥方案，因为快速干燥时，水分迁移蒸发速度大于盐类迁移速度，而且经验表明，快速干燥过程操作时还必须用耙子不断翻动，直到颗粒成流动状态，干燥才能终止。当然，现在看来这种生产方法主要依靠手工操作，设备又很土，所以生产过程气味很大，催化剂分解物氮氧化物对人体刺激很大，让人又咳嗽又流泪，眼睛发红，排风机开着也不顶用。但当时劳保用品只有手套和口罩，许多科研人员为了早日拿出合格催化剂，也顾不得这一切了。直到 1963 年 9 月，中试装置投料运行前，终于产出 1 吨合格的编号为 1116 的高活性固定床用丙烯氨氧化制丙烯腈催化剂，大家才露出难得的笑容。

从小试验到大规模生产，中间试验必不可缺。这是因为小试验碰到的或者说未能暴露的问题，在中间试验中必须得以解决，否则到工业规模装置出现的问题再来解决，损失就更大。例如气体和液体，在化学工业中称之为流体，流体的输送和传热、设备材质选择在小试验解决往往是不成问题的，即使有问题也很容易解决，但到工业规模，情况发生很大变化。以列管式固定床反应器为例，小试验通常是在一个管子内进行反应的，反应热撤除根本不成问题，但当在 1 万根列管组成的一个列管式反应器时，如何撤除反应热就是一大难题。中间试验目的就是解决这些包括流体力学、传热学、传质学等工程问题。

在小试验的基础上，上海石化院于1962年8月成立化工组，进行中试装置设计，并落实设备加工。当时，固定床反应器加工难度较大，上下两块圆形钢板上需打约300个孔，且在两块圆形钢板中间还要安装长3米，直径25.4毫米的列管287根，焊接要求极高。因为在470℃高温下反应，列管外是易燃热载体，如焊接处有缝隙反应气体外泄有可能发生爆炸，后果相当严重。为此，反应器加工是由中共上海市委工业委员会出面，请焊接经验丰富的海军4805厂代为加工完成的。

1963年4月，由上海化工医药设计院，即现中国石化上海工程公司的前身，承担设计的、建筑面积为826平方米的年产60吨丙烯腈中试装置土建工程开始动工。中试装置是一个4层楼的框架，从外表看同一般的化工生产装置并无多大区别，但实际流程却很复杂，原料预处理、合成反应、产品分离、副产品回收，还有冷冻压缩机等多种辅助设备，真可谓“麻雀虽小，五脏俱全”。框架底层是布满输送流体的泵和压缩机，还有储藏各种原料、产品或副产品的储槽，以及几只产品出厂用铁桶。二楼是操作室和分析室，操作室内是一排仪表屏，还有几只用废铁管做成的简易铁凳，供操作人员使用。分析室内有好几台自制的色谱分析仪，各种分析试剂琳琅满目。关键设备固定床反应装置置于二楼和三楼之间，7台分离用塔，从底楼一直穿至四楼平台，塔身进料口、塔顶和侧线出料口布满一个又一个的取样阀门。

尽管主要设备都由安装公司的师傅负责安装，但许多杂七杂八的事情还是由刚从大中专学校毕业的学生来完成。例如由热工仪表厂制造的仿苏联的孔板流量计、温度和压力测量仪都是自己动手装在仪表屏上的，每台仪表少说也有20~30公斤重，还有储槽上的液面计，甚至许多仪表和空气管道都是自己安装的。为了赶进度，许多看似文弱的大中专生竟做起管工和电焊工，而且毫不逊色。所以，工地上是热火朝天，有时还挑灯夜战，可谁也没有拿到一分钱的加班费，甚至连中班津贴费也没有。那时，领导亲临现场同大家一起劳动，已使这批刚从学校出来的实习生激动万分。

为了确保中试装置的投料运行，上海市化工局专派瓮远副局长安排高桥化工厂丙烯原料供给。上海石化院成立以主要负责人陈承欢为组长的开车领导小组，主要成员包括化工专家张式副所长、丙烯腈大组长刘久之、副大组长沈银林和关兴亚。参加首次中试运行的还有后来任上海石化院院长的陈庆龄，后任副总工程师的方永成等青年技术员和大中专毕业生。据不完全统计，从当年中试车间走出来的中、高级工程技术人员不下 100 人，在研究院和国内大型丙烯腈等引进装置担任主要领导职务的也有 10 多人。所以丙烯腈中试装置出了成果还出了一批人才。

安全是当时领导最关心的事情，因为丙烯腈及其副产乙腈、氢氰酸都是有毒有害物质，又因为是试运行，有可能出现意想不到的事情，加上设备的“跑、冒、滴、漏”，所以，要求每个操作人员应该掌握防止中毒和急救的知识。每个班都有医护人员参加值班，个别操作工甚至还学会了人工呼吸、静脉和肌肉注射硫代硫酸钠技术，而且将硫代硫酸钠放在显著的位置，以备急救用。试车期间，曾有一位操作工，是一位刚从上海化工学校毕业的中专生因不慎脸上碰到氰化物蒸气，后因及时使用硫代硫酸钠注射液才逃过一劫。

因为没有报警器，与实验室一样在车间里也养了几只小鸟。车间还备了许多装有活性炭的防毒面具，因为戴上防毒面具空气中氰化物浓度达 3.6 毫克/升也能坚持 30 分钟，而不戴防毒面具，空气中氰化物浓度在 0.1 毫克/升就有生命危险。

为保证中试投料运行能顺利进行，关兴亚为每个岗位制定操作规程，为操作人员上课讲授如何应对突发事件；从底层到 4 楼参加系统检查、气密性试验、系统扫洗、催化剂的装载、反应器升温等各项准备工作都亲力亲为，直到投料顺利运行，整整几天没有很好合上眼。

在试运行期间，从鼓励和关心操作工出发，主要负责人陈承欢将废旧物资卖掉的钱换来咖啡，亲自为在岗人员送上热腾腾的咖啡，因为在国家困难时期，咖啡还是一种“高级饮料”。在一般员工心里，陈所长是老革命，地下党员，平时没有架子，偶然还会同你聊聊家常，但双手端上咖啡，送到在岗人员手里，却无论如何也没想过，所以多少有点受宠若惊之感，有的激动得连“谢谢”都没说，脸涨得通红通红的。不过心里想“领导如此关心我们，我们一定要开好车，不辜负领导的期望。”此事在上海石化院一度成为佳话，然而在“四清运动”中却被说成是“笼络人心”之举，实在是无稽之谈。

不过，中试装置确实也出现过一些问题。例如供中和塔用硫酸管道因腐蚀而穿孔，虽然硫酸含量大约是1.5%~2%，但对人体也是有害的。当操作人员向关兴亚汇报如何处理时，关兴亚和资深工程师巫万居等毫不犹豫地奔向现场，关上阀门，奋不顾身地前去抢救，避免了一场大事故的发生。

还有一次，解吸塔取样管发生故障，关兴亚也当机立断，立即带上防毒面具，冒着含量高达80%丙烯腈蒸气的中毒危险排除了故障。关兴亚没有顾及自己的安危，心中想的是如何将试验顺利进行下去。

1964年1月，当闻讯上海石化院用不到两年时间里便完成丙烯腈中间试验后，主持上海市日常工作的曹荻秋副市长，带领市经济计划委员会和化工局领导前来研究院视察，还参观了丙烯腈中试车间，称赞上海石化院员工的“革命加拼命”的精神。

1964年8月，年产60吨丙烯腈中试装置在对分离提纯部分进行改造后，继续进行试运行，打通了全流程，所取得的合格丙烯腈产品送至上海合成纤维研究所，进行聚合拉丝试验，获得成功，从而表明得到合格的聚丙烯腈纤维产品。

1964年9月，经上海市科委推荐，以上海石化院“丙烯氨氧化合成丙烯腈新工艺”为主题，制作了彩车一辆，参加在人民广场举行的全市游行，作为上海市科技系统科研成果一部分，向建国十五周年献上一份厚礼。

至1965年2月，年产60吨丙烯腈固定床中试装置，前后累计运行4329小时，获得21吨聚合级丙烯腈产品的同时，初步掌握了合成工艺、催化剂制备、产品分离提纯技术。

1966年5月，该项目通过了化工部的技术鉴定，化工部李苏副部长亲临主持会议。其后，高桥化工厂采用此技术成果成功地建成年产1000吨国内首套丙烯腈固定床生产装置，1970年6月正式投产。从此，迈出了我国丙烯氨氧化丙烯腈工业化的第一步。

尽管当时的各级领导对丙烯腈中试的成绩作了肯定，但是关兴亚作为主要技术负责人，想的却是中试暴露的问题和下一步的工作，尤其是现有催化剂性能的改进和流化床技术开发，因为流化床反应技术才是代表当时丙烯腈的世界先进水平。

部分丙烯腈科研人员在彩车前的留影（1964年9月）

在院庆三十周年时，老丙烯腈科技人员在60吨中试装置前的合影（1990年11月，左起沈景余、金国林、姚逸民、张铭澄、赵楚骏）

年产60吨丙烯腈中间试验装置

第六节 流化床与四元催化剂

丙烯腈固定床中间试验的成功带来一片赞美声，尤其是主持上海市日常工作的曹荻秋副市长，亲临中试车间后，前来上海石化院“学习经验”的单位络绎不绝。可是，关兴亚却想到它的另一面，即暴露的许多工程问题。其中主要还是反应器的形式。

丙烯氨氧化制丙烯腈是一个气固相催化反应，原料和产物都是气体，催化剂是固体，当时国外常用反应器只有两种，一种是列管式固定床反应器，另一种是流化床反应器。前者将催化剂固定在反应器的列管之中，通常气体沿着3米左右长列管内的催化剂颗粒间的缝隙由上而下流动；后者催化剂可上下左右运动，当气流速度到一定程度后，催化剂颗粒开始松动和膨胀，到气速继续增大时，催化剂如腾雾似地在反应器内处于流化状态，像一锅烧开的水在反应器内翻滚运动，所以又称“沸腾床”。

固定床反应器的优点是反应气体和催化剂固体有较好的接触，反应器结构也简单，操作控制相对方便。但是，撤除反应热效果较差，反应器纵向和横向温度不均匀，特别是纵向各点温差较大，不能发挥全部催化剂的作用。另外，固定床反应器体积庞大笨重，由于催化剂要分装在列管之中，装卸麻烦，生产规模因此受到制约。此外，化学反应在400℃以上进行，还要增加反应列管外热载体熔盐（主要是硝酸钾、亚硝酸钠和少量硝酸钠混合物）的输送和循环等辅助设备，以撤除强放热反应产生的热量。

当时，年产60吨丙烯腈中试装置首先碰到的问题是催化剂装载。内径为25.4毫米、长为3米的列管共287根，其催化剂装载就花了半个月。

采用传统的催化剂装载程序，先用单管试装催化剂，称其重，测其压力降，然后将催化剂分装在287包布袋中，然后，分别装入反应器的每根列管，这样就不易漏装和多装。装载速度不能太快，为了防止“桥搭”现象，以免造成沟流，通常要用木锤轻轻地在管外敲击，边装填边敲击。之后还要对每根管子进行压力降测试，并控制其相对误差在一定范围内，以保证在生产中每根管内原料气量分布较为均匀。据当时我国拟引进的一套万吨固定床丙烯氨氧化制丙烯腈装置的有关资料称，9372根列管，仅装填催化剂就需数周时间。倘若产能达2万吨，甚至规模更大，不仅装载催化剂时间更长，而且反应器加工更为困难。所以，固定床反应器的规模不能搞得过大，这又是缺陷之一。

另外，中试结果表明，3米列管，上、中、下三部分的温差较大，说明管内装载的催化剂并未充分发挥其作用。而更严重的是床内最高反应温度，或称热点，与管外撤除热量的热载体温差竟高达25℃。一旦操作不当，催化剂温度极易迅速上升，即“飞温”，从而导致催化剂的失活。严重的话，过于剧烈的化学反应还会引起爆炸。此类事故国外也曾有发生。

不过，当时为了解决固定床反应器纵向催化剂反应效率不等的问题，上海石化院也开发过两种转化率和选择性各不相同的“N6-O”催化剂和“N6-A”催化剂。N6-O 型催化剂的特点是活性高选择性低，N6-A 催化剂的特点是正好与 N6-O 相反，活性低但选择性高。具体安装方法是列管上端即反应原料气进口段采用活性低选择性高的 N6-A 型催化剂，反应气体出口段采用活性高但选择性低的 N6-O 型催化剂，从而改变原先列管上端反应剧烈活性过高而下端反应缓和活性过低的现象。结果丙烯腈的单程收率显著提高，从 60%提升到 72%，无疑，这在技术上也是一大进步。但是，关兴亚坚持认为这仍不能解决根本问题，列管内反应温度与管外热载体的温度之差虽有改善但仍然较高，催化剂飞温现象仍有可能出现。相比之下，在流化床反应器中，由于催化剂处于流动状态，只要反应器的结构设计得合理，催化剂层的温度十分均匀，这就大幅提高了催化剂的使用效率。其次，催化剂装卸都比较容易，只要盛在一个圆筒容器内即可。反应放出热量只要通过设在催化剂层内冷却管可直接撤除，不必使用熔盐热载体。因此同样生产能力的反应器，流化床反应器体积明显小于固定床反应器。

关兴亚在 1963 年发表在《化学通报》的一篇题为“氨氧化法合成腈类化合物”中总结了流化床反应器的 3 个优点❶：①原料气在催化剂床内发生激烈搅拌作用，它破坏和分散了在床内可能存在的冷点和过热点；②反应床内固体介质，与其中含有的气体比较，有很大的热容量，因此固体介质可以吸收大量反应热，但反应床的温度却很少变化；③流化床的传热效果好，每单位体积流化床有很大传热面，一般砂子流化床，每立方英尺有 1000~1500 平方英尺的传热面积。所以，关兴亚认定，对大型丙烯腈工业装置而言，流化床反应器是发

❶关兴亚，金启玲．氨氧化合成腈类化合物[J]．化学通报，1963，(11)：669-679.

展方向，必须加快开发流化床反应技术。

其实，流化床反应器在当时并不是新鲜事物。这种反应器是一种利用气体或液体通过颗粒状固体层面使固体颗粒处于悬浮运动状态，并进行气固相反应过程或液固相反应过程的反应器。20 世纪 20 年代，最早出现的温克勒粉煤气化炉就是采用流化床反应器。到 40 年代，石油炼制过程中的催化裂化工艺更广泛采用流化床反应器。只是用了两个反应器的“双器”而已，另一台反应器作为催化剂再生用。

20 世纪 60 年代，我国炼油工业出现了“五朵金花”，其中一朵是催化裂化。50 年代末，石油科学研究院开展了流化催化裂化工艺和流化模型的研究工作，并于 60 年代初建设了一套流化床催化裂化中型试验装置，后经北京石油设计院、抚顺石油设计院以及多家机械设备加工厂的努力，于 1965 年在抚顺石油二厂，建成我国第一套流化催化裂化工业生产装置。关兴亚曾经设想，借鉴国外催化裂化的流化床反应技术，将其移植到丙烯氨氧化工艺，但经过认真评估和分析后，觉得两者虽有共性，都可采用流化床技术，却也有个性，因为反应介质不同，炼油工业的催化裂化采用的是价格相对低廉的硅铝催化剂，尽管损耗量大，但仍有可观经济性。但是，若用于丙烯腈生产，催化剂的损耗量过大，大量价格较贵的钼铋系催化剂的流失就使该技术缺乏经济性。而且钼铋系催化剂并不存在炼厂催化裂化工艺用硅铝催化剂的再生问题，所以这种“双器”流化床并不适用于丙烯氨氧化工艺。

流化床反应器在有机化工产品中的应用，早期实例是萘或邻二甲苯氧化为邻苯二甲酸酐，简称苯酐。1944 年，巴杰尔/谢尔温、威廉斯公司首先以萘为原料，采用流化床反应器生产苯酐。我国流化床用于苯酐的研究，最初在 1958 年，根据苏联提供的技术资料，并在苏联专家萨巴乔夫的指导下，完成了流化床萘氧化制苯酐的中试装置。同年，上海染料油漆工业公司染料研究室，以苏联提供的

K-26 型催化剂，在华亨染料厂进行流化床生产苯酐的试验。也是在 1958 年，南京化学工业公司用浸渍法试制成功流化床萘氧化钒系催化剂。与当时采用的固定床工艺相比，可以避免局部过热或爆炸，另外催化剂装填操作简单。

当时，国外对用于丙烯氨氧化制丙烯腈的流化床反应器的内部构造十分保密。有关专利仅透露有些类似“用于萘或邻苯二甲苯氧化制苯酐用反应器”。为此，关兴亚专门翻译了一篇发表在美国《石油炼制》(Petroleum Refiner)的文章“如何设计和操作流化催化制邻苯二甲酸酐装置”。译文后被上海科学技术编译馆录用，编入“基本有机合成译丛第五辑”公开出版。

这篇论文主要叙述了流化床与固定床反应器的比较、过滤器、流化床用催化剂、存在问题和反应器设计与催化剂磨损 5 个方面的问题。关兴亚逐字逐句研究了有关流化床反应器设计和耐磨催化剂的制造，以及如何防止出现腾涌、喷射、鼠穴，以及大量气泡引起过量催化剂进入流化床上部，导致后期燃烧等不良现象和所采取的措施与方法。尽管论文提出反应器设计的原则非常笼统，但在他看来极为有用，因为根据这些原则，再结合丙烯氨氧化的具体情况，一个抽象的适用于丙烯氨氧化的流化床反应器已浮现在眼前。

为了增加对流化床反应器的感性认识，关兴亚又想到当时上海化工研究院附近的华亨化工厂，于是就带领课题组研究人员到华亨化工厂，请教资深工程师和苯酐车间当班师傅。甚至还趁车间检修期间，不顾难闻气体，钻进反应器内部观察器内气体分布板和各种内部构件的具体安装细节。关兴亚还与工人师傅边检修边请教生产过程碰到的问题。原来，该厂最早苯酐生产也是采用固定床反应器，因为固定床反应器存在许多问题，如催化剂装卸麻烦，反应效果不佳，稍有操作不当，催化剂便会“飞温”而报废。改用流化床反应器时，由于反应器设计上存在一些问题，加上开始操作没有经验，觉得控制不易。当时碰到的最大两个问题是"沟流"和"腾涌"，这两种现象的出现，会使催化剂性能明显下降。而通过实践不断改进后，能逐渐掌握操作规律。例如气流穿过催化剂空隙，朝阻力最小的通道流动而形成的"沟流"，除在设备结构上更要注意气体分布外，在催化剂装载时颗粒大小搭配和气流速度方面也应作适当调节。同样，对于气体结成大气泡，使流化床形成一段又一段的"腾涌"，也在床体结构方面作了改进。这些实践经验为关兴亚后来用于丙烯氨氧化制丙烯腈的流化床反应器设计提供了宝贵资料。由于关兴亚手上拿着检修工具，身上都是白色苯酐粉尘，看起来真像厂里新来的操作工，根本不像上海石化院的工程师。后来，他告诉年青的科技人员，要虚心向工厂里的技术人员和工人学习，不能只是嘴上说说"我们是来学习的"，而是要有实际行动，深入班组，看他们如何操作、检修，及处理各种不正常的现象，这样才能将技术真正学到手。

之后，他又通过华亨化工厂发表在《化学世界》1959 年第 5 期和第 9 期的两篇有关流化床萘制苯酐的基本情况介绍，以及文章中给出的反应器示意图，对流化床反应器和流态化技术又有了进一步的了解。当时，给关兴亚留下的一个感觉是用 16 号粗细的铅丝和玻璃棉组成的过滤器装置与国外文献报道的丙烯氨氧化用旋风分离器，虽然都是用来"回收"催化剂的，但后者效果比前者要好得多，但后者却不一定适用萘或邻苯二甲苯氧化工艺。但是，国外的旋风分离器谁也没有见过，必须自己设计。

为了掌握流态化基本理论，关兴亚还到北京，参加由中国科学院化工冶金研究所郭慕荪教授主持的"流态化研讨班"。当时郭慕荪教授已是我国流态化技术的开拓者和学科带头人，从美国回来后开发了贫铁矿流态化磁化焙烧等工艺，在国际上也有一定知名度。尽管学习研讨班未涉及丙烯氨氧化用流化床反应工艺，但从理论上加深了对流态化的理解，学会了许多有关流态化的工艺计算，设备加工和装置构成等基础理论。

关兴亚还请教过中国科学院山西煤炭化学研究所研究流化床的学者。回沪后，借鉴前辈们成熟经验的同时，自己动手加工设备，大大小小不同尺寸、不同内部构件的流化床反应器搞了10多台，而且大部材料都是利用旧料做的，连后来这套最成功的加压带挡板的流化床反应器也是用旧料制成的。他认为利用旧材料既可节约原材料，还可加快工作进度。因为有时候材料申请到采购常常会浪费许多时间。

然而，同样采用流化床工艺，因为原料不相同，反应条件不相同，过程传热和传质情况不相同，采用流化床内构件以及分布板的类型也有差异，没有统一模式。例如，分布板类型就有多种，单层筛板，凹型筛板、多层筛板、夹层填料等，内部构件又有多种，如垂直管、水平管、多孔板、水平挡网、斜片百叶窗板等，究竟采用怎样的构造，还需要在实践中不断摸索。

其实，要使催化剂在反应器内真正形成流态化可不是一件简单事情，除与反应器结构和催化剂粒径尺寸和重量相关外，还与气体流速相关。气体流速过大，催化剂将一下吹到反应器上部，流速过低，催化剂则根本吹不起来，更何况达到流态化。一直到1963年3月，丙烯腈单位面积产量仅22公斤/(平方米·小时)，与工业化要求相差甚远，而且操作极不稳定，“沟流”、“大气泡和腾涌”等异常现象时有发生。真是急煞人！时间在一天天过去，就是上面不催促，自己也觉得压力越来越大。然而，面对一次又一次的失败，他并没有灰心，而是坚韧不拔，继续一头钻在实验室思考失败原因。他仔细地分析了每一次产生异常现象的原因，并从寻找合适内部结构和催化剂制备两个方面着手做了大量试验。通过两者比较，催化剂制备对产品收率影响更大，于是又将重点放在催化剂方面。

丙烯腈催化剂制备有多种方法，限于当时国内设备条件，浸渍法是主要采用的方法。所谓浸渍法，就是将含有活性组分和助剂部分的液体物质浸渍在固态载体表面的一类催化剂制造方法。其优点主要是：第一，可使用既成外型与尺寸的载体，省去催化剂成型步骤；第二，根据载体生产商提供的不同规格（如形状、尺寸比表面积、孔半径、机械强度、导热性能等物理结构参数）商品载体，客户可根据化学反应要求，从中选择或定制合适的载体；第三，负载组分只是分布在载体表面，所以活性组分利用率高、用量少、生产成本也低，而且对钼铋类价格较贵的金属氧化物催化剂而言更有必要。

为追求高丙烯腈收率，当时国外有不少公司曾报道采用锑铀氧化物催化剂，据称丙烯腈收率高达70%。文献虽说该铀来源为原子能工业废弃的副产，但铀元素毕竟具有放射性，对人体健康是有害的。但关兴亚竟然不顾个人安危敢冒此风险，独自在实验室尝试锑铀氧化物催化剂的制备。后来，进一步研究发现，该催化剂丙烯腈收率虽可高达70%，副产乙腈生成量又明显减少，但这种催化剂不耐还原，也就容易失去活性，原料配比中要求有较高的氧含量，氨比也高，并且要求反应温度更高。所以研究工作很快又转向到丙烯腈单程收率可达75%，多元组分的钼铋系新牌号催化剂。

那时，许多文献都提及为使流化床所采用的催化剂有良好的机械强度，喷雾干燥成型是一种常用的方法。1965年关兴亚等发表在《化学世界》的“丙烯氨氧化制丙烯腈的进展”一文中指出，“磷钼酸铋硅胶催化剂溶液经喷雾干燥，可得到具有玻璃状光滑表面的小球，其耐磨性能良好”。然而，当时国内不具备转速高达每分钟1万2千转的高速离心式喷雾干燥器，进口这类昂贵设备在当年看来是天方夜谭，一则国家没有这么多的外汇，二则这类战略物资对中国是禁运的。所以只能根据国情和反复多次的实验结果，并且从节约生产成本出发，向地处山东青岛的专门生产硅胶产品的海洋化工厂直接购买包括细颗粒的各种规格的商品硅胶。

开始对山东海洋化工厂提出硅胶产品的比表面积、平均孔径等参数时，他们觉得似乎太苛刻，因为以往他们生产的硅胶主要是除湿保干燥用的，与比表面积、平均孔径没有丝毫关系，后来通过技术改进，也能生产符合催化剂载体用的硅胶产品。

很快，用外购细颗粒硅胶和相应制备方法得到的新催化剂，在直径为50.8毫米的流化床反应器中考察，丙烯腈单程收率为58%至59%，尽管运转1000小时以后，单程收率稍有下降，为55%~56%，但初步具备了进行中间试验的条件。

1966年，上海石化院将原来年产60吨丙烯腈中间试验装置的反应器由固定床改为流化床，规模为年产200吨，同时进行缩短流程和大幅降低能源的“部分解吸”分离精制流程的中间试验。

流化床反应工艺的中试之初，为了改善流态化状况，曾在流化床内加入圆筒形金属丝网填料。尽管这种试验在反应器直径由50.8毫米放大至254毫米时，结果是基本一致的，但是在年产200吨中试装置上直径为800毫米的流化床中反应时却失败了。当时反应器出现的径向温差高达50℃，说明反应热量难以去除，不得不停止试验。分析其原因，从现象上看主要是填料的存在严重地降低了催化剂粒子的径向运动速度。进一步深入研究，发现实际上是化学工程上的原因。

此时，试验似乎已经走到了山穷水尽的地步，因为无论采用流化床内不加填料的空床也好，添加金属丝网的填料也罢，都无法在中间试验装置上重复小试验的结果，那么规模放大后的症结究竟在哪里呢？这时，关兴亚又想到了萘氧化制苯酐流化床反应器中的挡板作用。国外也有将挡板沸腾床用于“丙烯氨氧化制丙烯腈”的专利说明书，而且从1959年起有多篇类似专利发表。后来，由于挡板在丙烯氨氧化用流化床反应器取得了效果，又从中选取了有代表性的专利译成中文发表在由张式主编的《催化剂专辑》上，题目为“挡板沸腾床丙烯氨氧化制丙烯腈英国专利981005(1965)”。当时，他最感兴趣的是专利说明书中这段话：本发明所采用的特殊反应器是一个内径 3 吋(1 吋相当于 25.4 毫米)、长 30 吋的 40 号不锈钢管，底部封闭。靠近平底反应器底部是多孔钢板，作为催化剂的支持物和空气的分布板，空气由此分布板下面送入，在此点的下部引入丙烯及氨。反应器内构成这些间隔的筛板，固定在 1/4 吋热电偶套管壁上，这些筛板可以移动位置，用一段段 3/8 吋套管将它们分割为任何希望的间距，在管底用螺帽将其全部装配固定。筛板切割形成圆形，使之与反应器内壁保持最小的间距。操作时全部反应器浸在能控制温度的盐浴中。

该专利还给出了 5 个实例。其中具代表性的是实例 1。使用挡板尺寸是 9 目 × 9 目(目是一种颗粒尺寸的计量单位，系指在筛孔中通过的颗粒数，目数越少尺寸越大)，含有 0.069 吋孔的金属筛网开孔面积为反应器内截面的 33%。该实例比较了接触时间在 4～8 秒范围内，不同反应器内挡板数目与丙烯腈等有用产物收率的关系。以接触时间为 5 秒为基础，无挡板时，有用产物收率为 71.7%，挡板数分别为 3 块、5 块、11 块时，有用产物收率分别为 77.7%、77.3%、81.3%。所以，该发明专利的要点是强调挡板在流化床反应器中的作用。不过也有不少文献并不认同挡板作用，因为当反应器直径增大后，挡板不仅不能提高有用产物收率，甚至有可能起相反作用，而且都有相关实验作证。他虽重视资料收集，但也不完全迷信这些资料，而是详细分析个中原因。因为作为一个科研工作者，他深知加入挡板后是否有用归根结底要看实验结果。

然而，真正工业用导向挡板是一个什么样的结构，包括关兴亚自己都没见过。顾名思义，导向挡板是引导气流方向的一块挡板。一个流化床反应器内究竟应放多少块导向挡板是合适的，放在什么地方？挡板与水平的夹角是多少度才是合适的？此时只有靠大家群策群力。关兴亚先拿出方案，大家讨论提出各自看法，然后再改进。他日思夜想，甚至骑自行车回家途中也在想，有一次竟然闯红灯被交警拦住才反应过来。后来他集思广益，通过多次试验，初步确定了一种粗看起来像四扇百叶窗，叶片与水平有一个合适的倾斜角，分布在 360 度一圈的 4 个象限内，从而使气流真正起到引导方向作用的导向挡板。当原料气体通过时，产生一种向心旋转的气流，可以加强催化剂粒子的径向运动。导向挡板以一定间距整齐地安装在整个反应段内，一个流化床反应器通常有几十块导向挡板，其优点主要体现在两个方面。

首先是强化了反应器的生产能力和操作弹性。在一般不加导向挡板的流化床反应器中，原料气体总是中间流速快，沿反应器壁周围流速比较慢，因而催化剂也是在反应器中间浓度比较稀，反应器沿器壁周围比较浓，容易在中间形成比较大的气泡，使原料与催化剂的接触不良，反应效果欠佳。加入导向挡板后，刚好克服这一缺陷，使催化剂在流化床截面上的分布比较均匀。当气流增大时，向心力增大，催化剂向中心运动的力量也增大，可以使原料在单位时间内通过流化床的距离更长，用化工术语来说就是反应可在高线速下操作。由于气流的旋转运动，对催化剂起到强烈的搅拌作用，因而强化了反应器的生产能力。由于可在较宽的线速范围内操作，又赋予流化床反应器有很大的操作弹性。

导向挡板还有良好的破碎气泡的作用。在较高的线速下操作，此时不但有一定数量的大气泡生成，而且这种气泡又因导向挡板的加入不断被破碎。在第一块导向挡板上生成的气泡，在穿过第二块挡板时被破碎了，接着在第二或第三块挡板上又可能产生新的气泡，此时新产生的气泡就不再是纯粹的原料气，而是已渗入一部分经过反应的气体。这样，气泡不断生成，又不断被破碎，而在生成和破碎之间，产生了质量的传递过程，化学工程给出的术语称“传质过程”，发生了在气泡中反应不完全的气体和本不是气泡中反应较完全的气体之间的掺混和交换，由反应器自下而上，使每个新产生的气泡中经过反应的气体成分不断增加，最终使全部气体都达到比较完全的反应，从而使化学反应获得较高的转化率。

随着研究的深入，关兴亚等还研究了用于流化床反应器的多旋向心导向挡板和单旋离心导向挡板，并且将两种形式的导向挡板放置于不同位置，使丙烯氨氧化反应更为完全。

带导向挡板的流化床反应器小试验首先在直径为50.8毫米的规模上开展，评价的催化剂是刚开发成功的带铈的磷钼铋四元催化剂。参加这项试验的除了关兴亚和吴加武外，还有后任上海石化院副总工程师的令狐寿山和我国甲苯歧化和烷基化制苯和二甲苯用丝光沸石催化剂的主要研究开发者程文才等同志。

之后，直径为150毫米的带导向挡板的流化床试验是在上海石化院试验大楼外的一块狭窄的空地上进行的，因为反应器高达4米，所以还动手搭了个棚，作为操作室使用。室内除安放仪表屏外，还有一只长1米多，用废钢管和废塑料软管制成的座椅。参加这项试验的除了关兴亚和吴加武外，还有同样是我国甲苯歧化和烷基化制苯和二甲苯用丝光沸石催化剂的主要研究开发者王福生等同志。在这一关键性试验中终于获得良好结果，其丙烯腈单程收率与在直径为50.8毫米的反应器中的数据相一致，达66%~69%，且连续运行几个小时催化剂性能基本没有改变。

带导向挡板的流化床反应器开发成功，使我国丙烯腈工业技术又向前迈进了一大步。当时国外丙烯腈流化床反应器是不加挡板的，国内苯酐生产用流化床反应器加挡板，但并不“导向”，而且结构也有明显差别，所以来自北京和兰州等地参加协作的技术人员称它为“关氏流化床反应器”，也有的称是“中国式导向挡板反应器”。但关兴亚却说这是大家的成果。其实，关兴亚对导向挡板的认识也有个过程，而且有关带导向挡板反应器设计，包括采用多少块挡板的计算，用去的白纸不计其数。而众多优越性还是后来通过大量实验结果才总结出来的。最初采用网状填料的填充型流化床做试验时，在直径为50.8毫米的小型反应器中曾有较好合成效果。当时的想法是，这种反应器结构较简单，加工也方便。

但是，当反应器直径放大至 800 毫米时，出现了高达 50℃ 以上的温差，反应器外壳热得红红的，如不中断试验有可能发生爆炸。之后才“逼上梁山”，大胆尝试导向挡板这种内部构件，而且当时也没考虑增加导向挡板后的反应器加工的难度，心里想只要能将丙烯腈收率提升上去，设备加工复杂性是以后的事情，最多是增加些加工费用而已。后来，对这项具突破性进展的工作有小结称：最初设计的填料流化床反应器只考虑了过程的传质，而忽视了传热过程，以致反应热难以导出而造成催化剂因局部过热而烧结，这也是实践中的收获。

带导向挡板流化床反应器开发成功，与由关兴亚、吴加武等共同开发的四元催化剂是分不开的，因为没有性能良好的催化剂，即使再好的反应器也是无济于事的。

为了提高催化剂性能，在关兴亚指导下，吴加武着手进行添加助催化剂的研究工作。文献中提出的各种助催化剂有钒、钨、铈、铁、钴、镍、碲等氧化物。然而，吴加武看到了一篇报道，称“我国富有稀土资源，应设法开发其用途”，就有意识地以各种稀土元素的氧化物为助催化剂进行一系列试验。最终发现加入铈的氧化物效果最好，而添加铈的四元催化剂是国外没有报道过的。小试验结果表明，丙烯腈的单程收率可提高到 70%~72%，达到当时国外先进水平。为了购买硝酸铈，吴加武专程多次前往上海冶金局在江苏浏河双草墩地区的跃龙化工厂。因为该厂还生产许多用于军工和国防工业的稀有金属，不少金属元素带有放射性，所以去该厂联系工作也很麻烦，需要与该厂的上级单位上海冶金局说明来意、购买产品的用途，才能开介绍信。另外，从上海浦东到江苏浏河要转好几辆公交车和长途车，来回需整整一天。根据吴加武回忆，那时工厂没有工作午餐，都是自带干粮，回到宿舍已是晚上 8 点，好在搭伙的高桥化工厂的食堂为上夜班的职工提供夜餐，否则辛苦一天，连晚餐也赶不上，只能以馒头充饥了。

1966年，根据上海石化院在直径为150毫米带导向挡板的流化床反应器和采用四元催化剂运行的数据，北京设计院等设计了一台直径为550毫米带导向挡板的流化床反应器，为大庆油田建一套年产5000吨的丙烯腈装置提供数据。

然而，就在众人拭目以待进行更大规模的中间试验时，无产阶级文化大革命带来了对科研工作的冲击。

第三章

逆境中勇往直前

第一节 “七塔流程”到“三塔流程”

1966年，对上海石化院而言，本应是一个丰收之年、振奋人心之年。

在中共上海市委工作组领导下开展的清政治、清思想、清组织、清经济的“四清运动”中，上海石化院党政机构逐步齐全。1964年末，先是在行政系统设立人事科、行政科、供应科、计划室；1965年7月，根据高桥化工厂和上海石化院“厂所合一”模式和科研发展需要，将科研一线由课题组形式升为相应的研究室，分为合成一室、合成二室、化工室和物化室，关兴亚任合成一室主任兼丙烯腈课题组长。1965年9月，中共上海石化院支部升格为总支建制，下设5个党支部。在党总支领导下，上海石化院各科室正在规划未来发展前景，准备大干一场，提出更多国家急需发展的石油化工项目。如乙烯氧化制环氧乙烷，作涤纶单体生产最重要原料之一；乙烯乙酰化制醋酸乙烯，作维纶生产原料用，以及原油裂解制乙烯等。

1966年，至少有几件事是值得庆贺的。首先是科研人员最为关切的成果推广取得重大进展。2月，高桥化工厂采用上海石化院开发的固定床丙烯氨氧化制丙烯腈技术，年产1000吨生产装置开始动工兴建。4月，丙烯腈课题被列入1964~1965年全国科学技术中间试验成果汇编。同年，大庆炼油厂年产5000吨丙烯腈装置拟采用上海石化院由关兴亚等开发的带导向挡板的流化床中试成果。

1966年5月，化工部副部长、化工专家李苏亲临上海石化院，主持“年产60吨丙烯腈中间试验”鉴定会，会议期间参观了中试装置，勉励广大科技人员继续发扬革命精神，多出成果，多出人才。

一个成立不到6年，上海市化工局下属、依附高桥化工厂的不起眼的研究所，竟然搞出被化工部表彰的，当时世界上还仅有少数国家掌握的丙烯氨氧化制丙烯腈工艺技术，确实在国内化学工业界引起了关注。当时在上海石化院参加丙烯腈课题协作攻关，而且丙烯腈研究时间早于上海石化院的老大哥单位，化工部直属北京化工研究院和中国科学院长春应用化学研究所的同仁不得不对上海石化院刮目相看。

不过关兴亚并没有因为这些成绩而满足，而是精心安排下一步带导向挡板的流化床及其催化剂试验工作。然而正在热火朝天开展新一轮试验时，中共中央召开了八届十一中全会，通过了“关于无产阶级文化大革命的决定”（即十六条）。在此之前，上海石化院开展的是在党总支直接领导下的批判“三家村”运动。不过，此时科研工作还是照常进行。

所谓“三家村”，是1961年9月，北京市委机关刊物《前线》杂志为活跃气氛、提高质量开辟的一个“三家村札记”专栏，并邀请时任北京市委书记处书记的邓拓，北京市副市长、历史学家吴晗，以及北京市委统战部长廖沫沙三人合作撰写，内容大部分是谈古论今、谈天说地形式，包括思想修养、艺术欣赏等，其中一些文章也批评了当时社会生活中的不良现象，但这种批评与讽喻后来被认为是“有组织有领导的政治行为”，而被诬为反党反社会主义的大毒草。于是全国上下掀起了批判大小“三家村”、“四家店”的运动。

那时，在上海石化院批判对象主要是一些平时喜欢批评社会不良现象、评论时事、或者对领导有意见“发牢骚、说怪话”的人。例如对1963年的工资调整，有的加两级，有的一级也加不上，加不上的难免有些牢骚。原来兰州化工公司引进的砂子炉乙烯装置是放在上海的，考虑到战备才将厂址定在兰州，那末围绕会不会打仗又有一番议论，还有一些人喜欢传播政治小道消息。于是上海石化院也出现了好多“三家村”和“四家店”。此时，研究院大门和试验大楼走道贴满了揭发和批判大字报，还有自我批评检查的大字报。有些人还以为新一轮的反右斗争又开始了。可是没过多久，谁也没有想到，形势发展如此之快，来势汹猛到令许多经历过多次运动的“老运动员”们也始料不及。

运动之初，红卫兵们的破四旧、立四新，吓得“奇装异服”者不敢上街，就是离市区一、二十公里的高桥化工厂门口也竖起了大幅布条，“奇装异服”者不得进厂。其实所谓“奇装异服”就是服饰时尚一些罢了。经历三年自然灾害后，本来生活条件已经够艰苦了，为了省钱，又要赶“时髦”，聪明的上海人买木材自己打家具和沙发，买缝纫机自己做衣服，因为每年每人几尺布票不够用，所以又把旧衣服，包括解放前的旧西装和旧旗袍拿出翻新，为要式样更时新一些，一些市民还参照外国电影中明星们的服饰进行改装，并为我所用。哪知到了“文革”便成了“奇装异服”，碰上红卫兵，轻则剪“小裤管”和不过膝盖的“超短裙”，重则剃“阴阳头”。在红卫兵们看来，“沙发”和“奇装异服”都属资产阶级生活方式。

那年夏天，关兴亚途经母校复旦大学。因多年未回母校，想趁此机会看望老师和留校同班同学。哪知，这些向学生传授知识的人类灵魂工程师，已经变成资产阶级反动学术权威，而且还要被学生考问化学实验基本功。有的老师，年事已高，做化学实验难免手有些发抖，于是说这些教授外面名声很大，实际连最简单的化学实验也不会做，所以成为批斗对象。戴高帽，在校内游街，甚至扫地出门，发上几十元生活费，使其成为“自食其力的劳动者。”关兴亚想不通，文化大革命难道就是要打倒有文化的人吗？

尽管在关兴亚心目中红卫兵的行动过激了，但工厂生产和研究院所的科研工作还没有停顿，只是大大小小的会越来越多。

因为“厂所合一”，又是在同一个党委领导下，上海石化院的人事和组织关系也在高桥化工厂，所以高桥化工厂在大食堂召开各种会议，上海石化院的职工必须参加，理由是知识分子更应该与工人在一起接受教育。在文革期间，几乎大会每周有，小会是每天有，不管你是三班制的员工，做完夜班也要参加会议。因此，有时候在严肃的阶级斗争和走资派批斗会上，常常会出现与会议不相称的打鼾声。造反派认为，光开会还不够，他们叫嚣应该像学校一样，停产、停科研闹革命。

到12月下旬，不知什么地方得到的信息，说科研单位与学校一样也可以进行革命大串联。于是，已经靠边站的领导被迫签字，每人发给现金100元作为赴京串联车费，大部分员工便乘火车上北京，小部分员工乘火车赴湖南湘潭韶山毛泽东主席故乡等地，接受革命传统教育，也有的干脆回老家探亲一次。此时，科研工作受到严重影响，包括丙烯腈课题在内，大部分研究课题被迫中断试验工作。当然也有少部分员工仍然坚守在自己的岗位上，例如图书馆一位马来西亚归国华侨，无论谁劝他到北京去串联，他一概婉言谢绝。因为他觉得当时社会秩序乱轰轰的极不正常，犹如当年东南亚某些国家排华运动，如今好不容易回到自己日思夜想的祖国，有了安宁生活和稳定工作，还要造什么反呢？所以，图书馆一直敞开着，这给关兴亚提供了一个极好的工作场所。在图书馆内，关兴亚摘录了国内外数百篇文献，还记录在文摘卡上，重要内容和细节部分整理在一册又一册黑簿面的笔记本上，这也算是关兴亚在文革初期的额外收获。因为平时他根本不可能整天扑在图书馆内找资料，大都是见缝插针，更多的是吃过晚饭以后才有时间进入图书馆看资料。不过，从此后，除关兴亚和几个被批斗的老知识分子和老专家经常光顾图书馆外，大多数青年知识分子因惧怕带上“崇洋媚外”“白专道路”帽子而不敢越雷池半步，图书馆变为无人问津之地，往日挑灯夜战的景象已不再重现。

盼星星，盼月亮，总算盼到赴京串联员工回到上海，关兴亚以为工作又可重新开展起来，实施他的科研计划。然而，在1967年1

月的“一月革命风暴”影响下，“工人造反队”首先夺了研究院和各研究室两级党政大权。哪知，其他造反派组织不服“工人造反队”的单独夺权，并声称要按照《人民日报》社论精神，在实行各造反派组织大联合后才能共同夺权。于是，一个不到400人的研究院，一夜之间竟然出现了几十个造反派组织，有的组织仅一人而已，目的是为了在新生权力机构中分得一杯羹。但多数群众认为革命与科研应该两不误，并以科研工作为先，所以批斗会常常是冷冷清清的。

1967年7月，在当时负责全院科研工作的沈银林主持下，排除造反派要继续停工闹革命的干涉。沈银林斩钉截铁地说：“‘工业学大庆’是毛主席号召的，现在大庆年产5000吨级丙烯腈装置等着我们要数据，我们必须分秒必争，这就是抓革命促科研”。说得造反派哑口无言。此后，关兴亚带领丙烯腈科技人员和车间员工重新投入直径为550毫米的导向挡板流化床中间试验。长期运行结果表明，丙烯腈单程收率达68%～70%，接近直径为50.8毫米反应器的结果，从而使我国自行开发的丙烯氨氧化制丙烯腈工艺技术终于跨出了最重要的一步。

其实，当年沈银林为开展导向挡板流化床中间试验，也费了很大精力。因为车间操作工几乎半数以上来自高桥化工厂的青工，只有岗位负责人和班组长以上技术人员多数为上海石化院编制。在文革之前因“厂所合一”，上海石化院领导要调动高桥化工厂这批操作工，无多大争议。但到文革之后，工人造反队掌了权，知识分子成了臭老九，研究院又成了“池浅王八多”之地，此时，要让已经闲散一段时间的工人们重新复工谈何容易。而化工设备有一个特点，长期运行尚可，一旦长时间停止运行，多数设备因经不起腐蚀而报废，因此必须立即恢复运行。为此，请车间主任、老工人瞿全根向车间全体人员作忆苦思甜报告，讲开展丙烯腈课题研究的现实意义。好在这批青工的多数人还是愿意做一个本分的工人，没有去搞无聊的派性斗争。

提高丙烯腈单程收率，减少副产物生成，简化老流程也是当时全国丙烯腈会战的重要内容之一。虽然当时参加会战的北京化工研究院等科研人员均回原单位参加文革运动，但这项工作还要继续。因为它关系到新建工业装置，尤其是大庆炼油厂年产5000吨装置的投资和生产成本，而且，通过一段时期的中试装置运行也暴露出一些问题。而此时，国外有关丙烯腈后处理工艺的进展也有不少新报道，其中包括全解吸和部分解吸方面的进展。在关兴亚和金启玲所写的“丙烯氨氧化制丙烯腈的进展”❶一文中就提及“产品全部吸收再用部分解吸法分离”，并称“水吸收液在解吸塔中共沸蒸馏，则塔顶为丙烯腈及低沸物和水，塔底为乙腈和大量水。估计此法在乙腈含量较高时不能完全分开，因为乙腈与丙烯腈共沸分离，需有较多的水分，虽然进料水溶液中存在大量水，但精馏段的水量却很小，如由塔顶补充一部分水较好”。在此基础上，又根据操作人员的经验和建议，关兴亚等提出三塔流程及关键的萃取解吸塔设想。

由于腈纶生产工艺对原料丙烯腈质量要求较高。其中丙烯腈含量在99%以上，杂质丙烯醛小于50毫克/千克、总氰小于5毫克/千克、水含量小于0.5%。如果这些杂质含量超标会引起聚合反应时间延长、染色困难、纤维性能变脆等不良后果。所以，必须尽快将丙烯腈水吸收液中的杂质脱除。为此，根据传统大宗有机化工产品精制原理，先用吸收塔将反应出口物中有机化学品吸收起来，然后根据它们的沸点逐个分离开来。同时根据丙烯氨氧化产物特征，在年产60吨中间试验中确定了七道工序8台设备的吸收精制流程。其中包括将所有吸收组分全部解吸出来的全解吸塔，用于丙烯醛与氢氰酸缩合为氰醇的反应器，使剩余丙烯醛与磷酸反应的酸化器，脱氰醇塔，脱氢氰酸塔，提取丙烯腈的萃取精馏塔，用氢氧化钠和残余氢氰酸反应的中和塔。

❶关兴亚，金启玲．丙烯氨氧化制丙烯腈进展[J]．化学世界，1965，(9)：385-391.

改用三塔流程后，只需3个塔就完成了丙烯腈的精制过程，这3个塔分别是：将丙烯腈和乙腈与大部分水分开，并使丙烯腈浓度提至90%以上的萃取解吸塔；脱除丙烯腈中氢氰酸的脱氢氰酸塔，以获得粗丙烯腈；将粗丙烯腈中的水脱除，得到精丙烯腈的脱水塔。

这里关键是萃取解吸塔。从化学工程的基本过程原理看，萃取精馏和解吸是两个不同概念，前者通过加入萃取剂水可将两个被分离组分的挥发度拉开，从而简化了精馏过程，例如，丙烯腈和乙腈沸点差只有4.3℃，如用普通精馏塔，大约需要理论塔板数超过100块、高达100米的精馏塔，但采用萃取精馏塔后，因相对挥发度从1.09上升到1.8，使塔高大幅下降，仅需24块理论塔板，从而节约投资费用和生产成本。而将萃取精馏与解吸两个过程结合起来的萃取解吸塔，不仅使投资费用和生产成本得到进一步的下降，而且又因部分解吸，更使七塔流程改为三塔流程，设备占地面积也可减少一半。

后来，关兴亚大胆提出将脱氢氰酸塔和丙烯腈脱水塔二塔合一的试验方案。虽然这项改进可以得到合格的氢氰酸和丙烯腈产品，但考虑到操作控制这种类型的塔有一定难度，所以没有在工业装置推广，但对以后技术改进有一定启示作用。

由于当时兰州化工公司从奥地利引进的，年产1万吨丙烯腈装置采用的是并不先进的“全解吸”工艺流程，所以由七塔改为三塔的“部分解吸”精制工艺流程，对该引进装置以后的技术改造无疑起了积极作用，这也是关兴亚等科研人员在实践中的一个重要创新。

文革中有人将年产60吨丙烯腈中试装置中采用的“七塔流程”称为崇洋媚外的典型。其实并非如此，此七塔流程是根据文献资料和前人工作的总结，也包括当时化工组参与该试验共同努力的结果。而且有了七塔流程的实践体现，才有后来“三塔流程”的创新。“三塔流程”同样需要化工组的科研人员反复进行小试验，尤其是萃取解吸塔将两个过程结合在一起，许多有关该类型塔的各种设计参数都需大量实验数据作论据。仅关兴亚和化工室科研人员在设计计算3台塔器主要尺寸时，草稿纸也不知用去多少张。那时，有关这3台塔器主要尺寸的设计计算是由化工组科研人员和设计室人员共同完成的，但作为技术项目总负责人，他不是过目就行，而是自己亲自动手，关键尺寸再重新计算一次。对于假设工艺条件反复推敲，以保证中试装置万无一失。他白天忙于实验室或中试车间的试验工作，晚上静下来又亲自审核设计组送来的计算书和设计图纸，连星期天也很少回家。在3塔流程运行时，又亲临第一线，连续数天，不离岗位，直到正常运行，拿出合格丙烯腈产品。

文革后，关兴亚等科研人员开发的“带导向挡板的流化床反应器”和“七塔流程改为三塔流程”两项成果被看作是上海石化院和所有参加会战的全体人员排除文革干扰，曲折前进的一个有力证据。

1969年3月，丙烯氨氧化制丙烯腈的导向挡板流化床反应器中间试验通过技术鉴定。同年，高桥化工厂采用此技术成果，将不久前建成的固定床反应器改为直径为1200毫米的带导向挡板的流化床反应器，生产能力从年产1000吨扩大到2000吨，使生产技术水平提升了一个台阶。

1969年年底至1970年8月，上海石化院派遣吴加武、黄福贤、李继贤等科研人员，以接受工人阶级再教育形式，赴高桥化工厂参加年产2000吨丙烯腈生产装置的开车。同时考虑到该厂配套催化剂的生产，由吴加武等负责建造了一条生产微球形流化床反应器所需的催化剂生产线。

当时，关兴亚正在被造反派“审查”之中，尽管未能前往高桥化工厂亲临装置的开车，但是当他获悉国内自行设计和制造的，并且采用当时国际尚属先进技术的流化床丙烯氨氧化制丙烯腈装置能正常运转，而且丙烯腈单程可达收率66%~68%时，心中无比激动。在那个年头，没有名和利可说，有关方面的报道是“高桥化工厂工人阶级自力更生攀登了世界高峰，建成了国内首套流化床丙烯腈生产装置，有力地打击了‘帝修反’”。而有关上海石化院科研人员的贡献，仅仅是“在接受工人阶级再教育中得到锻炼和改造”。然而，关兴亚认为，包括他自己在内上海石化院近百名参加丙烯腈研究开发的科技人员多年血汗没有付之东流，也对得起党和人民的委托。

高桥化工厂首套流化床丙烯腈装置建设成功在国内产生了重大影响，据当时不完全统计，全国约有15个石化企业来上海石化院和高桥化工厂，要求索取技术或协助建设丙烯腈生产装置。而这些单位来寻找的第一人就是能完整掌握丙烯腈生产全过程的关兴亚。不过多数来者也都知道，因为他是继“地富反坏右叛徒特务走资派”之后的“臭老九”，正在造反派的审查之中，所以不能宣传他的光辉业绩，也不能在公众场合下接待他们，只有碰到难题无法解决时，才能作私下交谈。

第二节　淄博会战既惊又喜

1962年年初，兰州化工公司建成我国首套以炼厂气为原料的乙烯生产装置。由于炼厂气供应不足，兰化公司最终决定用轻油来替代，但是大庆原油的轻油含量较低，且国内交通运输又需要大量轻柴油。此外，兰州炼油厂和兰州化工公司近在咫尺，因分属石油部和化工部，兰州化工公司需用轻油经过部与部之间沟通，还不能超出计划范围内的指标。因此，要发展石油化工，多生产乙烯和丙烯就面临选择重油或轻油作裂解原料的技术路线。

1962年6月，国务院指示国家科委组织一个由时任兰州化工公司副经理、总工程师林华为团长，国家科委外事局副局长米国钧为副团长，北京设计院总工程师卢焕章、北京化工研究院工程师蔡惠林、兰州炼油厂副厂长兼总工程师龙显烈、北京石油设计院工程师高士等6名成员组成的赴西欧化工考察团。这是新中国成立以来国家派出的第一个以西方经济技术为主要对象的考察团，成员可谓精干至极，每人都会两门以上外语。3个月的考察不带翻译却走遍了英国、法国、瑞士、比利时、荷兰等国主要石化企业。10月10日，由化工部副部长李苏和国家计委副主任柴树藩陪同，林华带着引进12项工业装置的建议向周恩来总理进行口头汇报，对此，周总理大加赞赏，并表示“早就该这样做了”。一周后，周总理亲自批准了引进12项工业装置计划。

拟引进的12项装置中的石化装置，包括年产3.6万吨砂子炉原油裂解制乙烯和丙烯装置和5套合成树脂与合成纤维相关项目。它们是：采用釜式聚合法技术的年产3.45万吨高压聚乙烯装置；采用溶液聚合技术的年产5000吨聚丙烯装置；年产3300吨聚丙烯纤维，即丙纶装置；采用奥地利氮气公司（O. S. W）固定床丙烯氨氧化技术，年产1万吨丙烯腈装置；采用硫氰化钠一步法技术，年产腈纶8000吨装置。

1965年4月，为落实兰州化工公司引进的年产1万吨固定床丙烯腈装置所需催化剂国内技术配套工作，化工部科学实验司在上海石化院召开丙烯腈催化剂会战计划会议。会议决定成立会战领导小组和会战技术核心小组，分别由当时上海市化工局的一名副局长和上海石化院主管科研的老专家张式任组长，会战组由上海石化院、兰州化工公司、北京化工研究院、化工部第一设计院4个单位组成。会议要求7月底提出达到进口技术指标的定型工业化催化剂及相应反应工艺条件和催化剂生产车间的设计数据，12月中旬完成会战全部内容。

在此之前的1963年7月，在获悉上海石化院建成年产60吨丙烯腈中试装置后，国内较早从事丙烯氨氧化催化剂研发的兰州化工公司、北京化工研究院、中国科学院长春应用化学研究所3个单位已开始在上海石化院装置内进行催化剂统一评价。所以，会战组在原有工作基础上很快完成了化工部指定的任务。

其实，在全国丙烯腈项目会战前，兰州化工公司早已开展了丙烯氨氧化制丙烯腈催化剂的研究开发工作，在北京化工研究院等兄弟单位合作下，经反复探索、试验，在载体、活性组分配比和制备方面做了大量工作，初步制成了可适用于拟引进装置的催化剂。到上海石化院参加全国性大会战，又通过筛选得到更优良的催化剂，并取得了20公斤放大制备催化剂的工艺条件，丙烯腈单程收率可达66%左右。之后，又在上海试剂一厂和锦州石油六厂分别进行了不同规模的催化剂扩大制备试验。

考虑到兰州化工公司引进丙烯腈装置配套催化剂的载体是使用奥地利氮气公司指定的以某国外公司专门生产的硅胶，但这种硅胶价格昂贵，而且当时国内还不能生产这种专用硅胶，所以决定采用来源广泛而价格低廉的刚玉为载体。但硅胶和刚玉是化学组成完全不同的两种化合物，前者是硅的氧化物，即二氧化硅，后者是铝的氧化物，即三氧化二铝（Al_2O_3）。用后者代替前者必须经过一系列试验。之后，由于会战取得进展，因而兰州化工公司引进丙烯腈装置其第二批用催化剂便可立足于国产化技术。

1966年5月，由化工部李苏副部长主持的，在上海石化院召开的年产60吨丙烯腈中试鉴定会上，同时通过了兰州化工公司以刚玉为载体的三元组分丙烯腈催化剂。至此，全国丙烯腈会战已告一段落。其后，到1971年该引进装置正式投产，兰州化工公司又在原三元组分催化剂基础上进一步作了七元组分催化剂的改进，并在引进装置上取代进口催化剂。运行结果表明，催化剂各项指标优于进口催化剂，丙烯腈生产成本也大幅下降。

1967年3月，根据会战组提供的设计基本数据，由化工部基建总局在北京召开兰州化工公司年产90吨丙烯腈催化剂生产车间设计方案审核会议。化工部还打算将此催化剂生产技术用于大庆拟建丙烯腈装置，并由北京第五设计院承担设计任务。

然而，大多数人未料到科研进展会这么快。1967 年 7 月，上海石化院在原年产 60 吨丙烯腈装置基础上，将原来的填充式流化床反应器改用带导向挡板的流化床反应器，分离精制流程又从七道工序八台设备改为三道工序四台设备，并取得预期效果。很快，大庆炼油厂改变了原先方案，不再采用固定床技术，而是在拟建年产 5000 吨(原计划年产 1 万吨)丙烯腈装置方案中改用上海石化院刚开发成功的、带导向挡板的流化床反应技术和部分解吸精制工艺流程，并在石油部北京设计院召开丙烯腈设计审查会。

但是，当时参加审查会的科研人员认为，丙烯腈规模从年产 200 吨一下放大到年产 5000 吨存在风险，应在反应器结构和催化剂方面作进一步研究。刚巧此时山东淄博石油化工厂打算建一套年产 300 吨丙烯腈装置。此时，高桥化工厂规模是年产 2000 吨，而且当年参加上海石化院中试装置试验的，属高桥化工厂编制的人员已全部回该厂年产 2000 吨丙烯腈装置。上海石化院中试装置犹在，但没有操作人员，无法继续进行中间试验。此外，与会者共同认为，如果在这两套装置上都能验证上海石化院的导向挡板流化床工艺和简化后的产品精制流程，那末年产 5000 吨装置的风险就少得多了。所以 1970 年 4 月，由化工部、石油部和煤炭工业部重组的燃料化学工业部，即燃化部下达了在山东淄博石油化工厂继续会战的决定。不过这次会战的对象不再是兰州化工公司的固定床催化剂，而是为大庆炼油厂的全部国产化的年产 5000 吨丙烯腈生产装置提供数据。

提起淄博石油化工厂，关兴亚至今记忆犹新。大约在 1968 年年初，该厂筹备组派了 3 个人到上海石化院。实际是从内部通讯中得知高桥化工厂的丙烯氨氧化制丙烯腈获得成功，而山东淄博的胜利炼油厂液化气正待利用。除部分作民用液化气燃料后，大部分是在火炬中烧掉的，显然是浪费了宝贵资源。于是他们萌发学习高桥化工厂建丙烯腈装置，发展合成纤维生产想法。但是，到了高桥化工厂后，方知这个项目主要是上海石化院搞的，而掌握关键技术的人是关兴亚，只不过他正在审查之中。这3个人很聪明，手臂上套着造反派的袖章，到了上海石化院指明非要见关兴亚，石化院的造反派掌权人犟不过3个山东大汉，这才让关兴亚出面接待了他们。

关兴亚一听，山东想要搞丙烯腈很高兴。那时候，大家都没有技术保密的想法，为了社会主义建设出力，作贡献，他们要什么就给什么，连中试装置的图纸、设计资料、试验报告都让他们看。之后，该厂又选派了20多位员工在关兴亚等科研人员指导下，进行为期3个多月的技术培训。包括催化剂制备方法、原料和产品分析、合成岗位和后处理岗位等实际操作，同时将包括固定床和流化床中试所有资料、设计说明书、操作规程全部无保留让他们带回山东详细研究，并作装置设计和开车时参考。后来，该厂在年产300吨丙烯腈装置设计时不仅多次得到关兴亚的帮助，而且还邀请他亲临现场指导。关兴亚第一次受邀到该厂时，工厂还在基建中。原来早些时候，这个厂是1958年大跃进和大炼钢铁时期留下的一个土法炼钢厂。1961年下马后便留下一副烂摊子，人去楼空，荒地一片。筹建时，靠着一百多名工人，头顶蓝天脚踩大地，在野草矿渣堆积的废墟上，用自己的双手，弯钢筋、焊钢筋、绑钢筋，打混凝土预制件，才将建厂房用的十根8吨重、十几米高的混凝土大柱子和全部预制件抢在封冻期完成。接着进行冬季吊装，使土建工程提前3个月完成。

尽管丙烯腈装置设计是采用上海石化院技术，但淄博石油化工厂毕竟是一个大集体企业，与国营企业高桥化工厂不能相比，没有正规设计室和专业设计人员，又受经费约束，许多设备只能自己加工。所以，又在关兴亚指导下作了较大改动。例如导向挡板流化床反应器的升温采用烟道气直接加热的热风炉，而不是引进装置采用的以耐高温合金钢为材料制成的加热炉。脱氰塔顶冷凝回流采用分凝器，除氨采用氨中和塔、在后处理中吸收氢氰酸采用管道化反应、冷冻盐水换热改为直接用低温水等，这已在中试装置得到验证，从而缩短了流程，减少了设备22台。

当时，最大两处改动也是按大庆炼油厂要求进行的。一处改动是流化床反应器原设计是采用轴向冷却水管将反应热去除，考虑到结构复杂、制作麻烦、检修困难，就大胆改为横向插入管处，经过实践，表明能够稳定控制反应温度，对丙烯腈单程收率无影响。另一个改动是丙烯腈精制流程，当时兰州化工公司引进装置采用的是由9个塔组成的全解吸精制流程，但按会战要求缩改为6个塔的流程，最后经关兴亚提议后又改为3塔流程。从而，为当时引进装置的学、用、再改造和大庆新装置的建设提供了重要依据。

关兴亚第二次受邀到淄博石油化工厂，主要是解决催化剂制备放大问题。那时，该厂部分人员在上海石化院实践了催化剂制造过程，同时参观了高桥化工厂丙烯腈催化剂制造工段。但该厂为节省投资，利用自制的土设备和从吉林某化工厂捡来的旧搪瓷反应锅，七拼八凑，建成一个催化剂生产车间。由于没有良好的排气装置，劳动保护又差，结果苦坏了操作工人。他们不清楚分解出来的二氧化氮比空气重，实际情况也不是如他们设计的那样二氧化氮会从排毒烟囱脱除，当反应结束打开反应釜顶盖时，二氧化氮“腾”的一声充满了整个房间，屋顶和墙壁都被熏成黄色，有的工人脖子烧伤了，眼睛呛红了，也有的工人中毒而呕吐。在这种情况下，不得不请上海石化院派人来协助解决催化剂制造问题。于是，又在关兴亚指导下，除了对设备进行某些改进外，最重要的还是严格操作步骤，这样总算生产了1.3吨催化剂。为了保证年产300吨装置的顺利运行，最后还是采用由高桥化工厂丙烯腈催化剂制造工段提供，由上海石化院关兴亚和吴加武等开发的磷钼铋铈四元催化剂，而该厂生产的1.3吨催化剂主要作装置运行过程中，因催化剂损耗所需的补加剂。

关兴亚原打算在该装置正式投料运行时，亲临现场指导。但上海石化院掌权的造反派没有同意，理由是在审查期间不得出差。同时，决定派吴加武、黄福贤，以及高桥化工厂丙烯腈装置的严苓和沈国达两位师傅去淄博石油化工厂协助开车。

因为那时该厂安装的 113 台设备中，78 台是修、配、代的旧设备，有些新设备的设计过于大胆，以致开车风险不小，加上没有自控仪表，基本依赖手工操作，所以开车并不顺利，而且险象环生。以开车第一关流化床反应器升温为例，点火升温点了好几次才点火成功，流化床下部温度从 100℃、200℃、300℃、400℃逐渐上升，但出口温度迟迟上不去，与此同时饱和塔的水正进入 700℃高温的热风炉，发出一阵“吱吱”尖叫声。此时，好在有丰富操作经验的高桥化工厂和上海石化院的技术人员协助，开车人员在这千钧一发之时当机立断，马上投料运行，就这样使该装置一次投料生产，产出丙烯腈产品。当时该厂主要负责人带领一批工人，捧着瓶装丙烯腈产品和大红喜报，乘着卡车敲锣打鼓向上级机构报喜，并作为向国庆二十周年献礼的礼品。

因为丙烯腈的开车成功，当时该厂负责人为感谢上海石化院和高桥化工厂的开车小分队，在当时生活条件极为艰苦的日子里，每人发给两只鸡蛋供早餐用，使小分队成员十分感动。

因为当时关兴亚还在被审查期间，未能参加淄博石油化工厂的开车过程，但一直惦记着他们的开车成功与否，后来在《合成纤维工业》杂志看到发表在 1970 年第 3 期的一篇由该厂撰写的“政治建厂是方向，自力更生闯新路”文章，感动得几乎流下眼泪，他们因陋就简、土法上马，用革命加拼命的精神先后建成了液态烃分离丙烯和丙烯氨氧化制丙烯腈装置，实在是人间奇迹。而自己则是做了应该做的事情，让多年努力的成果推向全国各地，这也算是对党和国家的一份微薄的贡献吧。

按照燃化部下达的会战要求，上海石化院继续进行包括磷钼铋系和锑铁系新催化剂的研究开发和流化床反应器的改进，并在淄博石油化工厂年产300吨装置上进行多次试验达到预期目标。其中在催化剂放大试验方面，在吴加武、卢文奎等参与下，又先后突破了成型、活化、寿命等关键指标，研制成功的微球型新催化剂使丙烯腈单程收率在70%~75%，不负众望，交上了一份合格的答卷。而最为高兴的是大庆炼油厂，该厂年产5000吨装置设计中，流化床由轴向冷却水管改为横向插入管，精制过程中拟采用的三塔流程，以及未来配合5000吨装置催化剂工段的设计所需数据均已得到完满验证。从此，新建的淄博石油化工厂在丙烯腈生产方面迈出了新的一步，如今，通过与上海石化院等单位的长期合作，已成为国内丙烯腈生产的重要基地。

第三节　囹圄中的五元催化剂

1968年5月13日，上海市化工局革命委员会决定上海石化院成立由所谓老中青三结合的革命委员会，许多员工以为无产阶级文化革命将进入“斗批改”的“改”阶段。然而两派争权夺利导致的动乱不但没有结束反而愈演愈烈。

1968年8月4日，上海市发生震惊中外的攻打“联司”的“八·四”武斗事件，美其名曰“文攻武斗”。“联司”和“东方红”本是上海柴油机厂两个造反派组织，但两派为夺权矛盾重重，于是就发生了文化大革命在上海的第一次大规模武斗。当时，在以王洪文为首的上海工人造反革命总司令部，简称“工总司”召集了30万造反大军，手执武器团团围住上海柴油机厂。不但在陆地，还在黄浦江边设立登陆艇、打捞船游巡。而联司成员也有准备筑好防卫工事，储备好粮食和长矛、头盔、砖石、燃烧瓶等武斗用具，与工总司决一雌雄。早晨8点整，王洪文下了进攻令，使“联司”一方死伤多人，其中18人死亡，120多人终身残疾。因为上海柴油机厂与高桥化工厂及上海石化院仅一江之隔，用望远镜观看的目击者都说惨不忍睹，把自己的阶级兄弟当敌人打。1981年王洪文被特别法庭判处无期徒刑，“八·四”武斗事件是其中罪状之一。

此后，上海大型企业内大大小小的武斗不计其数。9月，上海炼油厂和高桥化工厂也发生大规模武斗，搞得人心惶惶。原来计划停车检修是三周时间，但因为出现武斗，实际一个月后也难以恢复正常生产。那时，多数员工吃、住都在厂生活区，因为惧怕武斗，尤其是住在妈妈宿舍的女工，赶紧把放在托儿所和幼儿园的孩子领到自己身旁，或请病假或事假，或借口各种理由迅速离开厂区，回家避风头。但关兴亚首先想到的是丙烯原料供应问题，因为一旦没有丙烯可供，丙烯腈小试验不得不中断下来，所以立即去高桥化工厂生产乙烯和丙烯的一车间的储罐区，将几只小试验用丙烯钢瓶灌得满满的，足够一个多月可用。同时还关照环氧乙烷课题组将乙烯钢瓶也灌得满满的。所以在高桥化工厂武斗期间，整个厂区漆黑一片，唯独上海石化院试验大楼，丙烯腈和环氧乙烷两个课题的实验室灯光是明亮的。食堂停止供应晚餐，夜班操作人员只能自带干粮充饥。为了让组内员工少上夜班，关兴亚几乎天天是上了白班，再上夜班，一直到一个完整的试验结束。

1968年8月，上海石化院成立清理阶级队伍领导小组。显然，此时走资本主义道路的当权派靠边站了，造反派已经掌权，立稳脚跟，而那些旧社会过来的老知识分子又将成为运动重点对象。果然，没过多久便宣布对24名“清队对象”进行所谓政治的审查。所谓审查，实是无情打击，他们大搞逼、供、信，24小时挑灯夜战，轮番审讯，并停发工资，使被审查者家人生活受到严重影响，所以，这也是文革期间最残忍的一幕闹剧。尽管后来被审查对象已平反昭雪，但留下历史的后遗症确是值得深思的。

主管上海石化院科研工作的老专家张式，是上海市化学化工学会副理事长。1952年冲破美国政府的重重阻挠回到祖国大陆。当时一起乘船经日本、香港回国的，还有同在普渡大学留学，后成为我国两弹一星元勋的邓稼先。当年张式在美国留学时，从美国图书馆中得到许多有关染料及中间体技术资料，回国后试制成功“直接元”“酸性蓝”“安安蓝”等新型染料，填补了当时中国染料的空白，因此在染料行业有一定声望。这样一位老专家，竟被造反派打成“美蒋特务”。其理由是，为什么早不回，晚不回，偏要在抗美援朝期间回来？显然是美国情报机构派来收集军事情报的。还有一个理由是，与张式一起回国的同学，分布在全国各地，都是有权有地位的人，而且在文革中早已成“美蒋特务”了，难道你张式会脱离此干系？不过后来张式的一句话却弄得造反派无言回答，他说“我是一个中国人，我为什么要留在美国为美国人服务呢？”好在张式意志坚定，才逃过一劫。

化工室主任巫万居，生在台湾省，早年留学日本学习建筑专业。解放后，因获悉祖国建设需要技术人才，因此携家来到上海。为生产国家急需的有机玻璃，他又自学了化学工程，他不怕接触生产有机玻璃原料、剧毒物质氰化钠，所以在上海珊瑚化工厂巫万居有“不怕死的工程师”之名。但造反派仅凭他出身台湾，又在日本留过学，不愿享受优厚生活待遇而偏要回祖国大陆过苦日子，就认定他是台湾国民党和日本派来的双重特务，为此用尽了逼、供、信手段。但是，巫万居还是相信党的政策，不会“冤枉一个好人”，也逃过一劫。然而，与他生活20多年的夫人却因承受不了冲击含冤而死。改革开放后，回到日本后的巫万居还是心系祖国大陆，与上海市科委下的一个单位合作，开设了一个东平公司，生产当时国内市场紧缺的合成树脂和高分子材料，为祖国建设也作了一定贡献。

然而，当时上海石化院还有两位资深工程师却未能幸免于难，含冤而死。一个在日本留学后又在韩国汉城大学任过教。解放后在药厂当工程师。一个解放前仅在民国政府资源委员会做过事而已，就连一般的国民党员都不是。尽管“四人帮”打倒后，他们得以平反昭雪，但是，文革给他们的家庭和子女带来了许多不幸，尤其是子女们，即使已成为“可教育好的子女”，但他们不要说进工矿工作，就连进军垦农场也没有资格，只能到偏僻山区和农村接受贫下中农再教育。

关兴亚也是 24 名被审查对象之一。其实他原本不在审查范围内，只因文革之中对运动有抵触情绪而受到审查。他想不通，文革之前的“小混混”，平时牢骚多，工作吊儿郎当的人到文革后却摇身一变成为造反派头头，夺权后还当上了革委会成员。还有他特别看不惯部分造反派在斗走资派时使用武力，“坐喷气式飞机”，抽打耳光，并且踏上一只脚，让走资派不得翻身。后来群众起来高呼“要文斗不要武斗”，但造反派却说“石化院庙小妖风大，池浅王八多”，诬蔑广大群众。从此，他发誓不再参加造反派组织的批斗会。所以他经常推托工作忙而不参加造反派主持的批判会。一次造反派头头来到他的实验室，要他停掉实验参加批斗走资派的大会，可关兴亚就是不同意，对来人说：“你们不是讲抓革命促生产吗？科研工作不能停顿。”还有就是对造反派的各种行为看不惯，不时发出声音，说他们“无法无天”，所以造反派想借此机会整整他的“嚣张气焰”。因为光是“白专道路典范”是不能作为隔离审查的理由，于是加了两顶帽子，一顶是“漏网右派”，还有一顶是“资产阶级反动学术权威”。

其实，漏网右派是无中生有，他们将反右斗争后关兴亚向党交心的内容当作证据，也是无限上纲，甚至将工作上对领导提的意见也被当作反党反社会主义证据。

至于资产阶级反动学术权威更是无稽之谈。论职称，他只是个工程师；论工资收入，可称为反动学术权威的都是几百元的，而他却不足百元。说穿了，此时关兴亚还是科研第一线工作者，一个副科级的中层干部怎么也算不上“权威”。所以将关兴亚列入24名被审查对象之一，用造反派的话来说是“没有辫子装辫子”，杀鸡儆猴，看你们知识分子还敢“翘尾巴”？

当然，关兴亚并不惧怕进“牛棚”进行隔离审查，他脾气倔强，不会依附小人，知道他们会打击报复，所以进牛棚也早有思想准备。他从图书馆借来一堆书刊，准备了换洗衣服，坦然进入牛棚。之后在牛棚里潜心读书，造反派要他交代问题，他回答没有问题可交代。造反派要求他写学习毛泽东著作心得体会，他也是三言两语敷衍了事。主要内容是抄“为人民服务”、“纪念白求恩”和“愚公移山”这老三篇。不过到走出牛棚时老三篇已能一字不漏，倒背如流。

1969年1月，工人毛泽东思想宣传队，即工宣队进驻上海石化院，开始清队复查，共复查了18人，还清理了牛棚关押人员，将一些“问题”基本搞清的对象逐步解除隔离，并作了相应处理，对一些“问题严重”的对象实行群众专政。此后，关兴亚虽没落实政策，但看管宽松了好多，允许其星期天和春节回家过年。

那时，妻子戴医生见了从牛棚出来的关兴亚心情无比激动。其实，为了自己丈夫不知落了多少眼泪，她怎么也想不通，两耳不闻窗外事、一心扑在工作上的丈夫，整天是工作、看书，怎么到头来还会落得一个如此“败名”。说穿了，还是脾气不好，得罪了这帮造反派。

关兴亚回到阔别多时的家，见到自己的妻子一下子老了许多，多少有点心痛，他知道妻子在医院工作很忙。手术间的麻醉师，有时回家吃饭接到医院来电，便要立即去医院加班。还有是在家里的3个小孩，他们只能自己照顾自己。好在孩子们也习惯了，父亲即使一周回家一次，也不都在家里，常常是在图书馆看书。母亲工作这么忙，但每天总将饭和菜先烧好再去上班，好在两个岁数稍大的小孩都学会用煤油炉来热饭和菜，填饱肚子。

上海是当时“四人帮”的老窝，因而许多外地同志以为上海人对轰轰烈烈的文化大革命投入最多，其实不然。上海人多数是“逍遥派”，关心衣食住行远胜过关心文化大革命。例如全国各地发生大规模武斗时，上海人更多关注的是煤球供应。因为交通运输中断，煤进不到上海，家家户户的煤球炉就没法烧，全家便要饿肚子，其结果是煤球店排长队。关兴亚的妻子戴医生也没有办法，请假调休也要去买煤球，因为以往这些体力活都是丈夫做的，如今关入牛棚后，只能自己排队，几十斤的煤球搬得满头大汗。还有是节日供应，老百姓也很关心，因为那时副食品供应很紧张，平时根本无家禽供应，到春节才可分到家禽一只，买了鸡不能买鸭。还有鱼票有花色鱼和一般鱼票区别，黄鱼、鲳鱼属于前者，带鱼、鲫鱼等属于后者。也因为关兴亚关入牛棚，家里多数票证是“过期作废”的。大人不吃倒也算了，实在是苦了3个小孩。但是戴医生什么票证都好过期作废，唯香烟票是万万不能过期的，因为她知道，香烟是丈夫一生之中唯一的嗜好。

然而，妻子最关心的还是上海石化院对丈夫的处理意见。因为人虽然从牛棚里放出来了，但是什么性质的问题，是人民内部矛盾还是敌我矛盾还不能下结论，所以关兴亚只能说：“相信群众相信党”。而且一再安慰妻子自己是没有问题的。还说，解放以来经历的运动多啦，从三育中学的“三自运动”开始，在交通大学碰到“三反”、“五反”运动；在复旦大学碰到批斗“胡风反革命集团”运动；在上海化工研究院碰到“反右斗争”；到上海石化院又是“四清运动”。历来运动都是如此，主要是教育人，但运动初期都是来势汹汹，批了许多人，最后落实政策，95%以上的人还是好人。戴医生点点头，心想事实也是如此，因为她也经过这些运动，而且在医院里也是这样。在一段时期内，不仅学术权威，有名医生，就是稍有才华的医生也都去扫地，打扫卫生，而过去的药工、护士却成为门诊医生。不过，戴医生知道自己丈夫的倔强脾气，生怕他在单位里再受委屈，所以一再劝其忍耐忍耐再忍耐，千万不要顶撞他们，除此还有什么办法呢？只能是听天由命了。

春节过后，关兴亚可以每周回家一次，妻子满以为他吃尽苦头后一定会“回心转意”，少过问一些工作上的事情，多关心一些家里的事情，特别是小孩的教育问题。因为文革期间学校读书很不正常，学生上课纪律很差，有些老师也没有心思上课。可是，他仍一心地想着工作，回家后又总去上海科技情报研究所或者离家稍近些的上海图书馆，收集丙烯腈资料。尽管那时还未回到丙烯腈课题组。

当时，他查到了一份德国专利说明书，称在磷钼铋系催化剂加入铁后，催化剂性能迅速改善。起初，他有点犹豫，因为他过去筛选催化剂时也曾添加过铁元素，但效果并不如专利上声称的这么好。后来又有许多新专利发表，尤其是一家知名的丙烯腈厂商，发表的专利不但包括铁还有其他多种元素。所以，关兴亚想到，过去的工作虽然也考虑在催化剂组分中加入铁，但相关工作没做透。从理论上分析，三价铁离子具有良好氧化还原性能，有利于提高催化剂的性能，尤其是活性和选择性，但引入铁元素后，整个催化体系的结构发生了变化，特别是酸度发生变化，如不作相应调整，仅仅添加铁元素也难以见效。如何调节呢？于是，自己设计了一系列实验方案，以便今后实施，或者将这些资料转交给正在进行催化剂开发的丙烯腈课题成员，供他们参考。自己亲自动手，至少暂时看来是无望的。

后来，关兴亚将自己的想法告诉已进入院革委会主管科研工作的沈银林。沈银林原本就是丙烯腈项目的副大组长，又是国家重点培养的、工人出身的调干大学毕业生，他十分理解关兴亚的心情。从工作出发，考虑到此时丙烯腈课题正为军工需要赶制一批丙烯醛产品，因此决定与高桥化工厂协作开发“五元催化剂”，于 1976 年 2

月正式立题。立题目的是为高桥化工厂年产 2000 吨丙烯腈装置服务。因此，作为为工厂服务的课题，在无争议的情况下，获得上级批复。但关兴亚因另有工作安排，暂不能亲自参加该项试验工作。具体试验工作由关兴亚得力助手，原丙烯腈催化剂从小试到放大试验负责人之一的尹克勤和高桥化工厂年产 2000 吨丙烯腈装置主要负责人彭定跃负责。

根据当时内部刊物《石油化学通讯》1977 年第 1 期发表的“五元催化剂研制”一文称，如何从加快铁钾两元素之后在催化剂酸度、相关载体微球形硅胶扩孔等方面做了大量工作，最后才确定合适催化剂制备条件和过程。实际上，当时工作也不是很顺利，更不是想像中的添加铁后，催化剂性能马上就会上升。后来关兴亚从理论上分析了丙烯氨氧化的反应机理，铁的加入有可能是有利于整个氧化还原反应的过程，但铁必须掺入催化剂结构之中，因为未进入催化剂的结构，或者说游离在结构外的铁是没有任何催化作用的。因为没有结构测试仪器，关兴亚提议并指导他们主要在形成催化剂化学结构的焙烧温度上做大量试验，通过寻找合适焙烧温度，将铁引入催化剂结构中，这才使含铁铈钾的五元催化剂温度性能取得突破性进展。后来，上海石化院通过 X 射线衍射测试结果表明，五元催化剂制备过程的最佳焙烧温度是钼酸铁化合物生成的温度，而低于此温度是不能形成钼酸铁化合物，催化剂性能难以提升；反之，超过此温度，钼酸铁化合物相结构发生变化，催化剂性能同样难以提升。然而，因为没有测试仪器，当时尹克勤和彭定跃等人仅凭经验和一系列试验，不知花了多少日日夜夜才确定了一个合适的制备条件。

后据尹克勤等回忆，尽管五元催化剂的研制，关兴亚不是名义上的负责人，但从开始设想到试验安排，以及在研制过程中遇到困难，解决问题时都有关兴亚参与其中。与他同事者，也知道关兴亚这个人不求名，不求利，只要把工作做好，起到实际效果，就是自己再多的付出也是值得的。很快在1977年5月，含铁和钾的五元催化剂研制工作基本完成，达到预定试验指标。在直径为50.8毫米的流化床反应器中，丙烯腈单程收率达到71%~73%，比含铈元素的四元催化剂丙烯腈单程收率提高3%~6%。丙烯转化率达98%以上，副产乙腈量也有所下降。1977年年底，五元催化剂分别用于上海高桥化工厂和山东淄博石油化工厂两套生产能力均为2000吨/年的丙烯腈生产装置，经济效益显著提高。

回忆当年，关兴亚在牛棚里看的是丙烯腈资料，出了牛棚又萌发研制含铁和钾的五元催化剂，许多同事们很不理解。对此，他说也有想不通的时候，但想到关牛棚的不是他一人，所以“该吃饭的时间还是吃饭，该睡觉的时间还是睡觉，我还是遵循我的生活习惯。”事实也是如此，就在将关兴亚当作漏网右派和反动学术权威批判的大会之后，他洗过一把脸，根本没有将“坐喷气式飞机”和“挂黑牌”当作一回事。因为受这种变相武斗迫害的人实在太多了，“我一个小小老百姓又算得了什么呢?”他仍与同事们一起骑着自行车上下班，说说笑笑，若无其事地行驶在浦东大道上。还要与人比赛，谁先到达陆家嘴渡口，谁请客买棒冰。还说过去每周回家一次，现在不让我工作了，反而回家次数多了，说来也是“坏事变好事”。后来，有人问他，挂黑牌颈部痛吗？他说：“说不痛是假的，不过某某领导的黑牌比我重，铅丝比我还细，估计颈部的伤痕比我深，随它去吧，过两天会好的。”接着一笑了之，显得十分豁达。

游泳是关兴亚的一大爱好。尽管工作很忙，平时很少去游泳池。不过到1967年高桥化工厂将水厂的两个沉降池改为游泳池后，那怕是受到批斗后，晚上也是照常去游泳，几乎成为常客，还乐于教人游泳。游泳结束后，再到实验室或图书馆看上2个小时的书，这才回寝室。关兴亚说，他之所以有强壮体格，靠的是幼年在河边的游泳。在东北沈阳老家，读初中时他还常常参加学校组织的冬泳。

关入牛棚后，他也与众不同，不是终日闷闷不乐，而是在一个狭小空间内做做广播操，就地跑跑步等。除了没完没了地写检查外，他还是静心阅读自己收集来的文献资料。此外，还熟读毛主席的诗词和英文版的毛主席语录，甚至对看管牛棚的人说这是一次学习英文的难得机会。可是看牛棚的退伍军人怎么也理解不了关兴亚一个被批斗的知识分子竟然有如此乐观的精神。

1969年底，燃化部下达了3个不以昂贵金属钯作催化剂的合成工艺路线技术开发任务，它们是“乙烯气相制醋酸乙烯”“乙烯气相制乙醛”“丙烯气相氧化制丙酮”。原先这3项合成工艺路线均以钯为催化剂，并实现了工业化，但钯矿资源在中国非常贫乏，所以有人提出根据国情开发非钯合成催化工艺。当时上海石化院革委会决定由关兴亚担任后两个研究课题的组长，并直接通知了他。但他没有立即答应，因为他还是情系丙烯腈，认为丙烯腈还有许多工作要做。但沈银林却告诉他，原来的丙烯腈课题组已是名存实亡。除了部分员工去山东淄博石油化工厂继续参加协作外，大部分员工已转向更重要的军工任务，那就是丙烯醛的生产任务。

从理论上讲，丙烯与氨及氧气反应产品就是丙烯腈，若丙烯与空气中的氧气反应产物便是丙烯醛。所以，两者化学反应过程接近，生产设备基本可通用。而当时国家急需丙烯醛用以生产国防军工产品，上海市化工局便限时要上海石化院拿出产品。为此，先在关兴亚研制的原直径为150毫米的带导向挡板流化床反应器中生产了330公斤，供上海化工研究院和广州电器科学研究所试用，后来又在该装置上生产200公斤丙烯醛产品供932部队和黎明化工研究所用。之后，又抽调部分原丙烯腈成员将生产丙烯腈技术改良移植至济南轻工化学厂，建立年产300吨丙烯醛生产装置。在这种情况下，关兴亚不得不承接了两个非钯催化氧化的新课题。

不过，在经过国内外文献详实调研后，关兴亚心直口快地提出了自己的意见。认为提出“丙烯非钯气相氧化制丙酮”课题的想法有些超前。1964年，日本大协和石化公司已经将丙烯液相氧化制丙酮实现了工业化。但就经济性而言，不及以丙烯和苯经烷基化制异丙苯合成路线，因为该路线可以同时生产两种有价值新产品：苯酚和丙酮。所以即使日本大协和石化实现工业化，但预计缺乏经济性将会关闭新建装置，何况气相氧化产品收率低，所以即使试验成功工业化前景也是暗淡的。他还认为，如果这类课题作为高等院校或者在中科院下属研究所作为探索性课题是可以考虑的，而作为工业性研发的上海石化院是不合适的。在说明该课题基本情况下，他还是希望试验有一个结果，因为即使是不可行的话，对后人也是个启示。如今，40年过去了，这种不切实际又无经济性的课题根本无人问津。

于是关兴亚恢复了往日的工作劲头，拿着一大堆金属管材在台虎钳上落料，然后再到电焊间将实验用单管反应器焊接好。电焊工是一位老工人，是革委会委员之一，她不明白，进过“牛棚”的关兴亚还是那么卖力地工作，劝他享享“清福”算了，否则下次运动来了又要进牛棚的。其实，关兴亚心里清楚，老百姓早已厌烦了文化大革命，尤其是“九·一三”林彪事件以后，许多工人师傅对文化大革命出现了抵触情绪。原先认为文革结束后经过斗批改，工人生活会好一些，结果生产上不去，物资越来越匮乏，不仅多年未加工资，还要子女上山下乡，加重了经济负担，造成新的困难。还有在上海石化院干活的人常常要受批评，说什么是“只管埋头生产，即使创造出来财富也是为修正主义服务的”。而不干活的人，却是路线斗争觉悟高，有的还是活学活用毛主席著作先进分子，所以还有谁肯“忘我”劳动呢？

不久，大庆炼油厂发函到上海石化院，要求尽快派员协助参加该厂年产5000吨丙烯腈装置的试车工作。接着地处山东的胜利炼油厂丙烯腈装置也将开始建设，也请求上海石化院在技术上给予支持，而且又点名要关兴亚带队。另一方面，两个非钯气相氧化课题也没有取得实质上进展，所以 1972 年 6 月在本单位草草地作了小试总结，便结束了这两个课题。之后，关兴亚兴高采烈又立即奔赴新的岗位。

第四节　马不停蹄推广成果

一个科研项目怎样才算有了成果？有人认为作为一个科研单位，小试验通过了就算有了成果。有人认为要等完成中试验证才算有了成果，之后便是设计院的事情。然而，在关兴亚看来，作为一个工业性研究单位，一个科研项目一定要到工业规模生产后才能说有了成果。他认为，一个工程技术人员应该参与从小试、中试到工业生产全过程，尤其应该到生产第一线，在现场摸爬滚打，接触实际，掌握第一手资料。科研人员应该在现场而不是在书桌上、办公桌上解决生产技术问题。到生产装置现场开车，进行技术服务的同时可以学到许多工程技术，最重要的是通过生产实践发现问题、寻找问题，而这些问题有可能成为新的研究课题。通过进一步研究开发，在解决新问题的基础上又可使生产技术上一个新的台阶。所以，每次国内采用上海石化院技术建设丙烯腈生产装置，他都要去亲自实践一番。

据不完全统计，从关兴亚等科研人员成功开发四元催化剂和带导向挡板的流化床技术后，先后在上海、山东、辽宁、黑龙江、广东、江苏等地，共建成了 12 套规模数百吨到数千吨丙烯腈装置，总产能约年产 2 万吨。从现在看，年产 2 万吨产能实在太小，但在当年我国石油化工初级阶段，能够用自己技术建设具世界先进水平的工艺装置是一个非常了不起的事情。这 12 套装置都留下了他的足迹，由于当时我国无大型乙烯生产装置，主要利用炼油厂催化裂化副产液化气中的丙烯为原料生产丙烯腈，受原料规模限制，最大规模仅年产5000吨。不过，当时中国人民解放军总后勤部2348工程基地，即现巴陵石油化工公司设计规模为年产1万吨，但建成后因地处山谷，废气无法排除而从未运行过。当年为了备战，有一个规定是烟囱高度不能超过山顶，否则打仗时就会成为敌人攻击目标，而丙烯腈装置排气管一定要超过山顶高度，所以仅凭这一条就可以将已建成的丙烯腈装置关闭掉。当然，丙烯腈污水排放也是其不能运行的原因之一。

在多套装置的试车中，给关兴亚留下深刻印象的有大庆炼油厂、胜利炼油厂、茂名化纤厂。巴陵石油化工公司的丙烯腈装置虽未开车，但他所花精力最多，因为它是直接关系到中国人民解放军官兵服装用料。

因为文革期间，外地武斗频繁发生，所以多数上海人都不太愿意到外地去出差。关兴亚的妻子最担心的也是他没完没了的出差，生怕碰上武斗，到时“秀才遇上兵，有理说不清”。而且，当时把上海粮票换成全国粮票的手续很麻烦，除单位出证明外，还要退油票等其他相关票证。但是关兴亚从工作出发，为推广丙烯腈生产技术，路途再遥远，生活条件再艰苦、武斗再激烈，他也不当一回事。他说：“上海地区难道就没有武斗了吗？不要说各机关单位和企业的大大小小武斗几乎天天发生，还有流氓青少年在街上群斗，哪一天停止过？”妻子被说得哑口无言。于是，妻子拿液化气钢瓶来说事。因为那时高桥化工厂刚建成民用液化气供应站，上海石化院因党组织关系属高桥化工厂管，所以也有液化气供应。但液化气供应站仅一处，设在离市区较远的嫩江路码头，平时是靠关兴亚用自行车搬运的，如他外地出差谁来搬运液化气钢瓶？妻子以为这下就难住了他。但好在当时院领导早已安排了液化气搬运之事，此时妻子无言可对，只能期望他早日平安无事归来。

那时买一张火车卧铺票实在不容易，除非能托到一个在火车站售票处工作人员，开个“后门”，否则就得排上一个通宵队。买座位票好一些，也要提前几天排上几小时的队。列车上的拥挤程度是现在的年青人难以想象的，走道和两节列车厢之间的空档处挤满了人，甚至连厕所间里也站满人，不仅如此，有时还要受“宣传队”的折腾。

记得那年去大庆开会，从上海到哈尔滨因火车晚点，火车运行超过70小时。那时，车上虽有盒饭供应，但很快被售空。虽自备了干粮，但开水是没有供应的。此外，一路上要碰到几批宣传队，又读语录，又背“老三篇”，还要大声歌唱“革命歌曲”和语录歌。其中有一批人，不知是不是宣传队的人，上车便逐个查问乘客的成分。若是“地富反坏右”五类分子就用皮带抽，甚至被勒令下车。当问及关兴亚时，他出示了上海市革命委员会出具的去大庆的介绍信，总算平安无事。这样一路折腾，到哈尔滨时人早已精疲力尽，幸好大庆炼油厂在哈尔滨有个招待所，让他足足睡了一个夜晚，第二天才坐大庆炼油厂专车到达开会地点，否则再好的身体也难承受路途的辛苦和疲劳。

多次现场开车，给他留下印象最深的一次莫过于1971年8月，参加大庆炼油厂年产5000吨丙烯腈生产装置的试车过程。这是一套当时用国内自己技术建成的最大规模丙烯腈装置。当时虽然化工部下文一定要投入全力将装置开好，以进一步在国内炼油厂推广。结果发现原先有“中国式流化床”之称的带导向挡板流化床，运行中出现了问题，丙烯腈收率明显低于年产2000吨的高桥化工厂装置。为了解决气固相接触这一根本性问题，又促使他开发更细颗粒催化剂。

大庆炼油厂与大庆油田有姐妹花之称。大庆油田位于哈尔滨市和齐齐哈尔市之间的滨洲铁路沿线附近。这里，解放前野草丛生、人烟稀少，曾为蒙旗杜尔伯特游猎地区。1955年国家组织地质部和石油部分工配合，在华北平原和松辽盆地展开全面综合地质调查。

1959年9月26日松辽盆地第三号钻井喷出工业油流。当时正是中华人民共和国建国十周年大庆的日子，于是便将此油田称为“大庆油田”。

1960年代初，党中央批准石油部在大庆地区组织石油勘探与开发，并从中央军委抽调3万多转业、复员军人参加会战。全国有5000多家工厂企业为大庆油田生产机电产品和设备，200多个科研设计单位参加技术会战。到1963年，大庆原油产量从1960年的90万吨增加到400多万吨，使全国石油产量达到647万吨，从此，中国甩掉了“贫油国“的帽子。新华社庄严宣告：“中国石油产量已经基本自给，中国人使用洋油的时代即将一去不复返了！”

为了就近加工大庆原油，国家决定依靠国内技术和设备在大庆建设一座大型炼油厂。在当时极端艰苦和困难条件下，数千名来自全国各地的创业者，发扬铁人王进喜精神，奋力开拓，于1963年9月建成了第一期工程，即设计能力为年加工量为100万吨的常减压蒸馏装置和30万吨热裂化装置。到1966年的第二期工程，又建成了年加工能力为150万吨的第二套常减压蒸馏装置、60万吨流化催化裂化装置和铂重整、加氢裂化、加氢精制、脱蜡、延迟焦化、石油焦焙烧等14套装置，从而成为当时中国规模最大的炼油厂。70年代初，大庆炼油厂为适应我国经济建设所需，开始由单一炼油转向综合开发和综合利用。1970年建设了年产30万吨合成氨和年产48万吨尿素装置，解决增产粮食急需的化肥问题。与此同时，炼厂副产液化气量与时俱增，而液化气中丙烯又是其中价值最大的资源，所以又规划利用液化气中的丙烯发展丙烯腈生产，以解决亿万人口穿衣问题。

大庆炼油厂年产5000吨丙烯腈和年产3000吨腈纶抽丝装置，以及利用丙烯腈副产的年产1300吨硫铵装置，都在1971年8月正式建成投产。每年向市场提供的3000吨腈纶丝，就相当于2100万米棉布所需的棉纱，硫铵作为化学肥料在增产粮食方面发挥重要作用，从而使大庆炼油厂转型为炼油-化肥-化纤的综合性企业。

关兴亚回忆当年参加大庆炼油厂年产5000吨丙烯腈装置的开车过程，真是感慨万千。当时大庆的施工条件和生活条件十分艰苦，真是“头上青天一顶，脚下荒原一片”，吃和住都很困难。许多职工还是住在“干打垒”的房子，这种房屋实际是比茅屋还简陋，是用泥堆成的，而且不分干部还是工人都是一个待遇，按家庭成员多少来配给房屋大小，不搞特殊化。但是，生产管理制度却很严，层层建立岗位责任制，还有严格的规章制度，包括工人岗位责任制、干部岗位责任制。装置开车前，大家起早贪黑摸流程，学操作，进行预防事故和误操作的模拟演习。整个车间从技术员到工人，每个阀门在什么位置，起什么作用，遇到事故怎么处理都要一清二楚，不然难以通过严格的考核，更拿不到上岗合格证。不过，那时的大庆也不像上海，还在学习“如何破除资产阶级法权”和批判“物质刺激”，吃大锅饭，干好干坏一个样，人人都是36元。也许全国也只有大庆一个企业能够做到社会主义的“按劳取酬”和“赏罚分明”。

通过这次年产5000吨丙烯腈的开车过程，针对当时装置暴露的一些问题，他回忆说，早些时候国外发表的文献，对导向挡板作用褒贬不一。导向挡板在流化床的应用，这是会长的成果之一，但是他很辩证地和实事求是地对待这一成果，并不因为当初是他提出采用导向挡板的流化床反应器而仍然机械地坚持原有观点，而是重在实践。他认为当时在反应器直径为600毫米和1200毫米情况下，加入导向挡板后，确实改善了流体的流化状态，所以能够取得较好的反应结果。但是，装置规模达年产5000吨，反应器直径达2800毫米时，活性出现下降，这应是反应器放大以后出现的化学工程问题，至少应该重新计算导向挡板数和挡板之间的间隔距离，而且计算公式中的参数必须加以修正。于是，关兴亚当即提出或者改变催化剂粒径，或者拆除部分导向挡板，以改善流体在反应器中的流化状态的建议，但解决催化剂粒径问题，就必须重新做一批催化剂，这样时间不允许，只有采用后者。在关兴亚的建议下，大庆炼油厂决定待装置停车检修后，根据工程计算和实际操作经验，将导向挡板由48块减少到13块，之后催化剂重新呈现出良好活性，丙烯腈单程收率进一步提升。类似问题也发生在高桥化工厂年产2000吨丙烯腈装置。为此，在1971年6月将导向挡板之间的距离从150毫米增加到300毫米，导向挡板从98块减到45块，同样取得明显效果。1973年5月又减至30块。为从根本上改善反应器内气固两相的接触，他开始考虑开发平均粒径在50~60微米的细颗粒催化剂。同时为降低催化剂损耗，又着手进行新型旋风分离器的技术开发，这就是工厂实践带来的新课题。

由于大庆炼油厂年产5000吨丙烯腈装置一次开车成功，产品质量达到国家一级品标准。当时燃化部专家们的评议意见是“装置在技术上胜过兰州化工公司引进的固定床万吨级装置，是国内自己研究、自己设计、自己建设的第一套大型的丙烯腈装置，工艺先进，产品质量好，科研放大效果也很好。”专家的评议结果是对关兴亚及其同事们多年来工作的肯定和鼓舞，关兴亚心中有说不出的高兴。当然文革中造反派对他的不实之词和种种污蔑也早就被抛置九霄云外。

事实也是如此，先于大庆炼油厂丙烯腈装置投产的兰州化工公司引进装置，因采用固定床反应器和全解吸流程出现许多技术问题，若大的固定床反应器热量撤不走，反应器热点与盐溶温差高达25℃，操作不稳，导致催化剂活性下降。全解吸流程不仅能耗高，而且产品分离效果差，产品质量达不到要求指标，生产能力达不到设计指标。尽管后来改成自制研发的七元催化剂以及进行了工艺条件和设备的改进，丙烯腈单程收率有所改善，但固定床撤热的根本问题仍未能解决，所以一直想改为流化床工艺，这才有后来从美国索亥俄公司引进的年产2.5万吨流化床丙烯腈生产技术。但在20世纪60年代初，由于中美两国没有外交关系，经济上又实施封锁，所以引进美国索亥俄公司先进技术是不可能的。而能够引进奥地利固定床反应技术，产出丙烯腈也在一定程度上也缓解了国内丙烯腈市场供需矛盾。

大庆炼油厂丙烯腈装置顺利投入运行后，炼油厂领导为感谢关兴亚的辛勤付出，在当时生活条件极为困难的情况下，派几名员工在寒冷的冬天到冰河中打了几条鱼，以示慰劳。

在大庆石油会战取得胜利之后，1965 年，我国又在天津以南、山东东营以北的沿海地界探明了胜利油田，当年就拿下 83.8 万吨原油，在天津又拿下了大港油田。胜利油田原油年产量从 1966 年的 130 多万吨提高到 1978 年的近 2000 万吨，成为仅次于大庆油田的第二大油田。

1966 年 4 月，胜利炼油厂就在山东动工建设。当时在厂址选择上曾有争议，大规模炼油厂因原料和产品吞吐量较大，考虑建在沿海地区较为合适，但在当年“备战、备荒，为人民”的大背景下，连沿海工厂企业都大批内迁，进入山洞，分散隐蔽，所以，胜利炼油厂厂址选在淄博辛店大虎山就不奇怪了。还有建厂方针有一条是厂区不设围墙，像当年建立革命根据地那样，要与当地农民打成一片。进厂的农民工和来自全国各地的支援者都是“亦工亦农”，以消灭工农之间的差距。不过，胜利炼油厂建设的进展确实是快，通常需要 3~4 年完成的工程，仅用 1 年半时间就建成投产，也不能不说是一个创举。

1967 年 10 月，第一期工程建成投产，原油年加工能力为 250 万吨，所建装置也是当时国内第一套将常减压蒸馏和流化催化裂化，以及延迟焦化联合在一起的大型联合装置。这样不仅节省钢材、投资，还减少了占地面积。而且联合装置采用当时世界上刚出现的联环交叉热循环新技术，又在联合装置内设置了利用催化裂化再生烟气热能的一氧化碳锅炉，从而大幅提高了热效。这样一个现代化的炼油厂，如果还是像传统炼油厂那样，将液化气当民用燃料，将其中可贵的丙烯资源白白浪费，岂不是太可惜了吧！所以胜利炼油厂也想建一套丙烯腈装置。为此，关兴亚根据胜利炼油厂的实际情况和当时国内丙烯腈的技术水平，以及机械加工能力，提出了一份简要方案。

关兴亚对山东这块土地有深厚感情，在丙烯腈技术推广中要算在山东出差的次数最多，时间最长。

胜利炼油厂毕竟是国家重点工程项目。它的条件比淄博石油化工厂好多了，不过当时社会也很动荡，两派武斗时有发生。因为武斗，无政府主义泛滥，许多事无人问津，给关兴亚留下印象最深的是那里的公交车竟然没有一块玻璃，据说是武斗时砸碎的。因为与其说玻璃配了还是要被人再次砸碎，还不如干脆维持原状，所以在寒冬腊月，乘客还必须带上口罩和围巾，否则会冻得人直打寒颤。也许当地人都喜欢骑自行车的缘故，所以乘公交车的不多，公交车数量也屈指可数。而且有时几辆车一起来，有时几个小时也没有一辆公交车，对外地出差人员来说很不方便，从宿舍到厂区步行一个多小时是经常的事。

不过话倒要说回来，胜利炼油厂的领导把关兴亚真当上宾对待，每次都到火车站用轿车来接。有一次火车误点 5 个多小时，直到晚上 11 点钟才到。关兴亚想今天晚上只能睡车站了，然而一出车站就看见有人举牌，牌上写着三个大字“关兴亚”。心里实在激动。心想在上海石化院自己是“牛鬼蛇神”，是一颗无用的小草，可在外面，从领导到工人师傅都十分尊重知识分子，当作“宝”，真是“墙内开花墙外香”。所以，出差开车技术服务再辛苦也值！

1973 年，胜利炼油厂年产 1000 吨丙烯腈装置终于建成投产了。装置运行后，虽然拿到了合格产品，但是也暴露了原设计和设备上存在的一些问题。回上海后，关兴亚撰写了《山东胜利炼油厂丙烯腈改造方案和工艺设备及管道计算书》，其实看似一份报告不足万字，但工作量却不小，包括反应器在内每个主要设备都要反复核算，甚至把增加设备的尺寸列出一张明细表，这项工作竟足足做了

2 个多月。当这份计算书送到山东胜利炼油厂时，该厂领导除表示感谢外，还对他说："老关，你是我们工人阶级欢迎的知识分子"。听了这句话，他很激动，因为从来也没有人说过知识分子的好话。除了改造，还是改造，甚至要脱胎换骨地改造。此后，按照关兴亚的改造方案，炼油厂对这套千吨级装置进行改造，不仅产能翻番产品质量提升，而且原先暴露的一些原设计和设备上的问题都逐一得到解决。

关兴亚在胜利炼油厂期间，与工人师傅关系非常融洽。工人师傅说他没有知识分子架子，而且与一般知识分子有区别，既动口又动手，而不是只动口不动手。因为试车期间，工人操作还不熟练，常常会出现一些异常状况，一时又无法处理，如反应器内物料的返混，但他会手把手地告诉操作工应如何处理，然后自己亲自动手将异常现象处理好。还比如开车前的设备试漏，看似简单操作，但却很重要。关兴亚会亲自示范告之试漏的窍门，所以很受工人师傅欢迎。工人师傅说："有问题找老关，老关来了我们就放心了。"因为工人们常常惦记他，所以每隔一段时间，他就会"上门服务"，为胜利炼油厂解决开车过程碰到的各种新问题。

茂名化工二厂的年产 300 吨丙烯腈装置建设比较早，大约是在 1969 年末。茂名市地处广东省西南部，是中国水果生产基地之一，其中荔枝、香蕉、龙眼等"岭南佳果"驰名中外，还有粮食产量也名列广东省之首。1963 年随着当时茂名石油公司，即现今的中国石化茂名分公司各项目的陆续建成投产，工业水平逐年提升，从传统手工业转向由石油工业为主，电力、化学、建材、纺织等产业共同发展的格局。年产 300 吨丙烯腈装置就是以茂名石油公司催化裂化副产液化气中丙烯为原料的生产装置。

因为操作工多数未受过专业培训，所以关兴亚尤其重视职工技术培训。一直到投入正常运行，上海石化院的赵楚骏、陈欣、方永成等技术人员几乎每隔一、二个月就前往该厂住上一段时期，及时解决生产问题。有一次，氢氰酸管道出现漏损，而当班的年青的操作工因缺乏经验，惊得目瞪口呆，束手无策。此时关兴亚和赵楚骏正巧在工厂现场，发现漏损后，关和赵奋不顾身，冲向前去关上阀门，及时作了处理，身上还留下了好多残留物。幸好处理及时，否则后果不堪设想。

事后，工厂原本打算对这位操作工进行处罚，但是关兴亚和赵楚骏认为，责任不在操作工，主要是原设计和设备材料存在问题，而且作为该工艺技术开发者，我们没有做好职工培训工作。结果厂领导对这位操作工仅作了教育而已。后来，工厂将所得丙烯腈产品经聚合后，送化纤厂加工。首批产品人造羊毛毯，以每条8元人民币的优惠价格卖给本厂职工和参与试车的上海石化院科技人员，以作纪念。

坐落在洞庭湖畔，历史名城湖南岳阳附近的长岭炼油厂和巴陵石油化工总厂，当时是中国人民解放军总后勤部的2348工程基地。建厂目的是解决解放军官兵的服装等问题。据称，那时参加援越部队反映，由于越南天气潮湿闷热，解放军的军服总是湿呼呼的，而且强度太差。相比之下，美军穿的军服因以涤纶纤维和腈纶纤维等合成纤维为主，抗湿性和强度都比棉制服饰好得多，所以从提高军服质量出发，国家花巨资建设了2348工程。由于当时从战备考虑曾打算将炼油厂“完全隐蔽起来”，甚至进入山洞，加上“文化大革命”开始后的极度混乱，一直到1969年4月才正式动工建设。1970年，中国人民解放军化工部军管会在上海召开“2348”工程设计审核会议，上海石化院派卢文奎等3位同志参加丙烯腈项目审查会。1971年5月，建成年原油加工能力为250万吨的常减压蒸馏、120万吨流化催化裂化、60万吨延迟焦化、15万吨催化重整等炼油装置和配套工程。用作人造羊毛原料的年产1万吨丙烯腈原是工程首选项目，为此关兴亚在这方面的工作没有少做，还特别认真提出过多条建议。然而，由于有毒废气无法排空和环保等原因，还考虑到长江和洞庭湖水资源和居民用水的安全性，丙烯腈装置最终还是未能投入运行。不过，巴陵石油化工公司一直与关兴亚保持着联系。尤其是该公司创办的《合成纤维工业》期刊长期聘任关兴亚为编委。关兴亚也经常在该刊物发表许多有关丙烯腈的论文和报告。

1975年，邓小平副总理根据毛泽东主席提出的“要安定团结，要把国民经济搞上去”的指示，大刀阔斧地进行全面整顿。1975年，全国工农业总产值比上一年增长11.9%，创造了文革期间最高水平。就在这一年的下半年，关兴亚奉命前往北京，参加石油部编制《关于我国丙烯腈技术发展八年规划》的工作，还撰写了《1975年全国丙烯腈生产技术调查报告》。

《八年规划》的指导思想是通过上海石化总厂引进年产5万吨丙烯腈装置的技术后，要全面贯彻周恩来总理指示的“一学、二用、三改、四创”的方针，推进我国丙烯腈工业发展，以进一步解决亿万人民穿衣问题。因为那时(1975年)全世界丙烯腈产量已达275万吨，而占世界四分之一人口的中国产量竟不到2万吨。所以就提出了一个被当时石油部专家视作雄心勃勃的“宏伟规划”。由北京维尼纶厂从日本引进了一套年产1万吨的维尼纶生产装置之后，在“一学、二用、三改、四创”的方针指引下，用自己技术又在全国建成十套“翻版”的维尼纶装置。所以，丙烯腈也应该学习这种精神，在8年或稍长时间内也要建成十套年产5万吨的丙烯腈装置。也许因为反击右倾翻案风运动的到来，这份《八年规划》还未问世便石沉大海了。不过，在北京撰写的“关于组织国内丙烯腈技术改造的会战方案”，以及针对各套丙烯腈装置的具体改造方案在之后的技术改造中，还是发挥了很好的作用。

综观在十年动乱期间建成的12套中小型规模的丙烯腈生产装置，大多数因污染问题没有得到很好解决而被迫停运，如茂名市化工二厂年产300吨装置等。也有的装置借鉴了国内外先进技术，如大庆石化等企业通过反应器的多次改造，还解决三废问题和使用新催化剂，使丙烯腈生产装置不仅保留下来，而且实际产能还在增加。

上海高桥化工厂是国内首先采用导向挡板流化床反应器生产丙烯腈的企业，在进行技术改造的同时，还展开了全面质量管理和全面经济核算，对生产过程各道工序加强把关，产品合格率达 100%；产品被评为化工部优质产品，生产成本也大幅降低；装置生产能力从最初设计的年产 2000 吨提升到 90 年代末的年产 7000 吨。

大庆炼油厂年产 5000 吨装置和山东淄博石油化工厂的年产 2000 吨装置，经过多年生产实践，不断进行技术改造，更新设备，完善工艺，生产能力得到发挥。抚顺市化学纤维厂的千吨级装置，从 1970 年投产后，起初几年连续亏损，由于逐年进行技术改造，并采用了新催化剂，并扭亏为盈，1982 年产量超过 2000 吨。

随着 20 世纪 90 年代的多套大型引进丙烯腈装置的建成投产，这些完全采用国内技术建设的早期中等规模丙烯腈装置先后停止运行。然而，在很长一段时间内它们对于推动当时我国丙烯腈和腈纶工业的发展起到了重要作用，在一定程度上缓解了国民经济对丙烯腈的供需矛盾，也为人民穿衣问题作出一定贡献。同时又培养了一批技术骨干，在引进丙烯腈装置建设和引进技术消化吸收方面发挥了重要作用。而关兴亚在其中的贡献却是功不可没，他马不停蹄推广丙烯腈成果的许多先进事迹，很长时间内在这些工厂中广泛流传。

第五节　技术谈判和 CT-1 型催化剂

十年动乱中，我国化学工业遭到了严重摧残，生产设备被严重破坏，大批领导干部和工程技术人员受到迫害，规章制度被废除，

10年之中有4年的生产是下降或者是停滞不前的。以全国化学工业总产值为例，1966年为119.55亿元，1967年下降为108.31亿元，1968年继续下降至102.37亿元。然而在这一时期小氮肥和小石油化工却得到较快的发展。其中全国小型氮肥厂从1966年的150个厂发展到1976年的1300个厂，平均装置产能从年产800吨发展到2000~5000吨。不过因管理比较混乱、消耗高、亏损大，造成了很大的资源浪费，1976年全国小氮肥行业净亏损9.7亿元[1]。

小石油化工是一定历史条件下的产物，当时地方需要的有机化工原料长期短缺，严重影响了地方工业的发展，加上我国重油和渣油价格低廉，有利于以重油和渣油为原料的小石油化工发展。小石油化工的特点是土法上马，特殊钢材用量少，投资少，见效快，小批量生产可满足当地市场急需。据不完全统计，当时国内采用土法蓄热炉裂解制烯烃装置多达60余套，规模最大的渣油年处理量约3万吨，多数在万吨左右。然而，小石油化工技术落后，能耗高，产品质量差，环境污染严重。

当时，世界石油化工已向着大型化、连续化、自动化、精细化方向发展，技术日新月异，工艺不断更新。相比之下，中国主要石油化工产品产量与发达国家差距不是缩小，而是越来越大，甚至远不及几乎同时起步的日本。以石化工业代表性产品乙烯为例，全球1972年产量已达2180万吨，主要生产国家美国、日本、联邦德国、英国、法国分别为945.1万吨、385.1万吨、218.4万吨、112.2万吨、121.8万吨，中国大陆仅4.44万吨[2]。

再看看悠关粮食产量的合成氨产量，1972年全球产量为3625万吨，美国、日本分别为1375万吨、400万吨，中国大陆仅359.6

[1]杨光启，陶涛主编. 当代中国的化学工业[M]. 北京：中国社会科学出版社，1986：23-26.

[2]张成欣主编. 当代中国的石油化学工业[M]. 北京：中国社会科学出版社，1987：173-186.

万吨。悠关人们衣着的合成纤维产量差距更明显，1972 年全球产量为 637.6 万吨，美国、日本分别为 224.2 万吨、105.4 万吨，中国大陆仅 5.3 万吨。

这些统计数据告诉我们，如果还是走“小氮肥”、“小石油化工”、“小合成纤维”这种“小”字带头的发展模式，中国的石油化工将永远处于落后状态，人民生活也难以改善。

为了摆脱每年花费大量外汇进口石化产品的被动局面，并解决国内人民吃、穿、用的问题，1972 年 1 月，国家计委向国务院报告：为利用国内石油天然气资源，迅速发展化学纤维和化肥生产，拟与轻工、燃化、商业、外贸等部门共同研究进口化纤、化肥技术和设备。很快得到毛泽东主席和周恩来总理批示，同意了这个报告。

同年 3 月，由燃化部、轻工部和外贸部等有关部门的人员组成了赴西欧和日本的技术考察组，分别就拟引进品种的生产工艺进行技术对比，优选其中先进可靠的生产工艺路线，并开始与外商进行技术交流和合同谈判。

经过一年多深入细致的准备工作，继北京石油化工总厂(即现中国石化燕山分公司)引进年产 30 万吨乙烯及相配套 7 套装置后，上海、辽阳、四川和天津分别采用引进技术，建设 4 个以石油和天然气为原料的合成纤维生产基地。此外，还决定引进 13 套以石油和天然气为原料生产合成氨和尿素的生产装置。

这些装置的引进，除满足国民经济为各部门和人民生活需求外，还将从根本上改变我国石油化工落后面貌，缩小与发达国家的差距。

1973 年年初，上海石油化工总厂开始筹建，厂址选在上海金山卫海滩，为节省土地，占地万亩而不需征用农田，90%以上的土地通过围海筑堤向大海索取。为方便居住在市区职工的上下班还专门建设了一条从上海西站，即长宁站到上海石化总厂的铁路和首座跨黄浦江的大桥。

本着周恩来总理有关引进装置“一学、二用、三改、四创”的指示精神，参加技术谈判人员，除并入轻工业部的原纺织部和上海石油化工总厂工程技术人员外，还包括从事相关科研工作的研究院所、设计院、土建、安装公司等专业技术人员。谈判内容很广泛，除生产工艺、催化剂、产品分离、三废处理外，连主要设备土建时打几根桩也不放过。关兴亚因为长期从事丙烯腈生产工艺和催化剂研究开发，还有中小装置开车经验，所以，前阶段作为丙烯腈工艺组长身份参与同日本旭化成公司的技术谈判。后阶段作为丙烯腈催化剂组长身份参与同美国索亥俄公司的技术谈判。前后两阶段的谈判断断续续，时间长达近一年。由于上级部门要求上海石化院承担丙烯腈生产装置用配套催化剂的研制，丙烯腈研究课题恢复工作，并由关兴亚为主要负责人。因此，在谈判期间，还要负责上海石化院丙烯腈细颗粒催化剂的研发工作。

与外商会谈的地点在上海大厦。而上海石油化工总厂在沪办事处是位于延安东路和四川中路南端的一座名为“四川大楼”的楼房。会谈项目除丙烯腈外，还有醋酸乙烯、聚乙烯、芳烃抽提、甲苯歧化和二甲苯异构化等十来个项目。这里既是办公场所，也是部分参加会谈工作人员的住宿处。参加技术会谈的中方人员还在这里进行短暂的外事教育，学习了不少涉外文件和外事纪律，但关兴亚只记住一件事，那就是与外方谈判人员交谈必须通过翻译。1964 年，上海石化院有位资深工程师就是因为参与日本高分子代表团技术会谈时，未通过翻译直接与在日本留学时的老师交谈，而且还是领导有意安排的，目的是希望他通过老师能够获得更多技术信息，结果在文化大革命被打成“里通外国的日本特务”。由于忍受不了造反派的批斗和侮辱，含冤跳楼自尽。关兴亚从小在日本人开办的学校读过书，可讲一口流利的日语，因此，这一条纪律对他来说很重要，否则，一有疏忽后果便不堪设想。

为研究商讨谈判内容、谈判策略，参加谈判的人员常常星期天也不休息，且每晚开会，有时过了11点钟公交车停止运行，只能步行或骑自行车回家。因为没有交通工具，中方谈判人员又常常在两座距离数百米的大楼间奔走。

上海大厦位于上海市中心，是上海外滩建筑群中三座早期高层建筑之一，其他两座分别是现今的和平饭店和中国银行大楼。上海大厦的投资者是英资地产公司，由公和洋行英国知名建筑设计师弗雷泽设计，新仁记等6家中国营造厂承建。1930年开始建设，1934年落成，大厦21层，77米高。由于东临原百老汇路，即今大名路，所以建成时原名为百老汇大厦。如今这座大厦与熙熙攘攘的外滩外白渡桥，犹如姐妹一般，构成了一道美丽的风景线。然而，它却见证了上海滩的变迁、兴衰，以及改革开放以来的巨大变化。

谈判对象日本旭化成公司是一家从事石油化学品和塑料、住宅和建筑材料、纤维及织物、专用化学品生产的跨国多种经营公司。前身是创建于1923年的日本氮肥公司，并在延风工厂生产合成氨。1931年5月成立氨绢丝公司。1943年合并日本火药公司改称为日淡化学工业公司。1946年4月才正式改为旭化成公司。1959年开始生产聚丙烯腈纤维。1962年继美国索亥俄公司丙烯氨氧化制丙烯腈的年产2.2万吨装置建成后，便成为世界第二家采用该技术的丙烯腈生产厂商。

由于当时中美关系虽在尼克松总统访华后有所缓解，但索亥俄公司直接向中国转让技术在法律上还有许多障碍，所以日本旭化成公司实际起到中间商的作用。技术谈判有时是日本旭化成公司的工程师，有些关键技术谈判则是索亥俄公司的工程师或技术主管。

技术谈判之初，因为日方代表并不清楚中国大陆已有12套千吨级中小型丙烯腈装置，认为中方也提不出具体技术细节问题，而且，引进装置的价格早已确定，所以，日方以为与其说技术谈判，不如说技术交底，因而显得非常轻松。会谈之初，日方代表如同给学生上课那样，讲的都是一些基本原理和发展过程，很少涉及关键技术细节。为了让日方公司得到更多经济利益，日方代表还滔滔不绝地介绍了已签合同之外的所谓“先进技术”，例如微反应器考察评价催化剂性能的装置，一边生产一边给出分析数据的在线分析仪，还有采用复合钢板制造的塔器等。若中方认为有必要增加这些仪器或先进技术，就得增加合同金额。然而，对于这些仪器的结构、先进的关键技术之处都避而不谈。

后来，中方谈判人员经商量改变了谈判方式，以日方主讲改为由中方提问题，日方回答问题的方式进行。此时，关兴亚作为中方的主谈，除提出引进装置具体问题外，还带着国内正在开发的技术和正在运行的装置中碰到的问题，提出了一系列关于装置主要设备结构、设计依据，以及如何解决反应出口物中丙烯醛与氢氰酸反应产生的“氰醇”处理等许多具体细节和问题。另外，还对反应副产物乙腈、氢氰酸和硫铵处理及相关三废排放问题提出中方的要求。目的是让引进技术更多地为我所用，还希望有一些新技术可直接或间接用于正在运行的国内自行设计的丙烯腈装置。开始，日方对这些问题采用搪塞态度，后来是答非所问。当时，关兴亚正想用日语直接责斥日方谈判人员，但限于谈判前的“外事教育”，必须通过译员进行交谈。后来，中日谈判人员熟悉后方知这些日方经济型或商务型工程师对于许多技术细节了解甚少。因实在招架不住中方提问，为此就经常打电话询问旭化成公司的丙烯腈技术主管。有时，通电话时间长达 1 个多小时。日方谈判人员没想到，在不到半个月的谈判时间里自己竟然明显消瘦了一圈。因为他心知肚明，如果中方对谈判不满意的话，也许对这位技术主管来说会失去在公司的岗位。后来公司出于对华“友好”态度，确定一个原则，那就是对中国，除关键性核心技术外都可以透露，而其他国家则需严格保密。因为他们有长远发展战略，中国数亿人口，未来丙烯腈需求量太大。将来不是一个5万吨装置，也许10个5万吨的装置也远远不够。如果这次谈判给中方留下不良印象，对公司的未来将是一个不可估量的巨大损失。那时，日方一位谈判人员说，就当时中国机械加工水平而言，至少在20年内难以加工反应器等这些关键设备，制造自动化控制仪表、电气仪表更不可能。所以，他们并不认为中国会在20年内成为他们的竞争对手。更没有想到，在不到十年内最为关键的催化剂性能会超过他们，并成为他们的有力竞争者。

丙烯腈工艺谈判结束后，关兴亚接着又代表上海石化总厂参加与美国索亥俄公司就引进C-41催化剂专利的技术谈判。同样，他没有放过每一个制备过程细节，哪怕是美方称作“know how”的技巧。也许是先签订购买专利合同后再进行技术谈判的缘故，美国索亥俄公司对于关兴亚等提出的问题都作了认真回答，即使一时答不上的，回美国后也会尽量作详细答复。直到谈判结束一年多还收到该公司的信函，作为对1974年C-41催化剂上海会谈遗留问题的复信，这是一封迟到的来信。该信函还表达了公司对中方谈判者深切的感谢。在索亥俄公司看来，中方提出的美方一时未能解答的问题很可能就是他们下一步要改进的工作，这对他们而言也是一大贡献。

按照通常习惯，中方谈判人员在完成当天谈判内容后便商量第二天谈判内容，才各自回家或宾馆休息。然而，关兴亚却要再花几个小时的时间把当天谈判内容重新整理一遍，然后再将要点抄在笔记本上。有关设备结构详细尺寸、流程图也都收集起来，之后将图纸晒出来整理成文。

他还详尽地总结了国内外丙烯腈技术现状与进展，分上、下两册汇编成十多万字的技术总结。这是一份难得的技术资料，作为供上海石油化工总厂等相关管理人员和工程技术人员在施工、开车时的参考，曾起到至关重要的作用，也是后来发展我国丙烯腈工业所不可缺少的资料。

参加引进技术谈判，其收获是多方面的，首先看到的是差距。之前，总认为国内也能用流化床反应器进行丙烯氨氧化制丙烯腈的生产，与世界先进水平差距不会很大，但仅从日方介绍的流化床反应器结构看，差距确实很大。当年为加工大庆年产 5000 吨装置的直径为 2.8 米流化床反应器费了九牛二虎之力，请了不少有关方面的专家，包括材料、焊接、机械等方面的专家，才研制成功。没想到引进 5 万吨装置，仅用两个反应器，每个反应器直径达 5.1 米，高 17.8 米，还有 4 米高的底座，内置 64 根 U 形冷却器。就当时国内冶金材料工业和化工机械加工水平，几乎是不可能的。由于高度自动化控制，操作工人数竟不到国内同类装置的十分之一，而产能是国内中型装置的十倍。另外，在催化剂研发方面也有相当收获。当时日本旭化成公司为兜售其与索亥俄公司性能接近的 A-112 催化剂时透露了两条信息。其一是 A-112 催化剂前期的评价和筛选是在微型反应器中进行的；其二是催化剂寿命试验是在 1 吋半流化床反应器中进行的，而且从催化剂生产厂出来的催化剂新产品只要在 1 吋半流化床反应器中得到验证，即可用于年产 2.5 万吨的流化床反应器，不存在放大效应。这两条信息看来也没有很深的技术含量，但长期从事丙烯腈催化剂研发的关兴亚却十分感兴趣，因为这两条信息是日本丙烯腈催化剂研究者总结的经验。若为我所用就可使催化剂的研发少走好多弯路，省略了某些过程和中间放大环节，也就节省了许多时间。

在此之前，关兴亚一直在考虑是否要搭建一台微型反应器来筛选催化剂。因为微型反应器是现代化学中的一项新技术，当时还属起步阶段。微型反应器装置简单、操作容易，还能及时获得分析数据，在催化剂研发中有明显加快筛选和评价的作用。但是，是否适用于流化床丙烯腈催化剂研发还未见报道，通过技术谈判，得到了确认，所以便下决心自制微型反应器。

通常微型反应器特别精细，一般内径在4~8毫米，长约100~200毫米，装载催化剂量仅0.1~2克。因此当反应物经过催化剂时，反应产生的热量很小，这就可维持在等温条件下研究催化剂的特性。后来实践表明，这种微型反应器用于初期催化剂筛选，相对比较催化剂性能时确实发挥了一定的作用。

催化剂在反应器中的放大效应也是关兴亚十分关切的问题。以往的做法是逐级放大，从小试到60吨、1000吨、5000吨的逐级放大，既推迟了工业化的进程，又浪费建装置的费用。关兴亚也一直在寻找合适的放大规模，此后通过技术谈判也得到启示，这就是1吋半的流化床反应器规模已可，而传统的逐级放大似乎是劳命伤财。

1974年，关兴亚谈判结束回石化院后，第一件事就是找来多年从事色谱分析的夏德良等几位同志进行微型反应器的制造工作。

关兴亚参考了国外有关微型反应器制造方面的资料，亲手绘出装置中回通阀、管状电炉、定量管、六通进样阀的图纸，请机修组的老技师沈富林师傅实地加工这些设备，让从事色谱分析的同志着重解决反应产物与色谱分析的连接和结果显示等关键技术。其中包括反应气体聚合及大量水分存在下对分析结果的干扰；消除管道材料对混合原料气及反应气管壁吸附及催化剂外扩散和内扩散的控制因素，并尽量做到所得数据与1吋半流化床反应器获得一致的反应结果。

由于，上海石化总厂多套有机化工原料生产装置的配套催化剂任务落在上海石化院，而且还要培训一大批上海石化总厂的青年工人和技术人员，所以实验室显得格外拥挤。为了抓紧工作进度，关兴亚在试验大楼屋顶阳台一间原作催化剂制备的排风房搭建了一个简陋的实验室，打算在自制的微型反应器中研制出用浸渍法，而不是日本旭化成公司和美国索亥俄公司用的喷雾法工艺，得到与上海石油化工总厂年产 5 万吨丙烯腈装置用 C-41 催化剂性能相当的细颗粒催化剂。并且将新研制的催化剂用于国内自己建造的丙烯腈装置，从而提高国内丙烯腈生产技术水平。

催化剂是丙烯腈生产工艺的核心技术，通常外商对催化剂生产工艺是守口如瓶的。当时对于是否要购买 C-41 催化剂专利，关兴亚是有想法的。因为在参加技术谈判前，燃化部早已下达了引进装置催化剂配套任务。1973 年元月，燃化部在京召开配合进口石油化工装置催化剂科研工作座谈会后，上海石化院开始做了大量准备工作。1973 年年底，由关兴亚主持的喷雾法丙烯腈催化剂在小试验已取得突破性进展，如果放大制备过关，就不必花 50 万美元去购买这十几页纸的专利，也可为国家节省一笔可观的外汇。上海石油化工总厂从大局考虑，一套引进装置可运行几十年，但催化剂寿命至多一、二年，而且流化床反应器用催化剂是要损耗的。如果每年按市场价进口催化剂，价格年年都在涨，所以从长期考虑必须立足于国产化。

那时，上海石化总厂认为虽然上海石化院在催化剂小试验阶段已经取得进展，但不能保证放大到生产规模完全没有问题。如果年产 5 万吨丙烯腈装置配套 C-41 型催化剂，连同备用催化剂也用完，而催化剂生产装置还未能建成或拿不出合格产品，这不仅将影响丙烯腈装置的正常运行，还涉及下游腈纶生产装置和国家下达的合成纤维产量指标。所以，上海石化总厂最终还是决定花 50 万美元购买了 C-41 型催化剂专利。但是，一定要索亥俄公司承诺在年产 360 吨丙烯腈催化剂装置上能产出达到 C-41 型水平的催化剂。

因为上海石油化工总厂购买 C-41 型催化剂专利一事已经敲定，

所以催化剂技术谈判相对于工艺技术谈判就比较宽松，实际也就是技术交底。不过后来才明白，光买专利还是不能生产出合格催化剂，还必须购买两台关键设备，即高速离心式喷雾干燥器和焙烧用转炉，而且这两台设备不是索亥俄公司制造，而是由另外两家专门公司制造。

当时美国索亥俄公司在技术谈判中主要是对专利中的权限作了说明。用50万美元买来这份总共才十几页纸的专利，其真实的意义是今后在这套年产5万吨丙烯腈装置上可以采用中国人仿制C-41牌号的催化剂，而不存在侵权问题。但是，完全依靠这份专利也是很难仿制成功的。因为当时国内还不能生产高速离心式喷雾干燥器和焙烧催化剂的转炉，所以又要我们买他们的这两台关键设备。然而，对于关兴亚针对实际催化剂生产过程经常出现的重复性问题，提出的许多有关相关设备结构、中间控制手段等却很少提及，有关催化剂的开发思路和方法更是避而不谈。不过，有一点对关兴亚的工作很有启示，那就是一些大型物化测试仪器，如X衍射光谱仪、顺磁共振波谱仪以及穆斯鲍尔仪，不仅可用在丙烯腈催化剂研发上，而且有时还用在催化剂制备过程。譬如，催化剂焙烧过去只有通过实验，采用在不同温度或不同气氛条件下找到一个合适的焙烧条件，但却未能从催化剂内在结构上去分析。后来，渐渐明白催化剂焙烧目的之一是使其形成一种对催化反应有密切关系的相结构。而如何应用这些大型物化测试仪器来提示催化剂的内在结构，充分发挥其在催化剂研发和生产中的作用正是我国的薄弱环节。此后，关兴亚通过对大型物化测试仪器的学习和研究，并将其用于生产实践，解决了上海石化总厂CT-1催化剂的生产问题，为国家节省了500万美元。

几十年来，国内外工业催化剂研制主要依靠传统的“炒菜法”，也就是凭实践经验来筛选。随着科学技术的发展，尤其是大型物化测试仪器出现，作为催化剂表征手段与活性评价的新技术，提供了大量实验数据，从而使广大催化研究工作者有可能深入讨论催化剂活性与选择性和催化剂表面性能和内在结构的关系。同时工业催化剂制备的长期经验积累，使人们开始考虑如何从反应机理、催化剂结构等多种途径来设计催化剂。1968 年前后，英国催化科学家唐丹在国际上首次提出催化剂设计构想。日本学者米田幸无则提出数值触媒学，将多相催化剂的化学特征数值，如酸碱性和氧化能力等与反应基质的分子特性、热力学数据、量子化学的反应指数等进行线性关联，以预测催化剂制造方法与筛选范围。

但是在关兴亚看来，将多年来催化剂研究开发的实践经验总结出一整套催化剂设计理论，无疑可以使从事催化剂研发工作者少走弯路，不过要想只做极少几次实验，甚至不做实验便得到所需工业催化剂是不可能的，只有两者结合才能不断开发出新型高效催化剂。

另外，过去制备催化剂之所以重演性欠佳，实际在很大程度上是与缺乏测试手段相关。这些分析测试手段犹如眼睛，没有眼睛只能是盲目或者是凭经验来生产。但这类大型仪器费用昂贵，有的仪器如扫描电子显微镜价格高达十多万美元，当时上海石化院根本无力购买。后来得悉上海测试技术研究所拥有多台大型测试仪器后，才通过上海市科委，并派多年从事催化剂制备的金国林同志作为与该所的协作人员，学习大型测试仪器分析技术，这样既可加快催化剂开发进度，又培养了催化剂物化性能测试人才。

为争取上海市科委对上海石化院进口大型测试仪器在经费上的支持，关兴亚在适当场合多次向科委有关领导汇报丙烯腈催化剂研究进展和存在问题，并以上海石油化工总厂年产 5 万吨丙烯腈装置为例，该装置每年平均消耗催化剂约 100 吨，每吨以 2 万美元计，一年催化剂费用支出高达 200 万美元。如果引进大型物化测试仪器，使催化剂研发进程加快，每年就可节省200万美元。

在关兴亚的宣传和鼓动下，上海市科委决定加大对上海石化院催化剂研发工作的支持力度，并于1979年8月在市科委和市化工局共同支持下，共进口了6台大型物化测试仪器，其中包括测定物相结构的X射线衍射仪、主要测定有机化合物结构的红外光谱、测定元素含量的原子吸收光谱仪、测定催化剂孔结构的压汞吸附仪等，总金额达12.9万美元。这些仪器为加快并提前完成燃化部下达的环氧乙烷、醋酸乙烯、丙烯腈和甲苯歧化等引进装置配套催化剂研发发挥了重要作用。为加快上海催化剂工业技术的进步，上海市科委同时还决定将上海石化院作为上海市催化剂测试中心，为上海各催化剂研发和生产企业服务。

关兴亚非常善于学习新生事物，包括各种催化理论、大型物化测试仪器基本原理和在催化剂研发和生产中的应用技术等，并且将其应用在自己的工作中。当时，国内以著名数学家华罗庚为代表的数学界人士推广的正交试验设计就引起了关兴亚的注意。这是一种研究多因素多水平的设计方法，它是利用排列整齐的正交表对试验进行整体设计、综合比较、统计分析，实现通过少量试验次数找到较好生产条件的一种手段。以某化工产品为例，与该产品转化率相关的有3个因素，3个水平，如反应温度80℃、85℃、90℃，反应时间90分钟、120分钟、150分钟，碱用量5%、6%、7%。如果按正常试验需27次，但采用正交试验法它可减少9次为18次。所以，关兴亚将正交试验基本原理用于丙烯腈催化剂的筛选，以减少试验次数，加快研发进程。

由于采用微型反应器和正交试验设计法，在不到一年时间内，关兴亚在实验室共考察了近200个样品。可喜的是在实验室研制的采用浸渍法制备的多元催化剂，其中部分催化性能已接近或达到C-41催化剂水平，经放大制备试验之后，主要用于国内带导向挡板的中型规模的丙烯腈生产装置，经济效益十分显著。

20 世纪 70 年代初我国引进的一批石油化工装置，所用催化剂多达 90 多种牌号，一次装填量约 6000 吨，其中技术含量较高的约 40 余种，主要是气固相反应催化剂。为使这些催化剂及早立足于国内生产，国务院决定加强催化剂研制开发工作，并由燃化部陆续安排研制单位。1974 年 10 月，燃化部在北京首次召开引进装置配套催化剂工作会议。关兴亚和时任上海石化院革委会副主任沈银林等赴京参加会议。会上正式确定上海石化院为丙烯腈、甲苯歧化和醋酸乙烯等装置配套催化剂的主要研制单位。会上关兴亚还作了一个丙烯腈催化剂研发过程的经验介绍，受到与会者的高度评价。

尽管当时用浸渍法和喷雾法制备的七元催化剂性能都达到 C-41 催化剂水平，看来似乎只是制备方法的差异，其实不然。因为同是流化床反应器，但反应器尺寸不同，内部结构不同，对催化剂性能要求也各不相同，尤其是催化剂的颗粒度和比表面积等物性数据存在明显差异。此外，用浸渍法制备的催化剂存在浸渍顺序和次数问题，常常会发生溶液混浊现象和金属组分分布不均匀问题，从而使局部区域化学组成偏离正常配比。如用扫描电子显微镜对这两种催化剂形貌进行比较，发现两者截然不同，用喷雾法制得的催化剂表面光滑，显然耐磨性能好，寿命长。用浸渍法制得的催化剂表面粗糙，耐磨性差，寿命也短。所以采用喷雾法更能保证引进装置所要求的催化剂性能。过去，关兴亚也曾考虑用喷雾技术，但没有每分钟高达 1.2 万转的喷雾干燥器，只能因地制宜采用浸渍法来制备催化剂。

每分钟高达 1.2 万转的高速离心式喷雾干燥器，当时国内还不能生产，必须从丹麦尼罗公司进口。然而，要进口就得申请外汇，那时国家外汇十分紧缺，要层层审批，没有半年、一年根本批不下来，但科研工作却不能因为少一台设备而停顿下来。

关兴亚常说“搞科研不能等”，所以考虑再三，决定采用两条腿走路的办法。为解决眼前问题，与上海合成树脂研究所协商，借用该所的进口喷雾干燥器，先把催化剂试样做好。与此同时，自己动手制作喷雾干燥器。关兴亚还亲自带领有关人员去上海合成树脂研究所等单位测绘各种类型的喷雾干燥器结构，又经反复研究，最终将上海某油脂厂油水分离用的高速离心喷雾机头和尼罗公司的转盘结合在一起，设计成一种新型高速离心式喷雾干燥器，并由上海石化院设计室设计，由机修组师傅加工，其中老技师沈富林师傅发挥了重要作用。试制成的样机，经验证完全达到制备细颗粒丙烯腈催化剂制备要求，为此还获得了 1980 年上海市化工局科研成果二等奖。

当时，用喷雾法制造丙烯腈催化剂另一个难关是二氧化硅含量为 40%的硅胶制备。这种高二氧化硅含量的硅溶胶，按照专利要求必须使用国外某公司生产的产品，这样将又增加一笔外汇开支。专利声称，载体二氧化硅的含量多少将直接关系到催化剂的各种性能，能否达到专利要求催化剂粒度分布、主体与载体比例等各项指标，最终还会影响催化剂的活性指标和单程收率。为此，关兴亚决定在原先成功研制含量在 25%二氧化硅的硅胶基础上再做工作。

正当关兴亚和陈欣等为研究开发二氧化硅含量达 40%的硅溶胶紧张而有序地工作时，突然获悉上海试剂二厂、广州人民化工厂等都已有现货产品可供。于是即刻派员上门采购，试验表明，基本可用，但也有不足之处。之后，经多次改进并根据上海石化院提出的规格，才解决了催化剂载体硅溶胶的国产化问题。

从 1974 年 11 月，以替代引进年产 5 万吨丙烯腈装置 C-41 催化剂为目的，在原有研发工作基础上，正式开始喷雾成型 FC-69 流化床催化剂的研制，到 1975 年 10 月，即在不到一年的时间里基本确定了主载体组成和制备工艺，性能达到 C-41 催化剂水平。为此，被上海石化总厂命名为牌号 CT-1 的催化剂，同年 12 月通过由上海市化工局组织的技术鉴定。1976 年 12 月又将该成果由上海医工设计院设计，应用于建设中的上海石油化工总厂化工二厂催化剂装置，规模为年产 360 吨。

然而，这套用国内技术自行设计的催化剂生产装置能否产出合格产品，一直到 1982 年年产 5 万吨丙烯腈装置更换新催化剂前才得到验证，而此前一直使用的是引进装置时附带的备用催化剂。

当年与日本旭化成公司技术谈判的上海大厦

关兴亚与夏德良在商讨微型反应器解决方案(1974 年)

第四章

创造发明 硕果累累

第一节 具专利权的MB-82型催化剂

专利是一种知识产权，是无形资产。建立专利制度，对保护和鼓励发明创造，促进科学技术和经济发展起着重要作用。追溯世界专利发展过程，从1474年3月19日威尼斯共和国建立了世界第一个专利制度以来，至今已有500多年历史。该专利制度规定“在10年期限内，未经发明人同意与许可，禁止他人再制造与该发明相同及相似的装置。”还规定“若他人冒然仿制，将赔偿专利人金币百枚，仿制品也将立即销毁”。工业革命后的1623年，英国制定了“垄断法”，承认专利权人在一定期间内有制造和使用其发明产品的垄断权利，这是世界上第一部专利法。之后，美国于1790年，法国于1791年，俄国于1814年，荷兰于1817年，西班牙于1820年，印度于1859年，德国于1877年，日本于1885年，相继实行专利制度。19世纪末期，由于资本主义经济迅速发展，国际贸易交往越来越多，各国各自为政的专利法已不能适应这种形势需要。专利制度开始向国际化方向发展。1883年，由法国等11国发起签定了“保护工业产权巴黎公约”。1967年，51个国家在瑞典斯德哥尔摩签定并成立“世界知识产权组织(World Intel Lectual Property Organization)，到1974年，该组织又成为联合国的15个专门机构之一。我国于1980年3月加入该组织，并成为第90个成员国。加入这个国际组织，将意味着从此日起，中国将不能仿制和复制有关国家的产品和生产技术。换言之，按照他人专利来生产丙烯腈催化剂将是一种侵权行为。

当时，上海石化总厂年产5万吨丙烯腈装置自1977年正式投产后，原打算在以后的一个时期将采用购买美国索亥俄公司专利生产的国产化催化剂。然而，引进装置带来的 C-41 催化剂还没有用完之时，该公司便向上海石化总厂推销性能更好的 C-49 催化剂，声称换用 C-49 催化剂可使生产装置产能增加 13%，如考虑精制回收率的提高，总产量可增加 19%。这就是说，上海石化总厂年产 5 万吨丙烯腈装置，如用 C-49 催化剂更换 C-41 催化剂，可增产近 1 万吨丙烯腈产品。如按该外商所称，大约每 5 年推出新一代催化剂，那么，丙烯腈催化剂的国产化不仅渺茫，而且已建年产 360 吨丙烯腈催化剂装置也形同虚设。所以，关兴亚发誓要开发具中国专利的丙烯腈催化剂。

专利对于他来说，既熟悉又陌生。说熟悉，世界上有关丙烯腈的专利说明书差不多都看了，依靠国外这些已经到期或即将到期的专利和自己的辛勤劳动，基本掌握了丙烯腈的生产技术，有些地方还有不少创新之处。说陌生，此时关兴亚还没有在世界任何一个国家申请过专利。但他知道中国丙烯腈生产技术要走向国际市场就必须要有自己的专利。而我国专利机构当时还在筹备之中。

关兴亚很清楚，要开发具有自己专利权的新催化剂和各种新技术再也不能走以往的仿制路线，不仅要避开国外专利的权限范围，而且还要有新颖性、创造性和实用性。

所谓新颖性是指世界上没有过的；创造性是指发明的技术水平要超过现有技术水平；实用性是指可在产业上采用。

那时，北京和上海的图书馆和科技情报研究所相继举办了各种形式的专利学习班和研讨班。除介绍世界各国专利发展概况、专利文献检索方法外，还探讨了如何避开国外相关专利的技巧和申请国内外专利的途径等。尽管工作很忙，但为了拥有专利权的丙烯腈催化剂，他还是抽出时间认真参加了几次专利研讨班。因为申请专利，主要是由专职的专利代理人去完成，所以，他关心的是如何在研究开发新产品时，避开国外相关专利。后来，通过与会者的交流，认识到要开发具专利权的包括催化剂在内的新产品，仅仅避开国外相关专利是不够的，应该在认真分析国外专利的基础上，跳出国外专利对研发工作的束缚，取其精华，弃其糟粕，这样才有上述的新颖性、创造性和实用性。实际上，在认真分析国外专利之后，关兴亚也发现，某些外国专利商，为迷惑或束缚竞争对手，在其申请的专利中水分不少，真正有价值的专利还不是很多。不过，当时他还是下了好多功夫，比较和分析了主要丙烯腈专利商发表的专利。后来，汇总成文，发表在《化学反应工程与工艺》上，题目为“丙烯腈工业催化剂的开发”❶。

该文讨论了各种丙烯腈催化剂的化学组成、制备工艺和生产中的一些关键问题。实际上，该文也间接地反映了关兴亚当年开发MB-82型催化剂的思路。文中，他首先罗列了主要丙烯腈专利的特点。例如：

美国索亥俄公司在20世纪70年代前主要使用磷钼酸铋的CA型催化剂，其丙烯腈单程收率为58%；

1965年，联邦德国的卡那帕斯(Knapsack)公司在钼铋催化剂上加入铁元素，反应温度从470℃下降至430~440℃，丙烯腈单程收率提高到70%；

1967年，日本旭化成公司改进了钼铋铁催化剂，制成A-112催化剂，丙烯腈单程收率达70%~73%，且副产乙腈明显减少；

1972年，美国索亥俄公司在卡那帕斯公司添加铁元素基础上，形成多元钼铋系催化剂C-41，丙烯腈单程收率达73%~75%；

之后，日本住友化学公司在钼铋铁基础上引入铊元素，以降低催化剂表面酸度，但因种种原因而未工业化；

日本三菱化成公司推出钼钨铋铅系催化剂，使丙烯腈单程收率达79%~83%；

❶关兴亚，陈欣．丙烯腈工业催化剂的开发[J]．化学反应工程与工艺，1985，1(4)：1-12.

日本宇部兴产公司推出钼铋锑系催化剂，丙烯腈单程收率达80%以上；

美国孟山都(Monsanto)公司将锑铀和钼铋铁系催化剂结合起来；

意大利蒙特蒂逊(Montedison)推出钼鈰锌系催化剂；

英国蒸馏(Distiller)公司提出钼酸钴系催化剂。

然后，关兴亚在分析和总结上述催化剂相关专利主要特点和存在不足之处的基础上，认定钼系催化剂的多元化是发展趋势，并结合精细化催化剂制备工艺，制定了一系列试验计划。

1982年9月，上海石化院决定将关兴亚主持的，目标达到和超过当时国际先进水平的MB-82型催化剂正式立题，并开始进入准备阶段。1983年4月与国家科委攻关局、化工部科技局签订科技攻关项目专项合同。与“MB-82型丙烯腈催化剂的研究开发”一起签订的上海石化院项目，还有两项，即“ZA-3型甲苯歧化与烷基转移催化剂的研究开发”和“CHC-Ⅱ(氧气法)环氧乙烷催化剂的研究开发”。后两项催化剂也作为引进装置配套催化剂研究项目。

应该说，到1982年上海石化院的实验条件与60年代建院时相比，已有天壤之别。尤其是进口了X射线衍射仪、傅里叶红外光谱仪等大型物化测试仪后，催化剂表征技术基本齐全。但关兴亚认为仅仅停留在催化剂的表征水平上远不能充分发挥这些仪器的作用，只有将其真正用在催化剂开发、催化剂制备及其工业生产装置的全过程才对得起国家用稀缺外汇购来的这些珍贵仪器。

为了用好这些大型精密仪器，他认真地学习了这些仪器的基本原理和国内外学者在催化剂研发中的应用实例，白天没时间看，晚上带回家里看，还提出许多试验方案。开始课题组同志有点不理解，把这些仪器当一般分析仪器使用，将考察和评价好的催化剂，当试样分析便完了事。但他觉得这样做既不能发挥大型物化测试仪器的作用，更不能加快催化剂研发进程，认为应该将这些仪器分析结果同催化剂结构关联在一起，而且应该有意识地做一些系列化的催化剂，如不同某元素含量的催化剂或不同比表面积的催化剂，以通过大型物化测试仪器的检测来寻找出某些规律，然后再来指导研究工作。

例如催化剂焙烧，这是催化剂制备中的重要一关。一般认为，只要掌握焙烧温度和相关气氛即可。但不同催化剂在相同温度和相同气氛下焙烧，其结果几乎是完全不同的。所以，关兴亚制备了各种类型、不同焙烧温度的样品，用X射线衍射仪测定这些催化剂的物相组成，用电子自旋共振波谱仪测定这些催化剂的顺磁性和耐还原能力，并且将分析数据和催化剂评价结果关联起来，从中寻找它们的规律，从而加快了催化剂的开发进程。这既是他开发催化剂的新思路和新方法，也是利用现代化仪器和科学技术在催化剂研发应用中的一种新尝试。那时，上海市科委曾组织上海测试技术研究所的一批技术人员，来上海石化院，了解大型物化测试仪器应用效果。上海石化院将丙烯腈催化剂开发作为典型例子，为上海石油化工总厂每年节约了数百万美元的外汇而受到表彰。

尽管应用大型物化测试仪器可加快催化剂开发进程，但研发工作量还是很大。据关兴亚的助手陈欣副总工程师回忆，跟着关兴亚工作虽然学到许多知识，但工作量实在太大，除上班准时外，下班是没有时间的，晚上做到11~12点钟是常有的，还有星期天基本没有休息的。

为了工作，关兴亚连发工资的那天也可不回家。据夏德良同志回忆，有一次关兴亚让他把工资送回家，关兴亚的妻子戴医生对夏德良讲，他这个人只有工作，家里事情一点也不管。连小孩高考也很少过问，脑子里只有丙烯腈，还说“自己事情自己处理”。戴医生知道他的脾气不会向领导提任何要求，所以要夏德良转告上海石化院领导，有没有房子可分，因为老夫妻俩加上步入成年的一子两女共5个人，居住面积仅10余平米，怎么生活呢？别的单位正在落实知识分子政策，作为高级工程师的关兴亚何时才能落实政策？可是，夏德良将此事告诉关兴亚后，他只说一句话：“别听她的，现在国家困难，能过就算了。”

1985 年 11 月，由关兴亚主持的“丙烯腈 MB-82 型催化剂研制（小试）”、“丙烯腈反应污水回收硫铵”、“乙腈连续回收工艺的研究”、“硫铵回收基础设计”4 个项目均通过中国石化总公司组织的技术审查。后 2 个项目是上海石化院化工室和开发室承担的，但也是在他指导下进行的。

1986 年 2 月，MB-82 型丙烯腈催化剂通过了中国石化总公司技术鉴定，性能达到国际 80 年代工业应用水平。同年试生产的 MB-82 型催化剂，推广应用于山东淄博石油化工厂改造后的年产 2000 吨丙烯腈装置，结果表明，丙烯腈单程收率可达 76%，而且原料配比中氨的比例比较低，副产物丙烯醛生成量少。与前述世界各公司发表的专利相比，充分体现了它的新颖性和创造性，而且催化剂组成又有“标新立异”之处，加上实际已在工业装置上得到应用，因此完全符合申请专利的新颖性、创造性和实用性要求，终于成为具有自己专利权的第一个丙烯腈催化剂。当年，为在淄博石油化工厂推广 MB-82 型催化剂，关兴亚和他的助手陈欣，经过计算，重新设计了包括旋风分离器在内的流化床反应器。结果表明，新设计的旋风分离器效率优于引进装置，初步形成了具有我国自主知识产权的丙烯腈核心技术。

鉴于 MB-82 型催化剂在工业装置的成功应用，达到当时国际先进水平。1987 年 7 月和 1988 年 7 月，分别获得中国石化总公司科技进步一等奖和国家科委颁发的国家科技进步二等奖。

MB-82 型催化剂先后在国内 6 套丙烯腈装置中得到应用。其中规模较大的是兰州化工公司采用索亥俄公司引进技术的年产 2.5 万吨装置。这套装置由兰州石化设计院按照索亥俄公司采用的当时性能最好的催化剂性能参数进行设计，并由兰化建设公司进行安装。1989 年 3 月与上海石化院签订购买 MB-82 型催化剂供货合同书，

1991 年 11 月底丙烯腈装置建成后，首次将 56 吨 MB-82 型催化剂装入流化床反应器。从 1991 年 12 月到 1993 年 9 月共运行 13680 小时。结果表明：

第一，MB-82 型催化剂比进口催化剂的反应温度低 10℃。

第二，在一般情况下，随着反应温度的上升，副反应也会相应增强，尤其是氨氧化变成氮气的反应也会增强。因此反应温度高是不利的，氨的消耗要相应增加，而降低反应温度，不仅能降低氨耗，还对延长催化剂使用寿命和反应器的安全操作，以及减轻反应产物的深度氧化都是有利的。

第三，空气分布板压降及反应器顶部压力。经过 13680 小时的运行，流化床内空气分布板压降仍在反应器负荷范围内正常变化，基本保持在 0.015MPa±0.003MPa（1MPa 大约相当于 10 个大气压），没有超过设计值，这说明 MB-82 型催化剂能适应引进的流化床反应器，具有推广意义。

理论上讲，反应器顶部压力随着投料负荷变化而变化。压力过高，反应物与催化剂接触时间长，虽然可提高原料丙烯转化率，但是也容易使得到的产物丙烯腈深度氧化为二氧化碳，从而使丙烯腈单程收率下降，同时还容易出现反应尾气中残留氧含量过低现象，氧含量的过低又导致催化剂因为缺氧而活性下降。但实际情况是，MB-82 型催化剂适应非平衡操作，甚至频繁的开车和停车。停车时从反应器中卸出的催化剂外观看，无明显微粒黏结倾向，并仍呈浅咖啡色，而颜色过深便说明有缺氧失活的可能，所以这说明催化剂耐还原性比较强。

第四，丙烯转化率及各产物分布。MB-82 型催化剂的丙烯转化率与进口催化剂的设计值相近，但是丙烯腈单程收率要比进口催化剂的设计值高出 1%~3%，这说明 MB-82 型催化剂性能优于进口催化剂。

MB-82 型催化剂的一氧化碳生成量明显偏低，但二氧化碳量又明显偏高，然而，MB-82 型催化剂的一氧化碳和二氧化碳生成总量仍未超过进口催化剂的正常值。另外，从副产物丙烯醛生成量来看，MB-82 型催化剂明显低于进口催化剂，这又是 MB-82 型催化剂的优势之一。因为丙烯醛在后序分离中是最难以脱除的一种副产物，而且它的存在对丙烯腈最终产品质量影响又最大。所以在丙烯腈生产中，最大限度抑制丙烯醛的生成量一直是人们努力的目标之一，而 MB-82 型催化剂却做到了。

根据上述综合分析，兰州化工公司对上海石化院 MB-82 型催化剂有个评价，那就是“从 MB-82 型在工业装置上使用了 13680 小时运行结果表明，其性能与进口催化剂相比，具有反应温度低、热点稳定、操作压力小、氨比低、丙烯转化率相近，丙烯腈单程收率高等优点。这对提高反应器生产强度、降低单耗、延长使用寿命都有利。”

关兴亚回忆当年在兰州开车过程，其实起初不是很顺利。主要是催化剂大量损耗，后来查明原因是流化床反应器内 U 形散热水管泄漏造成的。这才使厂方决心使用新型国产催化剂。此外，通过长时间运行，他对使用该催化剂的工艺条件控制有了新的认识，提出了许多有益建议。例如，要尽可能保持高负荷运行，以使反应器内旋风分离器在接近最佳分离催化剂状态下进行，从而使催化剂损耗降低到最低程度。另外，原料气配比、压力、接触时间、反应器中 U 形散热水管使用分布、补加催化剂均匀性都是重要操作指标，应尽可能按设计条件进行相对稳定控制，这样才能使催化剂使用处于良好的工作状态。

那时，关兴亚已近花甲之年，那些操作工多数是二三十岁的年青人，看到这位老专家连续在操作室工作十多小时，而且还要经常到现场巡查，很是敬佩。12 月份的兰州室外是够冷的，如遇大风，青年人也顶不住，何况一个花甲老人，因而多次要他回宿舍休息。但是，他不怕寒风，坚持在现场与工人们一起操作，连午餐和晚餐也是吃工厂食堂送来的工作餐。他说，每一种催化剂使用起来都有它的特点，所以操作条件应略有调整，一旦操作过程中出现异象，他可及时提出改变方案，以便新型 MB-82 型催化剂能在工业装置上正常运行。这种对工作认真负责的态度深受兰化公司技术人员和工人们的赞赏，说“我们青年人要好好学习关老总，他的工作劲头比我们大。”

化学反应千变万化，但同一类型工艺也有它的共性之处。丙烯腈属于脂肪族腈类化合物，间苯二甲腈属芳香族腈类化合物，前者从丙烯通过氨氧化反应，后者从间二甲苯也通过氨氧化反应，换言之，两者都是氨氧化的产物。所以关兴亚想到将丙烯氨氧化工艺用的流化床反应器和细颗粒催化剂技术移植到间二甲苯的氧化工艺。而当时国内外普遍采用的技术是日本昭和电工株式会社开发的固定床反应技术。

间苯二甲腈有多种用途，但主要还是用于农药百菌清(化学名为四氯间苯二腈)的原料。百菌清是一种高效、广谱、低毒、低残留的农药杀虫剂、防霉剂。作为农药对防治果树、蔬菜菜叶等多种害虫很有效，对水稻、小麦、棉花等多种病害也有很好的防治作用。此外，还可用作工业防霉剂、水果保鲜剂等。间苯二甲腈加氢产物间苯二胺是性能优良的树脂固化剂，也是聚氨酯树脂及尼龙树脂的原料。

不过，技术移植并不等于技术照搬，应该以丙烯氨氧化的流化床反应器和催化剂为基础，再根据间二甲苯氨氧化反应特点，重新来设计流化床反应器和相应的用喷雾法制备以硅胶为载体的细颗粒钒铬催化剂。

在关兴亚直接指导下，建立了苯二甲腈课题组，并由 1964 年毕业于华东化工学院的诸玉梅高级工程师任课题组长。在全体课题人员的努力下，很快开发出适用于间二甲苯氨氧化用自由床型的流化床反应器和添加硼、磷等元素的钒铬系催化剂。而自由型的流化床工艺与带导向挡板的流化床工艺虽有共性之处，但内部结构，尤其是构件有很大差别，这是在多年实践中的一个创新。

1985 年 4 月，关兴亚作为中国石化上海石油化工研究院副总工程师，出席了云南省石油化学工业厅受化工部委托，在昆明召开的云南化工厂年产 1000 吨百菌清工业性试验装置初步设计审查会，并介绍了如何将丙烯腈生产工艺中的一些新技术移植到间苯二甲腈的生产过程，获得了与会者的高度评价。同年 12 月，间苯二甲腈合成用的颗粒催化剂扩大试验通过了化工部组织的技术鉴定。

1987 年 11 月，由上海石化院生产的 9 吨间苯二甲腈用 NC-Ⅱ细颗粒催化剂应用于国家经委重点项目云南化工厂年产 1000 吨百菌清装置，1995 年 1 月，与云南化工厂、云南省化工研究院等单位协作进行的云南化工厂“1000 吨/年百菌清工业性试验”项目，荣获云南省人民政府 1994 年度科学技术进步一等奖，为我国农药工业作出一定贡献。同年 12 月，NC-Ⅱ细颗粒催化剂在中国台湾省荣民化工厂的间苯二甲腈装置应用获得成功，为大陆石化工业争得了荣誉。

20 世纪 90 年代，关兴亚在将丙烯氨氧化反应技术用于间苯二甲腈生产，并获成功后，上海宝山地区一家面临停产的芳香腈类化合物生产厂也慕名前来上海石化院，要求提供技术支撑。因为原主持间苯二甲腈课题的诸玉梅同志已调至其他岗位，所以关兴亚请他的两位助手陈欣和吴粮华以及课题负责人陈金华高级工程师到该厂实地了解情况，并根据该厂要求的生产能力，专门为其设计了一台流化床反应器，还提供了一批细颗粒催化剂，从而使该厂起死回生。之后又在国内多套包括染料、医药等精细化工行业用的芳香腈类化合物生产企业得到应用，对我国芳香腈类化合物的发展起到了推动作用。到 2000 年国内间苯二甲腈年生产能力已达 6000 吨，所用催化剂几乎都由上海石化院提供，其间苯二甲腈收率达 80%，产品纯度超过 99.7%，在国内处于领先地位。此外，上海石化院开发的甲苯氨氧化制苯甲腈 BN-98 催化剂，苯甲腈单程收率高达 82%；氯代甲苯氨氧化制氯代苯甲腈用催化剂，其产品单程收率达 86.0%。两种催化剂在工业上应用，均已达到国际先进水平，从而推动了我国芳烃氨氧化反应领域内的催化反应工程和催化剂的研发。

采用上海石化院技术的昆明苯二甲腈生产装置

关兴亚(左二)等在淄博石油化工厂的合影

第二节　为国节省美金五百万

上海石油化工总厂是 20 世纪 70 年代初期开始筹建的，中国第一个大型石油化纤原料基地。1974 年元旦正式动工，为了节省建设资金，所有土建设计任务，全部由国内自己承担。经过 3 年多的紧张施工，一期工程于 1977 年上半年建成，同年 7 月打通了所有生产线的全部流程，生产出合格的维尼纶、腈纶、涤纶和聚乙烯产品。经过一年半的试生产，于 1978 年 12 月经国家验收，正式交付生产。

年产 5 万吨丙烯腈生产装置是该厂一期工程 18 套重要装置之一，总投资金额是 1.26 亿人民币，为年产 4.7 万吨腈纶提供重要单体。整个装置设备总重达 7000 吨，共 431 台，工艺配管 6500 米，阀门 8350 只，仪表 2142 台，建筑面积 2927 平方米。在不到 3 年时间内完成从基建到投料试运行，这是前所未有的创举。当时施工安装中最困难的是两个庞然大物的运输和吊装，两台流化床反应器，直径均为5.1米，高17.8米，还有4米高的支座，从日本船运金山卫后，因没有如此规格载重车，所以运至施工现场是个大问题。结果还是大家群策群力，采用最传统的办法，用土法制作运载工具，先在地上铺起道木和钢管，用人推绞盘牵引，将沉重的反应器慢慢拖至现场。到设备安装时，日方要求用龙门吊车，国内也没有这个条件，还是建筑安装公司想方设法花了几天功夫，才制订了一个吊装方案，艰难地完成了两个庞然大物的安装。

装置投运后，一直使用国外进口的配套催化剂，1976年新催化剂加入量为111.8吨。1977年起因催化剂磨损每年大约需补加催化剂80吨，到1980年，备用催化剂即将用完，准备采用国产催化剂之时，意外情况出现了，生产丙烯腈催化剂的上海石油化工总厂的化工二厂催化剂研究所发现生产过程出现问题，连续生产几批催化剂都是废品。当时催化剂研究所的工人和工程技术人员想方设法，采取了多种措施还是解决不了问题。在这种情况下，上海石油化工总厂化工二厂的领导和催化剂研究所所长决定到上海石化院，请技术人员到现场协助解决难关。当时周姓所长还几次到上海石化院说明问题的严重性，因为若确实自己不能生产，还得继续申请外汇购买进口催化剂，否则将影响国家下达的腈纶生产指标。

为此，当时主管上海石化院科研工作的沈银林觉得这是有关国家生产计划的大事，便立即通知关兴亚，暂停正在开展的部分试验工作，全力解决上海石油化工总厂丙烯腈催化剂生产问题。此时，关兴亚不觉一惊，两个月前还传来喜讯，说两位从美国来的技术人员将两台分别从鲍文(Stork-Bowen)公司和燃烧(C-raymond)公司购进的喷雾干燥器和回转焙烧炉调试好，还生产出两批合格丙烯腈催化剂产品，之后才返回大洋彼岸不久。怎么换上自己试生产就尽出废品呢？说实话，如果还是出废品，每个员工要扣奖金倒是小事，继续向索亥俄公司高价购置催化剂是大事，而且还要丢咱们中国人的脸。花 50 万美元买了美国人的专利，又花了 39 万美元购买了喷雾干燥器和回转焙烧炉。这还不算，总厂还派了两名专家专程去美国验收设备，设备到厂后又请美国人来调试，怎么轮到中国人自己操作就出了问题，这岂不是让洋人看笑话吗？

当然，上海石化总厂也想过，再请老外来厂协助解决问题，但合同言明，他们只负责设备问题，而且当场验收时双方都签了字，说明设备已无问题。所以即使再找老外，他们也不能保证整条流水线不出问题，更不能保证产出合格 C-41 催化剂。

其实，提起上海石油化工总厂丙烯腈催化剂生产装置，关兴亚还有一肚子话要说。当初在要不要购买 C-41 催化剂专利时，总厂曾征求过他的意见。他也坦率地提出过自己的看法，认为上海石化院研制的 FC-69 催化剂各种性能已达到 C-41 催化剂水平，在这种情况下再花 50 万美金购买 C-41 催化剂专利不是浪费国家钱财吗？后来，总厂一再解释主要从保证年产 5 万吨丙烯腈装置的生产角度出发，万一催化剂在放大上出现问题，影响装置运行损失就远远超过 50 万美元。之后，他虽然理解总厂的用意，但仍保留自己的看法。

上海石油化工总厂耗资 50 万美元购得 C-41 催化剂专利后，还打算邀请关兴亚一起赴美考察，但他却说："我是不同意购买 C-41 催化剂专利的，让我去考察，岂不是与自己过不去吗？"当时有些人说关兴亚有点"傻"，到第一世界去兜一圈有什么不好呢？出国一次，至少还能捧上一个大彩电回来，不去白不去。那时候一个大彩电的售价要 2000~3000 元，要抵上一般工人的半年工资了。但他说国家的钱也不能乱花，都是老百姓的血汗钱。

其实，在关兴亚看来，协助上海石油化工总厂丙烯腈催化剂试生产也属本分事。这套投资 223 万元人民币，占地面积 2857 平方米，年产 360 吨丙烯腈催化剂生产装置设计的技术数据大部分是上海石化院提供的。如果是提供技术数据有误，建成后装置不能正常运行当然多少也是有责任的。再说，上海石化院早就与上海石油化工总厂化工二厂签订了协助该厂进行丙烯腈催化剂试生产的技术服务协议书。还有，也许将来上海石化院新催化剂研制也会碰到类似问题，这不是一次很好的学习机会吗?

更重要的是，从国家层面考虑，年产5万吨丙烯腈装置，有两台流化床反应器，直径均为5.1米，一次催化剂加入量共111.8吨，一年因催化剂磨损等需补加量近80吨，两者相加催化剂用量近200吨，按照1980年第二季度索亥俄公司公布的市场价为每公斤25.3美元计算，总价约500万美元，如能国产化这不就为国家节省了500万美元吗?按照当年人民币与美元兑换价，相当于人民币4000多万元，这是一笔巨额费用。为国家节省外汇就是为国家多作贡献。

当时，上海石化院主管科研工作的沈银林也从深层次考虑，如能解决丙烯腈装置催化剂的国产化，其意义远远超过500万美元，甚至再加一个零也不止。因为如何推进引进装置催化剂国产化，它涉及的不仅仅是单纯的经济和技术问题。当时不少引进装置的负责人对采用国产化催化剂还存在不少顾虑，如果用得比较顺利的话，那当然是一件大好事情，皆大欢喜。但如果发生问题的话，轻则再换一批进口催化剂，重则有可能影响大局，尤其是影响国家下达的生产指标。在计划经济年代，一个企业完不成国家下达的任务，至少是厂领导不称职，当然这也仅算是个人小事，但是影响国民经济发展计划是大局，责任非同小可。所以，多数厂领导不想冒这个风险。换言之，从全国范围看，催化剂和新技术推广应用阻力不小。但是，上海石油化工总厂领导想法却有所不同。为了赶超世界先进水平，提高国内配套能力，上海石油化工总厂从建厂开始，就确定一个原则：凡国内科研成果基本达到或接近国外水平的，优先采用国内成果。同时，在石油化工部和上海市科委支持下，该厂已与国内30多家科研院所建立了广泛的科研协作关系。根据这一原则，总厂有关部门积极组织催化剂、助剂、油剂这三剂的国内配套研制，并“积极、慎重、大胆”使用国内试制的三剂。当时在总厂第一期工程随装置引进的10种催化剂、42种助剂、7种油剂中，丙烯腈催化剂和醋酸乙烯催化剂，无论从重要性，还是附加价值看都是10种催化剂中名列前茅的。而且这两大催化剂，连同甲苯歧化催化剂都由上海石化院配套研制的。如果第一炮丙烯腈催化剂打不响，后面两个催化剂怎么办？后面一大批催化剂、助剂、油剂的国产化又怎么办？所以，下死命令一定要在短时期内把CT-1丙烯腈催化剂生产好，而且一定要赶在年产5万吨丙烯腈装置大检修前，把国产新催化剂用上去。为此，命令关兴亚立即组织精悍小分队尽快前往上海石油化工总化工二厂催化剂研究所，除催化剂制备人员外，分析和仪表各部门须密切配合，全力以赴，用当年搞60吨丙烯腈中试精神来搞引进装置配套催化剂的国产化。同时要在石化企业中进一步树立“上海石化院”良好形象。

那时候，上海石化院已归属上海高桥石油化工公司，该公司是由国务院领导亲自批准的国内第一个跨行业的联合企业。但是工作条件仍很艰苦，交通工具除两部卡车外，只有一辆改装的“面包车”，相当于现在有十来个座位的中巴车，主要是为接送外国专家来院，进行大型精密仪器安装和其他外事活动用。但为了赴金山小分队成员能“轻装上阵”，就用这辆改装面包车将他们送到上海石油化工总厂招待所，而且还为每位小分队成员最关注的家用液化气钢瓶作了安排，保证了液化气供应。

关兴亚、卢文奎、尹克勤等小分队成员到达上海石油化工总厂化工二厂催化剂研究所时已临近中午12时许，大家也顾不上吃午饭，立即与所里的同仁们交换了意见和各自的想法，关兴亚代表小分队表态：“不完成任务决不回上海石化院！”当即使催化剂研究所的领导和技术人员十分感动，紧握关兴亚的手，连声说：“谢谢，谢谢。”然后，一直到下午2时许，小分队才回招待所食堂各人吃了一碗面条充饥。

原先催化剂研究所领导的安排是考虑到上海石化院小分队成员路途辛苦，午餐后便在招待所休息，第二天上午开始讨论下一步工作设想。然而，关兴亚觉得要真正解决问题，不能纸上谈兵，还是到现场考察为好，这才推迟了午餐的时间。眼下关兴亚最关心的是样品和原始记录。关兴亚希望催化剂研究所在催化剂生产过程中每个步骤都能像上海石化院那样留有样品和原始记录。因为有了这两样东西，尤其是样品，就可能通过分析仪器这双"眼睛"科学地找出其中的原因。但遗憾的是，也许工厂关注的是"生产"，并没有留下关兴亚所需的每步骤过程的"样品"，原始记录也是残缺不全。

当天，关兴亚回招待所后，一直在思索一个问题，在上海石化院的扩试装置上能生产合格产品，而规模放大后却出现了问题，是否在放大效应方面出现了问题，还是操作的失误？如是前者怎么拿出两批合格产品，如是后者问题倒好办，只要严格按照操作规程生产就能解决问题。也许会有更为棘手的原因，例如设备，尤其是关键设备出了问题。

当时催化剂研究所也分析了出废品催化剂的原因，大致有两种可能性。一种是操作失误，还有一种是运行设备问题。不过跟着美国专家调试两台关键设备，即喷雾干燥器和回转焙烧炉的工人和技术人员看不出关键设备有什么问题。看来似乎是操作失误可能性更大一些，因为该催化剂研究所在制备醋酸乙烯催化剂时，夜班操作人员的工作疏忽也曾导致催化剂指标未达标。但是，现场操作的工人和技术人员认为这种可能性很小，因为吸取了上次醋酸乙烯催化剂的经验教训，完全严格按照专利要求和操作规程进行的。关兴亚想，其实对生产装置，尤其是生产装置的引进关键设备，上海石化院技术人员也没有经验可言，而且到催化剂研究所来也不是做"老娘舅"来的，判断谁对谁错，关键应该用事实和数据来说话。

根据上海石化院研制的细颗粒催化剂的经验，C-41 催化剂制备大致有 3 个步骤：浆料配制、喷雾干燥和焙烧活化。浆料配制是催化剂制造中极为重要部分，其目的是将各组分按一定比例和顺序混合配制成一种黏性悬浮液供喷雾成型使用。喷雾干燥是将处理好的浆料在喷雾器中干燥并成型为微小球状物，这一步是物理过程，相对而言比较简单。主要问题是喷雾器的选型和采用合适的喷雾条件。焙烧活性是将成型后催化剂在焙烧炉中加热，并发生一系列固相反应得到催化剂成品。

从理论上讲，物质结构与其性质是息息相关的。而催化剂研究所领导希望及早进行试运行的“示范”操作，让上海石化院工程技术人员在示范中找出问题症结。但关兴亚并不急于仓促运行，因为在不明原因下的试运行，到头来还是出废品，这也是一种浪费。报废1吨催化剂少说也要浪费十几万人民币。此时他的想法是不放过每个生产中的细微环节，即使是已经标定过或分析过的原材料也都要再重新分析一次，还有是废催化剂的各种物理和化学参数。别以为废催化剂没有用，通过各种分析手段可以告诉我们，它们哪些反映物质结构的物理和化学参数是与合格产品有明显差别的，从而可推断造成这些差别的原因又在何处。

于是，关兴亚又想到了两种寻找产生废催化剂原因的途径。一个途径是与上海石化院的小试验装置或扩试装置相配合，将上海石油化工总厂化工二厂催化剂研究所每步催化剂生产过程的样品在上海石化院小试验装置做对比试验。另一个途径就是利用催化剂表征手段，直接用于工业催化剂分析测试，尤其是比较废催化剂和合格催化剂在结构上的差异，并与以前工作中所做的一系列试验，用大型物化测试仪器测得各种参数的变化值相对照。

在各种准备工作完毕后，关兴亚这才打算启动首次催化剂生产装置的试运行。当时，他告诉催化剂研究所的同仁，这次试运行目的主要是排除操作失误造成的因素，所以必须严格按照专利要求和操作规程，但是结果如何还难说，大致有3种可能性。第一种可能性是一切顺利，拿到合格产品，说明原先操作上有失误；第二种可能性是仍然出废品，但是通过上述两种途径有可能找到出废品的原因，然后再采取相应措施，以期在第二或第三次试运行拿出合格产品；第三种可能性，既出废品，又一时找不出原因。然而，综合分析估计第二种可能性的几率比较大，而在尚未找出废品的原因之前产出合格产品可能性极小，即使有的话也纯属偶然机会。

众人期盼的第一次试运行开始了，众人犹如面临新战场一般，慎之又慎地进行每一步操作。而关兴亚等小分队成员自始至终没有休息片刻，他们必须认真观察全过程，还不时地取了一大堆样品。其中各制备过程阶段的样品还带到上海石化院去分析考察。但遗憾的是第一次试运行的结果，虽然基本排除了操作因素，但仍是废品一堆。尽管这是关兴亚预料之中的，但多少感到有些压力，因为催化剂研究所的部分员工已在发出焦虑的声音：“连国内最有权威的丙烯腈催化剂专家，按照操作规程也未能拿到合格产品”。莫非洋人的专利或是两台关键设备出了问题，此时似乎又走到山穷水尽疑无路的地步。

然而，具有大将风度的关兴亚面对困境并没有泄气，更不会束手无策。他按原先设想好的两种途径来寻找出废品的原因，要用科学，尤其是现代分析仪器，像一双尖锐的“眼睛”来观察问题、解决问题。因为在以往试验中碰到许多类似问题也都靠这双“眼睛”来解决。

好在上海石化院这几年“羽毛有点丰满起来”，由于上海市科委和化工局的支持，已购进了X射线衍射仪、孔结构分析仪、红外光谱仪、原子吸收光谱仪，还有能直接观察催化剂形貌结构的扫描电子显微镜。有些测试项目，上海石化院不能做的就送至上海测试技术研究所去做。为充分发挥这些仪器的作用，关兴亚将每一步骤留下的样品分成若干系列，进行详细而系统地测试分析。

数天后，从上海石化院传来两个重要分析结果。第一个结果是用上海石油化工总厂化工二厂催化剂研究所配制的浆料，经上海石化院实验室用喷雾干燥器和焙烧炉制备的催化剂各项指标都达到C-41催化剂要求，这就表明催化剂生产第一步浆料配制不存在问题。

另一个分析结果是用上海石油化工总厂催化剂研究所喷雾干燥器制得的样品，在上海石化院实验室焙烧炉制得的催化剂，各项指标同样达到C-41催化剂的要求。而且两种催化剂经1吋半流化床反应器评价，也都达到C-41催化剂要求，丙烯腈单程收率超过70%。

显然问题出在第三步骤回转焙烧炉的焙烧过程。所以尽管第一次试生产结果看来似乎是失败的，但是发现问题的症结所在也是一大收获。

根据尹克勤同志回忆，关兴亚为寻找问题，与在上海石化院一样，没有上、下班时间，晚上常常一个人在催化剂研究所生产车间里转来转去，思考问题。而发现症结就在焙烧炉时，则天天守在回转焙烧炉旁，拿着焙烧炉的结构图纸在分析对照，并且接连有几个星期天未回家。

那末回转焙烧炉的问题又出在哪儿呢？很快，上海石化院物化测试室和上海测试技术研究所有关催化剂结构测试的报告送到了。废催化剂，尤其是色泽较深催化剂的X射线衍射仪及其他多种仪器测得的图谱，与正常样品相比出现了明显偏差，也就是说催化剂结构发生了变化，而不同结构体现出的性能当然是不一样的，长期实践经验还表明，色泽较深催化剂也很可能是局部过热造成的，显然回转焙烧炉的温度控制出现了问题。

关兴亚等人分析了回转焙烧炉的结构，认为催化剂出现局部过热，很可能是测温元件或者是温度计插入炉体的部位，也或者是炉体斜度发生了偏差。因为长期积累的经验表明，斜度与焙烧催化剂的温度和停留时间密切相关。有时温度是控制在合适范围，但停留时间过长，同样会使催化剂结构发生变化。于是先请仪表专业人员对测温元件和温度计插入部分作了校验，而且又重新测定其炉体斜度。结果发现炉体斜度虽从人们肉眼难以观察到它的变化，但仪器测定结果表明，实际已略微偏离操作范围，于是又重新作了校正。这才使实际控制的焙烧温度和停留时间更符合专利说明书的要求范围。

1981 年 11 月，在关兴亚、卢文奎和尹克勤 3 人的直接指导下，进行了第二次试运行，众人目光紧紧盯着回转焙烧炉的催化剂出料口，催化剂色泽回归正常，更未见以往出现的不到 30 厘米的结块物料。于是，送至一吋半流化床反应器进行考察，评价结果，丙烯腈单程收率超过 70%，所有指标全部达到 C-41 催化剂要求。从此，上海石化总厂自制的牌号为 CT-1 的丙烯腈催化剂生产装置开始正式进入正常运行。

1982 年 3 月，年产 5 万吨丙烯腈装置的其中一台反应器全部更新换上国产 CT-1 催化剂 94 吨。1983 年两台反应器分别补加 CT-1 催化剂 37 吨和 55 吨，从而结束了依赖进口 C-41 催化剂的历史。这不仅为国家节省了 500 万美元的外汇支出，而且作为上海石化总厂首批国产化催化剂也推动了国内相关引进单位催化剂国产化的进程。然而，关兴亚一丝不苟的敬业精神，至今仍留在上海石化院和上海石油化工总厂化工二厂催化剂研究所员工的印象中，就好像是关兴亚为他们上了一堂活生生的教育课，学到了冷静分析问题和一丝不苟的敬业精神。不过关兴亚谦虚地对催化剂研究所几位工程技术人员说："其实我们也没有什么高明之处，只是比你们多了几双眼睛，也就是多了几台大型分析测试仪器，这就是科学的力量。"

在欢送上海石化院小分队回院的会议上，上海石化总厂化工二厂的一位领导干部深有体会地说："当初我们不理解关老总说的不要买美国人专利，总以为买了专利、买了关键设备，催化剂生产可高枕无忧了。其实，真正学到外国先进技术还要花费更多精力进行消化吸收。"后来，当得知关兴亚正在开发各种性能超过 C-41 水平的新催化剂时，又表示衷心祝贺，还希望早日在年产 5 万吨丙烯腈装置上用上 MB-82 型催化剂，增产更多丙烯腈，解决亿万人民的穿衣问题。

长期从事丙烯腈催化剂研发的关兴亚，用切身体验告诉催化所几位同行。他说，从技术保密角度来说，催化剂制造工艺中的诀窍比其化学组成更为重要。因为催化剂作为一种商品，使用者可以通过化学分析和仪器分析手段很容易获得它的化学组成，而且在通常的专利说明书中也会透露相关信息。但是制造工艺中却充满了无数个“诀窍”。打个不恰当的比喻，新手按照菜谱做菜，即使过程叙述很详细，也无论如何烧不出像特级厨师那样的美味可口的菜肴。在催化剂制备中，专利就相当于菜谱，设备调试和催化剂制作过程就相当于特级厨师的烹调过程。所以，关兴亚认为关键之处就是要反复实践，找到催化剂制备过程的“诀窍”。

不久，美国索亥俄公司获悉，上海石油化工总厂已能生产各项指标均已达到 C-41 型催化剂的水平后，又上门兜售性能更好的改良型催化剂，还提供了有关该催化剂在原料消耗、各种产物收率，以及公用工程的具体指标，并与 C-41 型催化剂作了比较，说明采用新催化剂在技术经济方面的优势，但却避而不谈该催化剂副产硫铵生成量等不足之处。在上海石油化工总厂表明不采用该催化剂来更换 C-41 型催化剂时，又不惜亏本大幅降低包括 C-41 型催化剂在内的价格，实际是想在“竞争”中扼杀刚刚起步的我国丙烯腈催化剂工业。因为如果以后丙烯腈生产装置产能大幅增长，所需催化剂量远不止几十吨或上百吨，至少是几百吨或上千吨，这样大的市场在世界其他地区不可能存在的。一直到 20 世纪 90 年代，兼并索亥俄公司的英国石油公司，即 BP 公司的总裁来华，受当时的国务院领导人接见时，还带来一份关于合资生产丙烯腈催化剂的意向书。中国石化总公司有关部门为此事征求过关兴亚等人的意见。然而，此时，在关兴亚主持下，上海石化院的 MB-82 型和 MB-86 型催化剂性能早已达到甚至超过该跨国公司开发的新型号催化剂的水平。当然合作生产丙烯腈催化剂的意向也只能婉言谢绝了。

生产丙烯腈关键设备之一——焙烧转炉

第三节　茂名工业示范装置

我国广东地区受气候条件限制不适宜种植棉花，多年来广东纺织用纤维原料主要靠外省调入或国外进口。但广东地区富有甘蔗渣、木材、石油、煤、石灰石等化纤原料，所以，发展人造纤维是有有利条件的。1978 年，我国改革开放初期，广东地区因邻近港澳地区而出现了一大批以服装、手工业为主的“三来一补”企业。所谓“三来”就是来料加工、来样加工、来件装配。“一补”就是补偿贸易，系指由港澳或国外厂商提供进出口信贷进口生产技术和设备，由我方企业进行生产，以返销其产品的方式分期偿还对方技术设备价款或信贷本息的贸易方式。服装类“三来一补”企业的发展对化学纤维的需求量日益增长。

1981 年 10 月，广东省茂名市工业工作会议决定，利用茂名炼油厂催化裂化液化气中的丙烯为原料，在原茂名市化工二厂年产 300 吨丙烯腈生产装置基础上，建设一套规模为年产 5000 吨的丙烯腈和腈纶生产装置，并组建包括茂名市化工二厂、纺织厂及针织厂的联合企业，名称为“广东省茂名化工纺织联合总厂”。该企业由茂名市地方和茂名石油工业公司合资经营。

有南方油城之称的茂名地区，其茂名石油工业公司曾是我国第一个五年计划中 156 个重大工程项目之一。

1954 年春，燃料工业部石油管理总局在茂名查明的油母页岩储量高达 50 多亿吨，含油率 6%~7%，具有工业开发价值。1955 年 4 月，燃料工业部副部长李人俊率领一批专业人员到茂名，再次全面核实页岩开发的可行性。1956 年 4 月，国务院批准筹建茂名石油工业公司。

1958 年元月，茂名人造石油基地正式动工兴建。1959 年 2 月，建成了抚顺式内热圆型炉和经改进的桦甸式气燃方型页岩干馏试验炉各 1 台，油页岩矿经过紧张施工也开始开采，并逐步形成年产页岩油 20 万吨的生产能力，还配套建成年加工能力达 100 万吨页岩油加工装置。

以后，随着我国天然石油资源不断开发，茂名石油工业公司又逐步转向以炼油为主的工厂企业。1963 年，建成首套年产 100 万吨常减压蒸馏装置，开始加工原油。到 80 年代初，原油加工能力已达 500 万吨。1986 年，石蜡加氢精制装置建成投产后，24 年间共建成燃料油生产装置 22 套，润滑油生产装置 18 套，并通过挖潜改造，加工能力大幅增长。其中年加工能力为 300 万吨的常减压装置有两套，还有年产 40 万吨的热裂化装置，年加工 60 万吨的延迟焦化装置，年加工 80 万吨的催化裂化装置，年加工 10 万吨的催化重整装置，成为我国原油加工手段比较完善，产品品种比较齐全的燃料油和润滑油型大型炼油企业。

从提升液化气附加值和企业经济效益出发，茂名石油工业公司决定与茂名市地方政府合作，利用其中丙烯资源发展丙烯腈和腈纶生产，并请上海石化院承担丙烯腈工艺基础设计。

关兴亚接到此任务后，立即想到这是一次采用国产化丙烯腈技术再创新实践的极好机会。他总结了国内外丙烯腈生产实践经验，采用先进的布局理念，把握好正确的设计思路，希望建成一个节能的，总体水平能接近和达到国际先进水平的丙烯腈生产装置，并期望在今后国内丙烯腈生产装置建设中能起到示范作用。

说实在的话，尽管依靠自力更生，国内建成了 12 套中小规模丙烯腈装置，解决了从无到有的问题，但与引进装置比实际差距却很大。生产规模不到引进装置的十分之一，且消耗定额也远不如引进装置。

以引进的年产 5 万吨丙烯腈装置为例，生产 1 吨丙烯腈，只需丙烯 1.17 吨、氨 0.5 吨、蒸汽 1.37 吨。而国内自行设计的装置，同样生产 1 吨丙烯腈，需要丙烯 1.58~2.5 吨、氨 0.6~1.1 吨、蒸汽 8.9~42 吨。按 20 世纪 80 年代初的原料价格计算，引进装置的每吨丙烯腈的生产成本为 1346 元，而国内自行设计的装置则在 1700~2100 元之间。

关兴亚仔细分析了产生差距的原因。

第一，反应器结构方面。引进装置采用自由型流化床，结构简单，冷却水管和过热管可起导流和破碎大气泡作用，流化质量较好，而国内设计装置，是带导向挡板的流化床，存在放大效应，气固相接触较差。

第二，催化剂方面。引进装置采用进口 C-41 催化剂，丙烯腈单程收率在 72%~75%，并且活性降低缓慢，国内设计装置，采用第二代粗颗粒催化剂，丙烯腈单程收率为 65%，有些单位采用自制的催化剂，丙烯腈单程收率还不到 50%，而且催化剂损磨量大。

第三，在热量回收方面。引进装置的反应热量回收较充分，装置满负荷运行时，几乎没有外来蒸汽也可运行。国内自行设计的装置，因规模较小，反应热利用率不高或者说基本无法得到合理利用。萃取塔、精馏塔仍需要大量外供蒸汽。空气压缩机用电而不是用蒸汽来启动。污水不循环，且排放量大。因此消耗了大量水、电和蒸汽，造成了公用工程消耗的增加。新装置设计必须尽可能消除这些产生差距的因素。

不过该引进装置也存在不足之处。

第一，反应生成热的利用虽较好，但热能尚未得到充分利用的场合也不少，如废水处理方面，其燃烧炉，每小时耗用重油 1.2～1.5 吨，甲烷和氢气混合物 300～500 立方米，且炉子的废热没有利用。烧 1 立方米废水耗油 200～300 公斤。

第二，副产乙腈回收率不高，约有 40%的乙腈损失。另外还有约占总产物 5%～6%的“未知物”既不作分析，也不作回收。

第三，装置超负荷运行产生了一些设备和技术上的问题，如受到空气压缩机风量、热交换器等能力的限制，以及脱氢氰酸塔系的聚合物增多等。

针对上述分析，关兴亚为茂名设计的年产 5000 吨丙烯腈生产装置的亮点是：

第一，新设计流化床反应器不再设导向挡板，并且引入上海石化院刚开发成功，并在千吨级工业装置应用获成功的高效旋风分离器，每吨丙烯腈产品催化剂损耗为 0.6 公斤，略优于引进装置水平，并从根本上解决反应器内气体反应物与固体催化剂的接触效率问题。

第二，采用各项性能指标达到当时国外先进水平的 MB-82 型催化剂，使丙烯腈单程收率有望达到 75%。

第三，合理利用反应热量，大约每吨丙烯腈可产生 3500～5000 千卡热量，若将其作为副产蒸汽，可回收 6～8 吨高压蒸汽，使主要塔系不再需外供蒸汽。同时增加燃烧炉等有关设备的热量回收和利用，以进一步提高回收效率并降低公用工程消耗。

第四，采用新开发的分离提纯流程，其中包括乙腈连续回收新工艺，使乙腈回收率再提高20%，而且化学处理简单、化学品用量少，没有高浓度碱性污水；复合萃取解吸新工艺，改变了萃取解吸工艺中氢氰酸的分离规律，使游离氢氰酸几乎全部从塔顶蒸出，而且塔顶乙腈的提浓不再受塔顶氢氰酸浓度限制可达80%。

第五，按照即将执行的我国环保法要求和废物排放标准，增加废气处理、硫铵污水处理、乙腈解吸塔污水处理、碱性污水处理等环保措施。

1982年12月，关兴亚一行携带着一份“茂名化工纺织联合总厂年产5000吨丙烯腈初步设计报告”参加了专家评审会。这份报告充分反映了上海石化院设计思路，许多想法比1981年在《合成纤维工业》杂志上发表的论文更有建设性。报告的反应部分由陈欣撰写，产品分离部分由方永成撰写，总报告由关兴亚撰写。

在专家评审会上，关兴亚详细地介绍了设计依据和设计思路，由于拟建装置的各项技术指标接近或达到当时引进装置水平，而且还有不少创新处，因而受到与会专家和茂名市有关领导的高度评价。与会者一致认为，使用上海石化院刚开发成功的MB-82型催化剂，单程收率不仅比当时国内中小型丙烯腈装置的高很多，而且还超过引进装置用催化剂水平。这就意味着，同样尺寸的反应器，原设计产能是5000吨，换了新开发的MB-82型催化剂有可能超过5000吨，大大节省了投资费用。采用新开发的MB-82型催化剂，原料丙烯单耗大幅下降，每吨丙烯腈消耗的丙烯降至1.13吨，接近引进装置1.12吨水平，所以生产成本又可大幅下降。然而，是否能达到预期效果，还得看装置建成投产后的实际运行情况。

茂名这套年产5000吨丙烯腈装置的工程设计由茂名石油工业公司设计院承担。原打算在1984年投产的，后来因设备加工等原因才推迟到1986年的下半年。

因为这是一套用自主技术开发的装置，尽管受原料来源的制约，除设计能力是引进装置的十分之一外，其他各项技术指标都要相当或超过引进装置水平。也因为该装置开车成功与否，直接影响到未来大型丙烯腈装置成套技术的国产化，所以从某种意义看，也是一次丙烯腈成套技术国产化的尝试和演习。为此，上海石化院领导十分重视该装置的试运行，并派出技术力量雄厚的小分队赴茂名协助开车运行。

小分队由关兴亚任总负责人，丙烯腈课题组参加的人员包括副组长陈欣，催化剂制备的吴粮华、催化剂评价的徐建荣、分析测试的夏德良。其他人员包括总工程师办公室曾参与该装置设计的凌自兴主任、化工室曾参与产品分离提纯设计的江桂秀、周玉刚、林遇春高级工程师，以及仪表组杨志章工程师等。

据参加过广东茂名丙烯腈装置开车的人员回忆，1986 年上海石化院已是中国石化总公司直属单位。为执行 1982 年国家科委制订的开发国内丙烯腈技术工作计划，尽快实现丙烯腈成套技术国产化，所以中国石化总公司十分重视这次开车工作，而且所拨科研经费较以往属地方企业研究单位有较大幅度增长。所以，从提高工作效率和关心员工身体健康出发，在火车卧铺票买不到的情况下，近十人的小分队成员全部乘坐飞机到广州。这是所有小分队成员没有想到的，因为那时按红头文件的规定，一般工程技术人员是不能乘飞机出差的。

在此之前，关兴亚等人出差茂名实在太辛苦。因为买不到火车卧铺票就要坐 40 小时到广州，而且那时火车特别拥挤，到广州去做生意的人很多，常常是满员，就连厕所都被人或物占据，送饭的小车也无法推行，所以喝水吃饭都是问题。到了广州，价格昂贵的宾馆不能住，普通旅馆要凭介绍信，而且多数是可住十多人的通铺，有时连普通旅店也住不上，只能在浴室临时住一晚上。第二天一早再坐长途汽车，颠簸十多小时才能到茂名。通常到达茂名市已是下午六、七点钟，顺利的话可住上茂名石油工业公司的招待所，如碰上招待所有会议任务接待与会者，就只能住茂名市的小旅馆。小旅馆卫生条件较差，除闷热潮湿外，小虫不少，所以，休息不好，难免影响工作。

不过这次到茂名情况有所不同，为让小分队成员精神饱满地投入丙烯腈装置的开车，茂名石油工业公司派专车到广州白云机场迎接，然后送至该公司在邻近广州火车站的站前街招待所，在两人合住的带空调和卫生间标准间住一个晚上，第二天早晨乘坐大巴士专车直达茂名石油工业公司外宾招待所。

那时候，广州是改革开放的前沿城市，商品经济比较发达，沿街大小商店的商品许多是进口货，人称“泊来品”，但这些泊来品多数需用港币或人民币兑换券。在上海只有在一般平民百姓不能光顾的友谊商店和华侨商店内才能买。但广州人很会做生意，你用人民币也可以折算到等价的港币或人民币兑换券，而且在广州即使折合到人民币也比上海便宜得多。还有新建宾馆酒店很多，而且这些宾馆和酒店，如中国大酒店、白天鹅宾馆竟可以让一般民众随意进出，这在上海人看来是难以想象的。因为在上海就连20世纪30和40年代建成的国际饭店、锦江饭店，还有和平饭店、上海大厦都是警卫森严，普通公民是谢绝参观的，只有外宾、港澳同胞、华侨和持有介绍信的人们才能自由进出。

还有，广州北京路那里专买女人用品的“女人街”，也远胜过上海老城隍庙福民街的小商品市场，商品琳琅满目，价廉物美。在女人街，款式时尚的港式服装、高级面料、花式折伞、连裤袜、香皂，各种商品应有尽有。男士们喜欢的各种洋烟，“万宝路”、“健牌”、“良友”等，价格几乎是上海的一半。小分队成员真想能在广州住上几天，好好浏览一下这座改革开放的前沿城市。再顺便捎一些洋货到上海，或孝敬父母，或赠亲朋好友。然而，他们首先想到的是要把茂名年产5000吨丙烯腈装置早日投入生产。

为了保证装置顺利开车运行，关兴亚最担心的是操作工的专业素质，因为这些多数来自纺织厂的女青工，受文革影响未能读好书，再加上从纺织工业转到化学工业一时难以适应。于是关兴亚想到学习大庆石化总厂的经验，组织他们学习化工基础知识，并加强岗位培训。他亲自编制教材和操作规程，还要每个操作工熟悉自己岗位的每个阀门、管道走向，控制仪表的使用方法、事故处理方法等。在开车前进行了一场考试，不合格者再培训，直到考试合格才能上岗。

从装置系统捉漏、泵和压缩机等的单机试车、不投物料的化工试车，一直到催化剂装载，反应器升温、正式投料，关兴亚参与全过程，并担任实际上的总指挥。为使装置顺利开车，他两天两夜没合眼，一直坚守在岗位上，他还要求上海石化院开车小分队成员尽可能留在岗位上，以及时处理发现的问题，直到装置正常运行。

投料初期，也发生过许多问题，其中主要是操作不稳定，原因一时还找不到，但关兴亚根据他多年开车经验，对原料丙烯作了化学分析，结果发现来自炼厂的丙烯杂质甚多，且丙烯含量忽高忽低，根本不符合规定指标。找到原因后再采取相应措施这才使装置逐渐进入正常运行。

尽管关兴亚十分注重操作员工的岗位培训，但终究是第一次开车运行，一些员工在操作上的失误也难以完全避免。其中有一次失误是丙烯腈成品罐碱性物料的混入，好在关兴亚在现场处理及时未酿成大祸，若发生燃烧或爆炸，后果不堪设想。另一起事故是插温度计的管道腐蚀，这也是关兴亚在现场亲自发现的。此时，五十开外的关兴亚顾不上腈类化合物的毒性，冒着生命危险，挺身而出，如同年青小伙子那样，迅速地爬上几十米高的分离塔顶，关闭阀门，又一次避免了事故发生。不过，在关兴亚看来，最主要还是设计上存在问题，设计者为节省些投资费用，却忽略了安全性，是考虑不周。因为有时多用一个止逆阀门，物料不会倒流也许就能防止一场事故的发生，而认真选用合适材料，尤其是防腐材料同样也可避免另一场事故的发生。

第二次开车，一台分离塔一直运行不正常，连同去开车的设计者都找不出原因所在，因为第一次开车时还是正常的。然而也只有关兴亚想起来，第一次开车后，检修中发现该塔最下部有半块塔板较难清洗，操作工便自作主张马马虎虎处理了。因为只有半块塔板谁也没有想到会如此影响该塔分离效率。那么现在问题会不会就出在这半块塔板呢？停车检修后，专门对这半块塔板作了技术处理，之后此塔才恢复正常运行，所以，连设计者也不得不佩服他的细心，别人想不到的问题他都想到了。

当年，为了保证茂名化工纺织联合总厂年产5000吨丙烯腈装置的正常运行，关兴亚在茂名足足住了3个多月，那时候手机还是少数人用得起，砖头般大的手机价格都要2万多元，显然普通打工者是没有能力购买的。在招待所打长途电话虽说也很方便，但是上海的公用电话却很难传呼，尤其是过了下午六时，公用电话站早已无人传呼，而白天关兴亚要忙于工作，哪有时间去打电话与家人沟通呢？所以对家人来说，在这段时期关兴亚似乎成为一个“失踪的人”。

在茂名工作期间对上海，尤其是家中发生的一切关兴亚全然不知。当时，上海石化院的原上级单位上海市化工局考虑到改善高级知识分子生活条件，分配给关兴亚一套地处徐家汇裕德路的两室户公房，待他儿子自行“设计”、简单装修后，通过院部赴茂名出差的同志转告给关兴亚。关兴亚十分高兴，特地在晚上写了一封近一、二百字的家信，但遗憾的是上海的新地址因写错又退回茂名。所以，茂名出差结束回上海他竟找不到自己的新家。到上海后，他打电话询问院办公室一位工作人员，方知新家的住址。

因为开车成功，为慰劳上海石化院开车小分队成员，茂名化工纺织联合总厂组织小分队成员去邻近一处荔枝园采摘新鲜荔枝。传说，这里产的荔枝在唐朝专供杨贵妃，现在主要供出口。荔枝园一般不对外开放，只有对来茂名的贵客开放，所以这是一个难得机会，小分队所有成员都去了，唯有关兴亚对此“不感兴趣”。因为此时关兴亚想的是下一步该公司年产5万吨丙烯腈成套技术的开发。

由于茂名化工纺织联合总厂丙烯腈装置的顺利投产，茂名市又决定筹建年产5万吨的腈纶生产装置。当时茂名腈纶厂是作为国家“八·五”期间重点轻纺工业原料项目，同时从美国杜邦公司引进干法腈纶生产装置的还有抚顺腈纶厂、秦皇岛腈纶厂、齐鲁腈纶厂、宁波腈纶厂，加上茂名腈纶厂共5家。其中茂名腈纶厂从1990年动工建设，1996年1月投料试产。然而遗憾的是仅试产10个月，便因经营不善，负债累累而使总投资达8.46亿元的工程在2000年不得不向国务院申请破产，成为当年全国最大工业企业破产案。

1987年1月，茂名年产5000吨丙烯腈装置验收报告出炉。评价结果是“MB-82型催化剂应用于茂名化工纺织联合总厂新建年产5000吨生产装置，催化剂性能与进口催化剂相当，可取代新型进口催化剂用于万吨级生产大装置。”直到1990年，除不断补加流失催化剂外，5年间催化剂还未更换过，仍在这套年产5000吨丙烯腈生产装置上运行，还充分体现了MB-82型催化剂氨比低，副产丙烯醛生成量少的特点。

MB-82型催化剂和多项国内自己开发的技术在茂名石油化工纺织联合总厂年产5000吨装置上的成功应用，引起了包括兰州化工公司和高桥化工厂的关注。1989年，高桥化工厂在扩建年产5000吨丙烯腈装置时，首先应用了上海石化院的流化床反应器技术、大型高效旋风分离器技术和MB-82型催化剂，经济效益明显。

今天，关兴亚回忆起当年在茂名化工纺织联合总厂、上海高桥化工厂，推广MB-82型催化剂和多年努力开发的高效旋风分离器和产品分离提纯等创新性的技术，他深有体会地说："毫无疑问，茂名年产5000吨丙烯腈工业示范装置的长期满负荷运行，使我国丙烯腈成套技术国产化向前进了一大步。"同时培养了一批技术骨干，如陈欣和方永成，以及刚从大学毕业才几年的青年科技人员吴粮华、徐建荣等。当然还有许多不足之处，这正是关兴亚下一步想做的MB-86型催化剂开发和产品精制回收工艺改进等工作。

关兴亚(右二)等在茂名化工纺织联合总厂
5000吨/年丙烯腈装置前的合影

关兴亚(前排左一)在 MB-82 型
催化剂鉴定会上(1986 年 2 月)

采用 MB-82 型催化剂的齐鲁石化
2.5 万吨/年丙烯腈生产装置

第四节　高收率的 MB-86 型催化剂

1986 年，由关兴亚主持的 MB－82 型催化剂在山东淄博年产 2000 吨装置和广东茂名年产 5000 吨等多套装置上应用获得成功。此时，课题组部分成员产生“歇一歇”的想法。他们认为，至少在近 2~3 年内不会有竞争者。其实也难怪这些成员，3 年多时间里跟着关兴亚做了数不清的实验，催化剂研究成功后又要转战南北，南到茂名北到大庆协助工厂新建装置开车，直到正常运行。谁家没有老人和小孩呢？仅在淄博和茂名两次开车时间加起来少说也有半年之多。而且每套装置从化工试车，正式投料，一直到正常运行，少则一个月，多则3~6个月，这是一个很长周期。尤其在开车期间，问题特别多，往往一天睡不了几个小时，白天还要做到筋疲力尽，这种没完没了的工作，长期下去，确实难以支撑。所以希望也能回归正常工作生活秩序，尽可能同其他课题组那样，不要加班，尤其是星期日能有一个休息天，多少也可享受与家人的“天伦之乐”，还有就是少去外地出差，最好是不要出差。

不过，关兴亚的想法不是“歇一歇”，而是乘势而上，决不能有停顿半步的想法。因为他深知催化剂是丙烯腈生产工艺的核心技术，新型催化剂的开发和应用对丙烯腈生产工艺技术的发展和改进起着决定性作用。提高丙烯腈收率，减少副产物的环保工艺都离不开新型催化剂的开发。那时候，国际化学工业界盛行一种叫原子经济性理论，如果原料全部转化为希望或目的产品，那么该反应的原子经济性达100%。对丙烯氨氧化反应来说，丙烯腈单程收率越高，那末该反应的原子经济性也越高。但是提高反应的原子经济性归根结底主要还是依赖新催化剂的开发。当时兼并索亥俄公司的英国石油公司(BP公司)、美国孟山都公司、日本旭化成公司不惜花巨资投入催化剂开发，而且一代接着一代，层出不穷，才在市场竞争中有了立足之地。因此，在关兴亚看来，此时MB-82型催化剂虽已达到当时国际先进水平，但不能松懈，不进则退。而且，从长远看，国产催化剂不仅要占领国内市场，还要走向海外市场，参加国际间的竞争。

然而，年岁终究不饶人，关兴亚已五十开外，即将奔向花甲之年，自知精力已不再如以往青年时代。考虑再三，从培养新一代技术人员考虑，决定将新一代MB-86型催化剂开发重任和许多具体事务交给他的助手、副组长陈欣。

陈欣是一位动手能力强、善于思考又勤奋好学的女大学生，1963年毕业于贵州工学院，同年进入上海石化院后，就在关兴亚领导的丙烯腈课题组工作，从事流化床反应器研制和MB-82型催化剂的开发，并参加了 MB-82 型催化剂在山东淄博、广东茂名、甘肃兰州等多套工业生产装置的推广应用。

这期间，关兴亚静下心来做了两件事。一件事是总结国内外丙烯腈催化剂发展历程，尤其是自己 20 多年催化剂开发的经验教训，希望摸索出其中一些规律。第二件事是学习有关催化剂的一些基础理论，尤其是各种现代化大型精密测试仪器问世后，在催化剂设计、筛选到制备过程领域出现了新理论和新观点，力图通过这些新理论和新观点来指导新催化剂的开发。

从国外丙烯腈催化剂发展来看，大约每隔 5~6 年就有新一代催化剂投入工业运转。20 世纪 60 年代初期国外开发的丙烯腈催化剂，虽然种类甚多，但水平不高，如美国索亥俄公司的 CA 型催化剂，组成为磷钼铋三元组分催化剂，丙烯腈单程收率为 58.0%。1965 年，该公司推出牌号为 CA-21 型催化剂，组成为锑铀，载体为硅胶，丙烯腈单程收率提高到 63.4%，而且副产物乙腈生成量明显减少，但这种型号的丙烯腈催化剂有放射性，对人体健康有影响，还不耐还原，原料配比中氧气和氨的含量很高，甚至反应温度也比较高。1971 年，索亥俄公司开发出第三代催化剂，称 C-41 型，即在上海石油化工总厂年产 5 万吨丙烯腈装置上用的催化剂，其组成为磷钼铋铁系七元催化剂，反应温度低，原料配比中氧含量低，但丙烯腈单程收率可达 71%。进入 80 年代后，索亥俄公司先后推出 C-49 型催化剂和改良型 C-49MC 型催化剂，其丙烯腈单程收率明显高于C-41型催化剂，达 78%以上。一些基础理论的研究和长期工作经验，使关兴亚领悟出一个道理，这种典型的由磷酸根离子和钼酸根离子在酸性条件下缩合而形成的杂多酸催化剂，其酸性和氧化还原性是和催化作用最密切相关的两种化学性质，而这些性质都可以通过改变阴离子组成或加入不同的抗衡离子在很宽范围内调变。这类催化剂不仅可用于异丁烯氨氧化制甲基丙烯腈、丁烷氧化制顺酐，也可用于丙烯氨氧化制丙烯腈，关键是催化剂酸性和氧化还原性的调变。然而，在丙烯氨氧化反应用钼铋系催化剂中如何改变阴离子组成或加入不同抗衡离子却要做大量研究工作。

根据陈欣在《上海石化院建院三十五周年论文精选》中发表的“八十年代丙烯腈催化剂研究开发的技术特点”一文，基本可反映出80年代中后期关兴亚将杂多酸催化剂用于烃类氧化反应的特点，并通过对钼铋系催化剂酸性和氧化还原性研究，开发了多种高效催化剂，并申请了多篇专利，为我国丙烯腈催化剂进入世界先进行列作出重要贡献。

第一，通过对钠元素和碱性金属对丙烯腈催化剂性能研究，率先申请含钠催化剂专利。

长期以来，碱金属是钼铋系丙烯腈催化剂经常使用的一类助催化剂，通常认为钠元素的存在对氨氧化反应是无活性又无选择性的，只会促使反应过度氧化生成二氧化碳，所以对丙烯腈催化剂而言是有害元素。但关兴亚等上海石化院科研人员在用喷雾成型法制备丙烯腈催化剂研究中，基于钠是催化剂有害元素这一认识，对载体二氧化硅中的钠含量进行了系统研究。结果发现，几乎不含钠的载体，催化剂的耐磨性都达不到要求，而且随着钠含量的增加，耐磨性也发生改变。这样便得出与其他专利不同的结论，即钠的作用在于提高催化剂的耐磨性而不是抑制钼元素挥发，适当的钠含量可以使催化剂活性和选择性均符合规定指标。这一成果于1987年申请了中国专利并得到授权。相比之下，BP公司首次发表的在钼铋铁系催化剂中加入钠的专利则在1992年，打破了该公司从1968年以来发表的数十件专利文献，有关钼铋铁多元催化剂中仅用“碱金属”或者钾、铷、铯，而绝不提出加入钠的惯例。毫无疑问，上海石化院“含钠催化剂”专利比国外同仁领先了一步。

其实，催化剂的耐磨性是一个重要技术指标，也是一个复杂的技术问题，如果一个活性和选择性都良好的催化剂，由于耐磨性差很难工业化，这样的催化剂即使用于工业装置，其大量损耗也会失去经济性。因此关兴亚发现钠与催化剂耐磨性关系，其重要性显而易见。

鉴于以前上海石化院研究工作中曾用混合稀土替代单一铈元素，制得较高活性催化剂的经验，于是在试验中同时加入几种碱金属元素。结果表明，在五种元素中同时选用其中几种元素的组合则效果更理想。这一研究也申请了中国、美国和欧洲专利。实际上碱金属加入对调节催化剂表面酸度有至关重要的影响。

第二，通过阴离子，尤其是卤素阴离子对丙烯腈催化剂性能的影响研究，获得性能优良催化剂，并申请了中国专利。

钼铋系催化剂中，阴离子有两类，一类是酸性较弱的钼酸、钨酸或钒酸根阴离子，是丙烯腈催化剂活性组分的主要元素。另一类是酸性较强的磷酸、砷酸、硼酸根阴离子，但用量很少，主要起助催化剂作用，以提高催化剂稳定性和改进选择性。

在此之前，国内外钼铋系催化剂的研究重点是金属阳离子的选择，然而在关兴亚和陈欣的研究开发中，采用钼与阴离子复合制造丙烯腈催化剂，同时调整其他元素的组成，制得性能十分良好的催化剂，

关兴亚回忆起，20 世纪 60 年代曾试验过但没有发表过的强酸性阴离子即卤素和砷、硫等阴离子有提高丙烯腈催化剂选择性的作用，并得到肯定。但也发现卤素阴离子的不稳定性和挥发性，卤化物很快被氧化生成卤元素。然而，重新研究在新配方下的卤素阴离子作用，却发现氯、溴、碘的存在对丙烯腈催化剂的选择性影响明显，而对它们的不稳定性则通过催化剂的制备工艺的改进得以克服。

第三，解决“关键相”制备中的均一性问题，改善了催化剂的选择性。

20 世纪 80 年代，在丙烯腈催化剂研发中，国际上出现“关键相”制备的新观点。所谓“关键相”，实际就是与催化剂性能有密切

相关的一种化学结构。以钼和铋组成的二元催化剂为例，有 3 种相结构，有 2 个铋原子，3 个钼原子和 12 个氧原子组成的 $Bi_2Mo_3O_{12}$ 的 α-钼酸铋，2 个铋原子、2 个钼原子和 9 个氧原子组成的 $Bi_2Mo_2O_9$ 的 β-钼酸铋和 2 个铋原子、1 个钼原子和 6 个氧原子组成的 Bi_2MoO_6 的 γ-钼酸铋。但是，关键相是什么结构却各有各的说法。某些学者认为由 1 个原子铋、1 个原子铁和 3 个氧原子组成的钼酸铋（$BiFeO_3$）也是活性相。

关兴亚和陈欣对关键相也进行了仔细的研究和试验，并且用相关仪器如用红外光谱和 X 射线衍射图谱确定了关键相的组成和相对比例。同时通过试验，又将原来不溶于水的某关键相在一个特定条件下将其溶解，从而解决了催化剂连续生产中的混合均匀问题，这无疑是新催化剂制备方法上的一个新的突破，据此，又申请了一项中国专利。

第四，通过补加催化剂中易挥发元素的研究，提高催化剂的稳定性。

流化床反应器的运行过程中，催化剂会随着时间推移而逐渐减少，其原因之一是催化剂本身会有小于 20 微米的细粒子；原因之二是催化剂与反应器壁和冷却管摩擦被粉碎成细粒子，细粒子催化剂比表面积大，活性高，它从反应器中的流失势必影响催化剂性能的稳定性。

催化剂的稳定性是一个重要指标。稳定性差的催化剂用在流化床反应器仅用 1~1.5 年就需要整体更换催化剂，而稳定性好的催化剂在流化床反应器运行 4~5 年也不必整体更换，仅需适量补充磨损催化剂即可。一套年产 5 万吨丙烯腈装置更换催化剂量接近 120 吨，每吨催化剂以 2 万美元计，至少需 240 万美元，所以采用稳定性好的催化剂就可节省可观的催化剂费用。

对钼铋系催化剂来说，国内外许多学者的研究表明，钼组分的挥发是造成催化剂寿命不长的主要原因。对此，早期国外解决催化剂稳定性问题的办法是将催化剂从反应器中卸出，补加流失的组分并活化后再加入反应器内。显然这种方法是不经济的，因为装置停车会造成更大的经济损失。后来的改进方法是连续向反应器中加入易挥发组分。但此法不足之处是随时间增长反应器内催化剂组成发生变化而影响性能。

关兴亚和陈欣提出的改进方法是连续向反应器内加入一种补充催化剂，这种补充催化剂的元素组成中有意将易挥发的元素比例提高，不挥发元素则与原催化剂组成相同，补充到反应器内挥发性元素过量部分则可用于调整原催化剂的流失部分，而且在长期补充后也不会使反应器内的催化剂组成发生变化。另外，还提高补充催化剂中的细颗粒比例，以补充细颗粒催化剂的流失。采用这种办法可使钼系催化剂连续运转 4 年以上而不需要整体更换。巧合的是日东化学公司也在锑铁系催化剂使用中提出类似方法的专利，但较关兴亚等发表的专利已晚数月。

第五，通过氧化-还原反应机理的研究，提出控制尾气中的氧含量来改善催化剂的结块倾向。

流动性或结块倾向是衡量丙烯腈催化剂的一个重要指标，但并未引起大家的关注，更没有准确的定量测定方法。不过因催化剂流动性不佳造成工业生产的失败屡屡发生。因为在高温状态下，催化剂流动性差就有可能造成旋风分离器下端，或者是空气、丙烯、氨分布器的堵塞而无法正常运行。对于钼系催化剂，估计很可能是催化剂表面出现过量氧化钼造成的，因为过量氧化钼出现且在催化剂表面沉积就会使微粒相互粘结而造成堵塞。

关兴亚和陈欣的研究结果认为，丙烯和氧气存在适当的比例，若氧比过低时，催化剂中某些高价态元素被还原而产生大量的过量氧化钼。所以提出应在尾气中严格控制氧含量的措施，从而保证了多套工业丙烯腈装置中催化剂的良好流动性，更不会因催化剂流动性欠佳而造成不正常停车。

1986 年 6 月，中国石化总公司召开丙烯腈技术开发工作会议，并决定由上海石化院正式承担催化剂性能全面超过当时国外最先进催化剂的“丙烯氨氧化制丙烯腈 MB-86 型新型催化剂研究开发”任务。

此时，关兴亚还在潜心研究国内外近年发表的，有关杂多酸催化剂结构及其在丙烯氧化和氨氧化反应的机理研究进展。其实，早在复旦大学化学系求学时，他对物质结构研究极感兴趣，只是没想到毕业后竟然会分配到工业性化工技术开发的研究所。于是，“工科”和“理科”就似隔了一座大山。长期从事工业催化剂的研究开发，又使他不知不觉地围着洋人的专利搞研发。当然这也没错，用当时在沈阳化工研究院工作时，林华院长的话来说是“使国外经过一、二百年积累起来的化工经验和理论为我所用，迅速为我国科技人员所汲取，并逐步走出自己创新的道路”。过去的大量工作就是林华院长讲的前一句话，但如今要开发超越国外先进水平的催化剂，那就必须按照林华院长后一句话，即走出自己创新的道路。然而，要有所创新，突破国外专利，就逼迫你必须重拾基础理论研究。

根据陈欣、吴粮华、关兴亚 3 人在《上海石化院建院三十五周年论文精选》中的“MB-86 型丙烯腈催化剂的研制与应用”，以及 3 人在 1997 年 4 月以上海石化研究院名义在《中国石化总公司丙烯腈技术进步会议论文汇编》中发表的“MB-86 型和 MB-96 型丙烯腈催化剂”具有指导意义的基础理论研究成果主要体现在以下 3 个方面。

第一，催化剂的晶格氧。

20 世纪 40 年代，索亥俄公司的一位学者路易斯就提出烃类氧化反应中晶格氧的作用，认为可还原的金属氧化物的晶格氧比分子氧更灵活和更有效。根据化学计量比，对丙烯氧化制丙烯醛用磷钼铋催化剂($Bi_9PMo_{12}O_{32}$)作了计算，大约每转化 1 公斤丙烯为丙烯醛需要 50 公斤催化剂来提供晶格氧。如此大量的催化剂循环，在当时存在技术障碍，所以未被索亥俄公司接受，于是放弃了对晶格氧作用的进一步研究。

其实，晶格氧是氧的一个物种。多数学者认为金属和金属氧化物这类固体催化剂都是结晶体，金属（M）末端和桥式（M–O–M）中的氧都称为晶格氧。直到 1964 年日本学者确定了它们在红外光谱 900~1000 厘米$^{-1}$和 800~900 厘米$^{-1}$的吸收频率，这才得到晶格氧的具体化概念。

当时的理论研究表明，丙烯氧化或氨氧化有两种不同的反应途径，一种是都转化为二氧化碳和水的完全氧化；另一种是部分氧化，是通过晶格氧作用先将丙烯先变成中间产物，后转化为丙烯醛或丙烯腈，两者差别主要是是否通氨，不通氨产物为丙烯醛，通氨产物便是丙烯腈。

学者们的研究还表明，催化剂晶格氧层数与催化活性有密切关系。不过同样是钼铋化合物，但是它们的相结构不同，晶格氧层数有显著差别，例如，$Bi_2(MoO_4)_3$催化剂，在反应温度 430℃时，晶格氧层数为 75，Bi_2MoO_6催化剂在同样反应温度下，晶格氧层数达 286。所以，这就给了关兴亚和陈欣等人启示，设计新催化剂应考虑能够提供高晶格氧层数的相结构。

第二，催化剂的阳离子空位。

从矿物学角度看，钼铋系催化剂类似白钨矿结构（AMO_4）。学者们研究结果是，丙烯和氨的吸附与晶格缺陷浓度相关。进一步研究还表明，白钨矿结构的 A 位和 M 位可以不止被一个阳离子占据。单纯的白钨矿没有催化活性，当 A 位阳离子被几个阳离子占据时，对包括丙烯在内的烯烃氧化反应才产生显著催化活性，而且随着晶格缺陷浓度升高，催化剂活性也升高。有关阳离子空位的研究结果也为新催化剂设计提供了另一条新思路。

第三，催化剂的电荷平衡。

丙烯腈催化剂的组成元素基本可分为两个部分，一部分金属阳离子，另一部分为金属或非金属与氧组成的阴离子。在催化剂中阳离子与阴离子形成复合化合物而产生高活性。随着催化剂组成多元化，阴离子和阳离子可达十几种，如何确定催化剂元素组成和原子配比，如何防止选择性下降，保证催化剂中不存在游离金属氧化物等，都与催化剂的电荷平衡有关，因此保持催化剂正负电荷的一定关系对于新催化剂的设计也十分重要。

1989 年初，在上述三个催化理论指导下，关兴亚和陈欣等终于成功开发了 MB-86 型催化剂。不过一个性能良好的催化剂也要在最佳反应条件下才能发挥其作用，而催化反应动力学研究才是寻找最佳反应条件的重要手段之一。关兴亚和陈欣研究的催化反应动力学，重点考察了反应器进口氧烯比(氧气和丙烯比例)和反应温度变化的条件下反应特征和反应动力学模型。

1989 年 9 月，在关兴亚指导下，由陈欣主持的 MB-86 型丙烯腈新型催化剂完成了扩大制备试验，各项指标重复了小试结果。1 吨扩大试验得到的催化剂装填于大庆石化总厂化纤厂直径为 600 毫米的自由流化床反应器中进行评价。后在该厂年产 7000 吨工业装置上进行试验。一年多运行结果表明，丙烯腈单程收率达 80%~81%。与该装置原先采用的由上海石化总厂生产的 CT-1 催化剂相比，经济效益显著。其中每年增加丙烯腈产量 903 吨，生产能力提高 12.7%；增加利税 192 万元/年；增产丙酮氰醇 580 吨/年，增加利税 129 万元/年；丙烯消耗降低 543 吨/年，节约 43 万元/年；硫酸消耗降低 328 吨/年，节约支出 7 万元/年；综合能耗 CT-1 催化剂为 966 公斤标油/吨丙烯腈，MB-86 型催化剂为 960 公斤标油/丙烯腈，基本持平。以上几项合计总经济效益达 505 万元/年。

不过，与关兴亚、陈欣一同参加 MB-86 型催化剂在大庆化纤厂应用的吴粮华副总工程师回忆，这一场试验差点前功尽弃。原因是大庆化纤厂在更换老催化剂为 MB-86 型催化剂前，或者是出于好意，或者是凭以往开车的经验，对流化床反应器中的气体分布板的孔径随意放大，其目的也想改善反应物与催化剂的气固相接触，谁知却造成反应器压降变化。开车初期，MB-86型催化剂水平甚至不及老催化剂，这让关兴亚十分焦虑。因为数日运行下来仍未好转，而且产量下降，企业效益受影响，所以大庆化纤厂从领导到操作工几乎都想中断这项试验。但关兴亚并没有失去信心，他认为，问题主要出在反应器内的构件。果然在他一再追问下，车间主任才道出改变气体分布器开孔直径之事。关兴亚认为，这虽是厂方的好意，但他们都没有预计到开孔直径的改变给反应器压降变化带来的负面影响，更不知道气体分布器开孔直径与各种参数的相应关系和经验计算方式。于是，停车检修后气体分布器又重新恢复原来开孔直径，并且在关兴亚一行小分队亲自参与操作下，丙烯腈单程收率一天比一天高，而且最终达到预期指标。至此，工人们才露出了笑脸。由于装置经济效益的提升，工人们得到的奖金也多了，并且还享受到与上海石化院丙烯腈课题组成员一样的科技成果奖。若不是关兴亚发现分布板开孔直径变化带来的负面影响，MB-86型催化剂在引进装置上的推广应用很可能要推迟半年或一年。

MB-86型丙烯腈催化剂在大庆石化总厂化纤厂成功应用，除获得可观经济效益外，还引起大庆石化总厂化工二厂有关领导的重视。在中国石化总公司有关领导关心下，1993年11月在辽宁抚顺召开的中国石化总公司科技成果交易会上，大庆石化总厂与上海石化院正式签订开发、生产、使用MB-86型催化剂技术协议书和100吨催化剂的购销合同。

大庆石化总厂化工二厂年产5万吨丙烯腈装置，是1984年从美国索亥俄公司引进专利技术建造的我国第2套装置，相当于国外80年代先进水平。与上海石油化工总厂年产5万吨丙烯腈装置相比，除采用该公司第三代催化剂外，在产品回收精制、节能、污水处理等都有了更多改进。而且，同规模生产装置，反应器不是直径均为5.1米的两台反应器，而是一台直径为7.47米的大反应器。该装置由中国石化兰州石油化工设计院承担设计，1988年8月建成投产，

1991年实现了全年度产品产量、产品质量、能耗、原料消耗和环保指标全面达到了设计指标。但是从1993年起，催化剂性能明显下降，丙烯腈单程收率从76%左右下降到72%左右，为此，大庆石化总厂科技处与化工二厂的技术人员组成调查小组，对国内丙烯腈装置使用上海石化院催化剂的有关厂家进行考察和调查，之后才作出采用MB-86型催化剂的决定。当时关兴亚既兴奋又感到压力沉重。兴奋的是性能超越国际先进水平的MB-86型催化剂将要在引进装置上应用，这无疑是一大飞跃。但是大庆化纤厂试用的反应器规模直径仅为2800毫米，生产能力仅为年产7000吨，现在一下子跨入年产5万吨级的，直径为7.47米的反应器，究竟是否可行心中多少有点悬念，万一不能达到预期指标，如何向大庆石化总厂和支持催化剂国产化的中国石化总公司交代呢？好在有了在中小装置中的使用经验，对MB-86型催化剂的“脾气”和“性格”有了进一步的了解，所以仅开车方案就想了好几套。

为作好更换新催化剂的准备工作，大庆石化总厂化工二厂在1994年8月装置检修期间，将反应器彻底清洗干净，对丙烯和氨分布器、空气分布板、旋风分离器、翼阀等进行仔细检查、核定。在催化剂装填前，又对操作人员进行系统培训，讲解装填方案，使相关岗位操作人员都了解MB-86型催化剂特性及运转中的注意事项。

1994年8月3~8日，在上海石化院关兴亚和陈欣等现场指导下将100吨MB-86型催化剂装入催化剂储槽中。还指定专人负责，专人操作和专人记录。8月30日年产5万吨丙烯腈装置开工，9月3日产出丙烯腈成品，分析结果质量合格。

尽管装置投入运行后，反应器及后续系统运转平稳，产品质量达到国家优级品标准。但毕竟是首次在年产5万吨装置上正式运行，要达到最佳操作状态还需慢慢摸索，及时调整操作参数。

调整操作参数是一项十分复杂的技术工作，其实质是使MB-86

型催化剂能在最佳反应条件下进行。当时，碰到的第一个问题是丙烯转化率较低，仅 97.72%，远低于要求值。后通过温度提升达到 98.5%；第二个问题是根据反应气体分析二氧化碳和一氧化碳含量值，表明选择性较低，通过调整空气与丙烯配比，使反应器出口尾气氧含量从 1.5%降至 0.75%，二氧化碳和一氧化碳生成量下降，使反应选择性明显上升。为改善流化状态，反应线速从每秒 0.5 米增加到每秒 0.56 米，丙烯腈单程收率由 77.42%提高到 81.3%，达到了小试和工业试验水平。此时，关兴亚才松了一口气。如果那时完全按照使用进口催化剂的反应条件进行操作的话，那末，至少在一段时期内显示不出 MB-86 型催化剂的优良性能。

然而，最棘手的是第三个问题，即催化剂的消耗量。1994 年 8 月 30 日，达到开工条件时，100 吨 MB-86 型催化剂加入反应器，之后仪表指标量为 94.6 吨，即跑掉 5.4 吨催化剂，到 9 月 2 日降到 90.7 吨，以后又多次补加 MB-86 型催化剂，7 个月期间陆续向反应器加入 MB-86 型催化剂 136 吨。直到 1995 年 2 月 7 日反应器床内催化剂量达 118.9 吨时，此后反应器床内催化剂量基本保持不变。可见稳定操作对催化剂的消耗是至关重要的。经计算去掉初装催化剂的损失，每吨丙烯腈消耗催化剂量为 0.313 公斤，达到预期指标。在这数月装置操作调整期，关兴亚、陈欣和吴粮华等上海石化院小分队成员一刻也没有停止对装置的关注，因为一旦出现重大问题，不仅 MB-86 型催化剂开发要从头开始，更为严峻的问题是，后面许多引进丙烯腈装置还在等着扩能改造，而且连同扩能后的经济效益都在中国石化总公司计划之内。

根据大庆石化总厂化工二厂对 1994 年 8 月 31 日开工到 1995 年末累计 1 万多小时运行结果的总结，改用上海石化院 MB-86 型催化剂，其装置最低负荷为 76%，最高负荷为 126%，加权平均负荷为 115%。在 1994 年 9 月、1994 年 11 月和 1995 年 1 月曾对装置进行三次标定工作，丙烯腈单程收率都在80%以上，而进口催化剂仅76%左右。从反应气体分析看，主副产物分布合理，适合现有装置的工艺流程及操作条件。

就产品质量而言，应用MB-86型催化剂后，装置回收、精制系统运转平稳，操作调整方便，产品质量比较稳定，达到国标(GB-7747.1—87)丙烯腈质量优级品指标。

就装置能耗而言，应用MB-86型催化剂后，装置在相同负荷下，反应余热回收产生的4.0Pa蒸汽量比以前采用进口催化剂下降9%，即每吨丙烯腈副产压力为4.0MPa的蒸汽量减少1.12吨。不过，丙烯氨氧化反应热效应数据表明，生成1摩尔丙烯腈放出热量为125.5千卡，而生成1摩尔二氧化碳放出热量为153.4千卡。所以，丙烯腈单程收率提高后，生成二氧化碳副反应势必减少，反应总放热量减少是正常现象。

就装置排放污水合格率而言，应用MB-86型催化剂后，装置排污水质有所改善，综合合格率达98.5%。

还有一项最重要指标就是经济效益评估，用MB-86型催化剂替代进口催化剂，丙烯腈单程收率可从75%(合同指标)增加到79%，丙烯投料按100%负荷计，每年可多产丙烯腈2723.3吨，增加收入1225.5万元。如果丙烯腈单程收率从73.1%(停车时收率)增加到79%，丙烯投料量按100%负荷计，每年可多产丙烯腈4016.9吨，即使抵扣少产4.0MPa蒸汽24万吨，每年仍可增加收入1675.8万元。

1994年11月8日到11月11日，对关兴亚和上海石化院小分队成员来说是难忘的时刻，因为这是一次由中国石化总公司科技发展部领导参加和指导下对大庆石化总厂二分厂年产5万吨丙烯腈装置进行72小时满负荷标定。结果表明：

(1)大庆石化总厂年产5万吨丙烯腈装置采用MB-86型催化剂后，运转平稳，操作调整方便；

（2）MB-86 型催化剂在 5 万吨级反应器内反应丙烯腈单程收率达到 81.05%；

（3）MB-86 型催化剂在 5 万吨级反应器内反应氢氰酸单程收率达到 5.27%；

（4）采用 MB-86 型催化剂，装置丙烯腈产品质量达到国标优级品，副产品质量均能达到设计要求；

（5）装置产生 4.0MPa 蒸汽，为每吨丙烯腈 6.16 吨；

（6）装置排污综合合格率为 100%。

1995 年，该装置丙烯腈实际产量达到 6.05 万吨，而且丙烯单耗即每吨丙烯腈产品消耗的丙烯降到 1093 公斤。总体水平超过进口催化剂，在国际上居领先地位。

接着，MB-86 型催化剂在抚顺石化年产 5 万吨丙烯腈装置扩能为 7 万吨、在兰州石化公司年产 2.5 万吨丙烯腈装置扩能为 3.12 万吨改造中得到应用，经济效益明显。其中仅用 MB-86 型催化剂更换原先采用的进口催化剂，抚顺石化装置产能从 5 万吨提升至 6 万吨。兰州石化的装置扩能在不更换反应器及主要塔系前提下采用 MB-86 型催化剂，是一项投资少、工期短、效益好的改造工程。改造总投资 2700 万元，所得税后投资回收期为 3.84 年。

MB-86 型催化剂的丙烯腈单程收率达到 81%，超过当时国际同类催化剂 4~5 个百分点，而且在多套引进装置上得到应用，经济效益显著。此时 MB 系列催化剂已占有国内大部分市场，为国家直接节约外汇 4000 余万美元，新增利税数亿元。1993 年，“MB-86 型丙烯腈催化剂研究及工业应用”获得国家科委颁发的科技进步一等奖。1997 年荣获世界知识产权组织和国家专利局共同颁发的专利金奖。1998 年获世界华人发明展览会金奖和全国第十一届发明展览会颁发的唯一一项最高奖，即世界知识产权组织专项优秀奖。然而，面对这些殊荣，关兴亚谦逊地说：“MB-86 型催化剂，我仅仅是指导而已，具体工作是他们做的，荣誉应该归功于他们。”

第五节　节能减排　变废为宝

20世纪70年代中期出现全球性石油危机，在不到一年的时间内每桶原油价格从3美元上涨到了13美元，节能降耗成为当时石化工业一大技术发展趋势。基于人类的可持续发展，80年代后发达国家又制订了严格的环保法规，环境友好的各种工艺应运而生。

为此，国内外丙烯腈生产商围绕节能降耗和环保两大主题开展了广泛研究。1980年，关兴亚在当年《合成纤维工业》第四期发表的“从引进丙烯腈装置谈今后的改进方向”论文，全面地论述了当时引进装置的不足之处和今后改进的设想，并以较大篇幅论述了三废处理。例如在废气处理方面，指出目前吸收塔放空尾气中，HCN（氢氰酸）含量为20~40毫克/千克，虽然HCN的落地浓度可小于0.05毫克/千克，但实际排放量仍很可观，HCN为0.8公斤/小时，丙烯腈为1.6公斤/小时。通过催化燃烧，不仅HCN绝大部分已经破坏，而烷烃和一氧化碳等也同时除去。

在论及硫铵污水处理和回收硫铵时，他认为：从硫铵污水中回收结晶硫铵是不经济的，因此目前引进装置的硫铵污水全部烧掉。但从资源综合利用出发应当回收。工厂每年用于烧掉污水，要1.6万吨重油，而其中用于烧硫铵污水的重油为1万吨，约占63%，且每年烧掉可用于化肥的硫铵有2000吨。从技术上说，回收高质量结晶硫铵很困难。虽然国内设计的丙烯腈装置可以回收结晶硫铵，但此工艺用在引进装置上可能有问题。主要是两者硫铵污水的性质不同，这是由于不同的氨中和条件所引起的。引进装置中和塔循环液的pH值为5.5~6，反应中生成的不饱和醛有80%在本塔内被聚合成高沸物。国内工厂循环液 pH 值<1，是强酸性，醛类聚合不多，大部分被带到后面的回收系统中去。所以引进装置的硫铵污水中聚合物(焦油)含量要高得多。同时指出，回收硫铵要解决的关键问题是分离和有毒物质的除去。在论及副产资源乙腈和 HCN 的回收方面，他同样明确指出，丙烯腈生产中 HCN 的回收精制并不存在问题，要讨论的是粗乙腈中的 HCN 如何回收精制。目前由乙腈脱氰塔顶蒸出的 HCN，因质量不好而全部烧掉。其数量为 HCN 生成量的 4%左右，组成为：HCN77%，乙腈 16%，其余是水。回收精制的困难在于其中杂质含量较多，通常含有不饱和烃、羰基化合物、含氮化合物和杂环化合物，即使含量仅 100～200 毫克/千克，也会使 HCN 呈色。它们的沸点一般与 HCN 接近，某些也会形成共沸物，所以不能用简单蒸馏方法除去。直接针对这种 HCN 的精制方法并没有，但可参考相似方法，例如将粗 HCN 与有机酸或浓无机酸，如甲基磺酸、磷酸及浓硫酸等共热，再蒸馏得纯 HCN，杂质含量可小于 100 毫克/千克。除成品乙腈中含有噁唑外，目前烧掉的乙腈成品塔初馏分料液中，噁唑含量更高，可达 8%～9%，乙腈含量约 73%，每年要烧掉乙腈 146 吨和噁唑 17 吨。如果进行处理，不仅可提高乙腈精制的回收率，也能得到相当数量的噁唑产品。

在 80 年代初，尽管国内自建丙烯腈装置与引进装置在技术上存在较大差距，但在节能减排和“三废”治理方面也作了大量工作，其中较有代表性是大庆石化总厂化纤厂的负压脱氢氰酸塔。

氢氰酸是化学性质活泼的化合物，脱氢氰酸塔顶馏出的高浓度氢氰酸易发生聚合反应。聚合物的积累又常常会影响整个丙烯腈装置的正常运行。因为考虑塔顶尾气要送至焚烧炉，所以保持稍高于大气的压力。但是该厂采用脱氢氰酸塔的负压即低于大气压操作便可使操作温度下降 10℃左右，从而大幅降低了聚合物污染。其实道理也很简单，分离塔主要借助两种物质的沸点之差，而沸点又与气压有关，正如在高原地区因气压较低，水在 90℃就沸腾了。然而操作温度下降10℃，从化学反应动力学讲，反应速度就降低一倍。这样从理论上讲也可大幅减轻聚合物的生成。之后，该技术已在国内多套引进装置上应用，而且连续运行2年以上也没有因该塔的聚合物阻塞而停车。

在污水处理方面，上海高桥化工厂等也做了不少工作。20世纪60年代后，高桥化工厂丙烯腈装置建成投产时，国家已经颁发“工业企业设计卫生标准草案”，并规定地面水中毒物的最高允许浓度：丙烯腈为2.0毫克/升；属氰化物的氢氰酸为0.1毫克/升；乙腈含量规定尚未出台，但上海市第一医学院的研究结果是地面水中乙腈最高允许浓度为5毫克/升。

因为对水中有毒有害物质的浓度有规定，所以，当时丙烯腈污水处理方法是用空气吹脱法。实际用一台装有填料的吹脱塔，通过加热将毒物从水中吹脱至大气排空。吹脱法对丙烯腈污水处理很有效，达到小于2毫克/升的排放要求，但乙腈浓度仍高达40毫克/升左右，于是用10倍水来稀释，也符合了排放要求。然而，有毒有害物质并没有得到根本治理，只是从水中转移到大气中而已。

为有效治理含氰污水，上海高桥化工厂、北京化工研究院和岳阳石化总厂合作完成了加压水解和生化处理两级污水处理工艺，结果达到国家规定的排放标准；山东淄博石油化工厂完成了丙烯腈污水闭路循环工艺，大幅降低了污水排放量，并培养新一代可承受高含量氰化物的细菌用于处理丙烯腈污水；抚顺化纤厂完成了塔式生物滤油池处理丙烯腈污水的新工艺，大幅减少了过去采用表面曝气池的生化处理方法的占地面积。

然而，在国内丙烯腈生产技术方面，除催化剂外，节能减排和副产利用方面还有许多工作要做。关兴亚十分清楚，衡量一套丙烯腈装置的技术水平是多方面的，催化剂和反应技术是重要一面，但不是唯一的。重要的是应该对环境是友好的。热能和副产资源的回收利用也是其中一个重要因素。所以，关兴亚想到，作为中国石化总公司直属研究院，而且当时国内几套引进装置都在中国石化总公司旗下，上海石化院更应在这方面多作贡献。后来，项目正式下达后，他又推荐从年产60吨丙烯腈中试装置开始长期从事产品分离提纯技术的化工室主任方永成担任项目负责人。

在这一揽子项目中第一个研究课题是"硫铵回收工艺"。

当时的引进丙烯腈装置大约每生产1吨丙烯腈要产生2吨硫铵废水，其中硫铵含量约10%。国外对硫铵废水处理有两种方法，一种是直接注入深井处理，另一种方法是采用焚烧处理。前者显然不符合绿色环保理念，后者则缺乏经济性。尽管国内已有回收结晶硫铵技术，但却不能用于引进装置，这是因为国内自行设计建造的装置其中和塔循环液体呈强酸性，pH 值<1，醛类聚合物不多，而引进装置中和塔循环液体 pH 值为 5.5~6，所以应该另辟途径。

当时，国外文献也有焦油分离这方面的报道，因硫铵污水与焦油相对密度相差过小，前者为 1.20~1.25，后者为 1.15~1.30，焦油不易上浮或沉降，所以考虑用硅胶或废催化剂来吸收焦油，使其沉降下来。另一种方法是通空气或加发泡剂到污水中，使焦油含有大量小气泡，将其相对密度下降至 0.90~1.10，而浮于污水表面。对有毒物质处理原则上用氧化法去除氰化物。这些方法虽能解决硫铵回收问题，但投资较大。

1984 年 2 月，在中国石化总公司科技发展部召开的丙烯腈技术攻关第一次工作会议上，上海石化院详细汇报了"硫铵回收工艺"取得的进展。主要内容包括：(1)采用适当的中和塔结构；(2)防止高沸物和聚合物进入硫铵污水；(3)在减压下蒸发硫铵污水，防止污水中的有机物在蒸发过程中聚合成为焦油；(4)控制污水中氰醇含量以保证结晶硫铵中氰化物低于规定值。

1985 年 11 月，上海石化院的"硫铵回收基础设计"通过中国石化总公司组织的技术审查。其主要特点是不需要烧掉硫铵污水，从而又防止了排放2000吨硫铵分解后释放的大量二氧化硫，给大气带来二次污染。

研究课题之二是“复合萃取蒸馏新工艺”，这是在萃取解吸塔基础上改进的新工艺。也是一般蒸馏、萃取、解吸3个化工过程的创新组合。

根据1966年上海石化院年产60吨丙烯腈中试装置的产品分离精制流程，1986年9月，关兴亚等人从突破国外专利出发，提出了这种复合萃取新流程。1987年完成数模计算和小试工作，1988年获中国石化总公司科技进步三等奖。

萃取解吸塔的作用是在萃取溶剂水的存在下，使丙烯腈和乙腈这两种沸点接近物质分离开来，使氢氰酸和一些水也与丙烯腈同时由塔顶逸出。虽然氢氰酸与乙腈沸点相差很大，但从萃取塔下部或塔釜排出的乙腈中仍会有一定量的氢氰酸。关兴亚、方永成等人的贡献是通过计算机模拟计算发现，在丙烯腈、乙腈、氢氰酸和水的四元系统中，当氢氰酸浓度降低到一定程度后，氢氰酸便呈现共沸物性质。所以在一段萃取解吸塔上部增加一段普通的精馏段，从而改变塔内氢氰酸的浓度分布，并大幅降低乙腈中氢氰酸的含量。同时又在复合萃取解吸塔进料塔板之下引出液相乙腈去乙腈解吸塔，使蒸出乙腈浓度从原来的20%~50%上升至80%，而其中丙烯腈和氢氰酸含量均小于1%。采用这一新技术既简化了乙腈精制工艺，能耗也有所下降。由于氢氰酸绝大部分由塔顶蒸出，不仅提高了氢氰酸的回收率，也使回收的污水得以净化，减少了回收系统的污染。

1989年，上海石化院将该技术用于高桥化工厂年产5000吨丙烯腈装置，连续运行多年，效果良好。据不完全统计，每年可节约蒸汽8000吨，氢氰酸回收率提高8%，相应可增产下游有机玻璃生产原料丙酮氰醇120吨，两项合计每年增加收益56万元。1996年12月，“丙烯腈复合萃取解吸分离新工艺五千吨工业试验”荣获国家科委颁发的国家科技进步二等奖。之后，该技术又先后于1998年和

2003 年在齐鲁石化年产 2.5 万吨和上海石化年产 13 万吨丙烯腈装置应用成功，是中国石化具自主知识产权的一项新工艺技术。

研究课题之三是“乙腈精制技术”。

乙腈主要用于石油化工中的抽提溶剂，如从碳四馏分中提取丁二烯，从碳五馏分中提取异戊二烯、环戊二烯及间戊二烯等。此外，在制药工业中可用作维生素 B_1、香精、酒精改性剂等原料。乙腈与氯腈反应生成丙二腈，再以它为原料亚硝化，经氨基丙二腈制取二氨基丙二醇(DAMN)。由 DAMN 又可制取许多精细和专用化学品，如一甲酰化合物、二乙酰化合物、咪唑和嘌呤系化合物、聚酯纤维的分散剂及各种药物。一套年产 5 万吨丙烯腈装置大约可副产乙腈 1000 吨左右。然而，成品中含有 0.6%的丙烯醇和 1%~2%的噁唑，尤其是丙烯醇的存在会使成品带有刺激性臭味，因而影响了乙腈的使用价值和使用范围。乙腈成品馏分料液中，噁唑含量更高，达 8%~9%。含量在 73%左右的乙腈，其处理方法是采用焚烧法，大约一套年产 5 万吨丙烯腈装置烧掉的乙腈初馏分料液相当于每年烧掉 146 吨乙腈和 17 吨噁唑。所以，关兴亚提出新乙腈精制技术，目的是将这些废物变为化工原料，成为提高装置经济效益的途径之一。

当时国外文献中也有报道乙腈精制的新方法。有的用碱金属或碱土金属的次氯酸盐溶液为氧化剂，在 25~40℃、pH 值为 12 即碱性条件下处理，使乙腈中丙烯醇含量降至 0.1%以下。而噁唑分离回收主要采用以阳离子交换树脂、氧化钴、硅胶等为吸附剂的吸附分离法，也有的是用各种金属氯化物与噁唑形成不溶性络合物的络合分离法。美国环球油品公司，即 UOP 公司还提出先进的“吸附床工艺技术”，首先将固体试剂，如氢氧化钾将乙腈中的不饱和腈类选择性地转化，再用 13X 沸石吸附剂将转化产物及其他杂质除去，得到粗乙腈，其中水的质量分数小于 3×10^{-5}，相当于百万分之 30，其他杂质的质量分数小于 1×10^{-7}，相当于百万分之 0.1。

关兴亚和方永成等，分析了上述各种乙腈精制方法，采用 UOP 吸附床工艺，技术先进，但投资会很大，而且乙腈精制到如此“高超纯”似乎没有必要。如果采用拜桥公司的技术，用氢氧化钾和硫酸亚铁除去乙腈中的氢氰酸和丙烯腈，用苯作共沸剂脱水，要用一个蒸馏塔和一个反应釜，而且还存在两个缺点，其一是硫酸亚铁除氢氰酸产生的污水不易处理，其二是废水中乙腈含量高达 12.5%，显然乙腈回收率不会很高。所以关兴亚和方永成在综合比较上述国外乙腈精制方法后，决心开发出能适合中国现有丙烯腈装置，还要符合市场需求的乙腈成品的新乙腈精制工艺。

关兴亚想到，1963 年年产 60 吨固定床丙烯腈中试装置的七塔流程中也有乙腈提纯塔，只是因规模小，乙腈总量较少，所以在后来的三塔流程中未专门设置乙腈提纯塔，但有关乙腈提纯还是做了不少工作。在此基础上，1984 年又开展了乙腈连续回收新工艺的研究。大约经过一年半的时间，在进行基础数据回归、相平衡数据测定的基础上，又进行了第二次脱氢氰酸、减压、加压脱水，以脱除微量氢氰酸与丙烯腈及醛酮的化学处理试验。终于在 1985 年 10 月通过了中国石化总公司的技术鉴定。

研究工作并不是一帆风顺的，碰到了许多问题。例如乙腈精制的关键除了微量杂质脱除外，乙腈脱水也是难点，因为乙腈和水是无限互溶的混合物，不能用通常的共沸蒸馏技术和油水分离方法来脱水。所以开发了用物理和化学处理以及利用不同压力下乙腈和水共沸组成的变化进行微量杂质的脱除和脱水新工艺，新精制工艺也用蒸馏方法脱水，但却不加脱水剂，是具自主知识产权的一项新技术。

与之前的老工艺相比，乙腈回收率提高了 20%，蒸汽消耗降低了 30%，而且化学处理简单，化学品耗用量少，没有高浓度碱性污水。成品乙腈中丙烯腈的质量分数小于 1×10^{-4}，丙腈的质量分数小于 1×10^{-3}，其他杂质含量全部达到要求指标。1985 年，该技术首先在齐鲁石化年产3000吨丙烯腈配套的乙腈装置中应用。1987年，该乙腈精制技术同时在山东淄博和兰州两套均为年产2.5万吨引进丙烯腈装置得到应用。

1999年5月，齐鲁石化丙烯腈装置产能已从年产2.5万吨扩至4.0万吨。此时乙腈装置产能已达年产1400吨，由于采用上海石化院乙腈精制技术，产品乙腈纯度超过99.9%，乙腈回收率超过85%，更可喜的是实现了高纯乙腈的出口，获得可观外汇收入。

2001年通过中国石化集团公司技术鉴定。2002年，该技术又用于兰州石化公司石油化工厂乙腈装置改造。2008年，齐鲁石化公司腈纶厂丙烯腈装置技术改造时，新建一套年产2800吨的乙腈装置，2012年再次通过中国石化集团公司技术鉴定。

1988年12月，上海石化院开发的"国产化高纯乙腈精制工艺工业试验"还获得中国石化集团公司发明二等奖。

近年来，随着各国对环保和可持续发展理念的不断提高，对丙烯腈生产过程中废物排放和节能降耗提出更多更高要求，急冷塔污水的处理是焦点之一，并取得许多实质性进展。

国外某丙烯腈厂商开发的一种急冷塔硫酸循环使用新技术，拟在新建的丙烯腈生产装置中应用。在该新技术中，急冷塔出来的稀硫铵溶液经沉降分离除去催化剂颗粒等固体物质后，浓缩至40%，与来自甲基丙烯酸甲酯，即有机玻璃单体生产装置排出的硫酸氢铵一起送至废水燃烧炉去焚烧，焚烧产生的二氧化硫氧化为三氧化硫，再经吸收制成硫酸循环使用。关兴亚分析了该新技术，认为硫酸循环利用可节约资源，且丙烯腈回收率也较高，但不足之处是投资太大，相当于增建一个硫酸生产厂，也不一定切合实际。他认为，要从根本上解决硫铵处理问题有必要开发一种无硫铵副产的丙烯腈新工艺。尽管已到耄耋之年，但是他雄心未改，至今一直还指导着上海石化院的年青一代。目前该技术已取得重要进展，正进入千吨级中间试验，但离工业化还任重而道远。

如今，关兴亚下丙烯腈工厂的机会比以前少了，但仍一直关注丙烯腈工厂的节能减排。在他看来，随着人们对环保意识的增强，国家出台的环保法规日益严格，要做的工作实在太多。譬如说，目前丙烯腈生产过程中废水排放的含腈量小于每立方米 120 毫克，丙烯腈小于每立方米 22 毫克，都明显低于国家废气排放标准，但焚烧后排放气体的氮氧化物 NO_x 却大大超过国家排放标准，如何降低并消除 NO_x 又是一道难题。这个项目后立入国家“863”课题，所以他经常勉励上海石化院年青一代科技人员，希望他们在丙烯腈节能减排和综合利用方面多作贡献，而他自己还在尽一份微薄之力。

第六节　博采众长的扩能改造

截止 1994 年年底，世界丙烯腈年生产能力已达 450 万吨。同年我国丙烯腈生产装置已有 9 套，总产能为 22.5 万吨，同年产量为 19.1 万吨，进口量 5.1 万吨，表观消费量约 24.0 万吨。然而实际消费量远远超过 24.0 万吨。由于我国人口众多，12 亿人口的穿衣问题十分突出，丙烯腈最重要用途的腈纶年消费量达 45 万吨，所以一半以上腈纶需要依靠进口来解决。如加上丙烯腈用于生产电视机、洗衣机、汽车零件的工程塑料 ABS(丙烯腈-丁二烯-苯乙烯共聚物)等消费量，当时估计到 2000 年丙烯腈需求至少达 80 万吨。然而，即使包括即将投产的 3 套引进装置，合计产能为 16.6 万吨，以及 2000 年前拟建 4 套装置，合计产能为 20 万~25 万吨，届时仍有 20 余万吨丙烯腈的缺口。

当时，国际上丙烯腈生产装置已向大型化方向发展，一般新建装置产能在年产 10 万吨左右，少数是年产 20 万~30 万吨。大型化最大好处是每吨丙烯腈产品的投资费用和生产成本，以及能耗和物耗都会大幅度下降。但是，在欧美、日本等先进工业国家却很少建新装置，而是采用装置扩能改造途径。这对我国丙烯腈工业发展很有启发。

如何解决国内丙烯腈的缺口，当时也有两种途径可选，一是投资建设新装置；二是原有装置的扩能改造。如用引进技术建一套年产 5 万吨装置，仅专利许可和催化剂费用就高达 1500 万美元，相比之下，采用国内已经掌握的技术对原有装置进行扩能改造倒是一个花小钱、办大事的有效途径。另外，由于丙烯腈的剧毒属性，从环保角度出发，我国不宜再新布生产点，所以发展丙烯腈生产主要依靠生产装置的就地扩能改造。那么，究竟扩多少产能才是技术上可行、经济上有优势的呢？1998 年，关兴亚在国际华人石油与石油化工科技研讨会上发表的一篇题为“丙烯氨氧化制丙烯腈技术的发展趋向”的报告中，回顾了我国当时丙烯腈扩能改造发展思路。文中称：“丙烯腈技术改造是扩大生产能力最经济措施。据估算，建一套年产 5 万吨丙烯腈装置，投资费用约 5 亿~7 亿元人民币，而由 5 万吨扩至 7 万吨，只需 5000 万元人民币。按此推算，对 3 套年产 5 万吨丙烯腈装置进行‘5 改 7’，总投资仅 1.5 亿元人民币，生产能力却可增加 6 万吨。单位投资费用仅为新建装置的 25%左右，十分经济。”

为了做好扩能改造，关兴亚做了大量工作。首先是对现有规模为年产 5 万吨流化床反应器的生产能力作了详细计算。他发现在反应器直径不作更动情况下，只要对内构件进行改进，产能可增加 60%~100%。此外，还对年产 5 万吨装置其他各主要设备尺寸和容量进行了计算。如果生产能力增加 40%，那末只需对原有生产设备中部分换热器和机泵作更换，但塔设备只需更换内部构件即可。

当生产能力增加 60%时，反应器虽可应用，但换热器和机泵需要改造，某些塔设备就需整体更换，重新制造，相应设备的基础也要重新施工，连配套公用工程也将有较大缺口。因此所需投资费用也较高。通过计算和反复论证，认为生产能力扩大40%是比较合适的。所以，之后国内出现了多套“5改7”的扩能改造。

1995年4月，在中国石化总公司丙烯腈技术进步会议上，时任中国石化科技发展部主任的乔映宾教授，根据石化总公司历年来组织的丙烯腈重大技术攻关所取得的成果，特别是MB系列催化剂、UL型流化床反应器、复合萃取精馏、负压操作脱氰塔等已在国内大型装置上应用的成功经验，以及国外丙烯腈装置在大型化发展过程采用扩能改造的经验，提出“要依托丙烯腈装置进行技术改造，加快我国丙烯腈工业发展”的建议。

此时，还由于上海石化院的MB-86型催化剂工业应用取得突破性进展，大幅提高了丙烯腈装置的产能，加上良好的技术服务，所以许多厂家纷纷改用MB-86型型催化剂，还希望能对原生产装置进行扩能改造。其中抚顺石化公司腈纶厂是最早提出“5改7”的具体要求。1998年兰州石化公司提出，在仅更换催化剂和少数设备的基础上使装置产能从2.5万吨扩到3.12万吨，1999年齐鲁石化公司提出分两步使生产装置产能从2.5万吨扩至4.0万吨的计划。

提起离关兴亚故乡沈阳市仅45公里的抚顺市，它曾有煤城之称。而且这里的煤层又与众不同，上部伴生的油母页岩资源丰富，储量有50多亿吨，含油率在6%~10%。日本帝国主义势力侵入中国东北后，出于侵略、掠夺的需要，1925年开始利用抚顺西露天矿的油母页岩进行干馏制取页岩原油。1928年南满铁路株式会社抚顺煤矿正式筹建西制油厂，即今石油一厂，产量最高的1943年页岩原油为25.7万吨。之后又以东露天厂油母页岩为原料建设年产页岩原油50万吨的抚顺岩矿东制油厂，即今石油二厂。1945年日本投降后，原计划建设的蒸馏、焦化、石蜡、柴油酸碱精制等加工装置均未建成。

日本帝国主义不但掠夺抚顺油母页岩，还想利用抚顺丰富的煤炭资源直接加氢液化生产航空汽油等军用产品，于1936年建设石炭液化工厂，即今石油三厂。但终因技术不过关而以失败告终。直到今天，这些罪证都保存下来成为爱国主义教育的一份难得的教材。

解放后，工厂回到了人民手中，在党的领导下恢复了生产，1952年页岩原油产量达22.61万吨，1958年创历史最高水平达48.3万吨。然而，抚顺地区石油工业得到跨越式发展则在大庆油田开发成功之后。从1962年起，抚顺石油工业从单一生产页岩原油转向大庆原油加工。到1972年石油一、二、三厂年合计原油加工能力达890万吨。

中共十一届三中全会以后，抚顺石油工业进入了一个新的发展阶段。1982年3月，经国家经委批准，抚顺石化公司正式成立，属于石油部的石油一、二、三厂联成一体，还将以石油二厂粗丙烯为原料生产丙烯腈、原属地方管辖的抚顺市化纤厂，以及化塑厂都整合在一起，1983年划归中国石油化工总公司领导。

其实抚顺市化纤厂也是最早采用上海石化院开发的丙烯氨氧化制丙烯腈技术建成的12套中小型规模的企业之一。1972年该厂年产1000吨丙烯腈装置开车时，关兴亚还亲临现场指导过。当时给关兴亚留下的一个深刻印象是职工们乘着日本侵华时期建成的小火车上下班，这在国内城市是很独特的，不过这也是日本侵略者为掠夺抚顺煤、油资源留下的罪证之一。

1982年化纤厂隶属抚顺石化公司后，依靠联合优势，原料丙烯供给有了充分保证，通过配套改造，丙烯腈年生产能力迅速上升到3000吨，1985年再次改造达4500吨。而且丙烯腈一级品率达到100%，优质品率达87.2%。1985年实现利税390万元，比1980年增长1.34倍。同时对腈纶装置也进行了改造，年生产能力从1000吨增加到1200吨。

面临市场对丙烯腈需求的不断增长，通过技术引进，1990年作为年产14万吨乙烯工程配套装置又建成了年产5万吨丙烯腈装置。

装置运行初期，采用进口催化剂，生产一直平稳，但之后催化剂活性逐年下降，丙烯腈单程收率还不足73%。同时，由于下游腈纶的扩能，丙烯腈需求上升，抚顺石化公司又考虑在“九五”期间在丙烯资源有余的情况下，对引进丙烯腈装置进行扩能改造。

当时，抚顺石化腈纶厂的扩能改造的设计思路原则是：对反应器及主要塔器等设备不做外形尺寸的改变，只是通过内部构件的部分改造来完成。改造分两步进行，第一步采用上海石化院 MB-86 型催化剂替代进口催化剂，使产能直接达到年产 6 万吨；第二步经适当改造后达 7 万吨。

在关兴亚看来，抚顺石化的丙烯腈装置第一步达到年产 6 万吨，因直接改用 MB-86 型催化剂后，反应器问题不大。因为使用 MB-86 型催化剂所采用的空气与丙烯比只有 9.4~9.8，比采用进口催化剂下降 0.5~1.0，所以，总进气量变化不太大，反应器仍在可运行范围内。关键是第二步达到 7 万吨。说实在的，在引进装置做出这样大幅度技术改造还是第一次，心中把握不是太大。难点是要对每个设备的尺寸逐个进行计算，并提出改造方案，尤其是容量不够的“瓶颈”之处。不过他认为也有好处，通过边学习边实践对将来万吨级装置的成套技术国产化是一次锻炼和演习的机会，同时也是将多年来工程开发和研究经验用于技术改造的一次极好机会。

在关兴亚组织和指导下，上海石化院与抚顺石化公司设计院等一起采用先进的化工过程模拟软件，以及已经掌握的大量组分物性数据、相平衡数据、各种热力学参数，建立了丙烯腈生产装置全流程的模拟模型。通过反复计算、分析、核实，对主要工艺设备提出了详细的技术改造方案。这些方案除少数作工艺条件优化外，大量是采用先进的国内自行开发的新技术。尽管采用 MB-86 型催化剂后要求的进气量较进口催化剂要少，但生产能力要提升 40%，总进气量还是要增加 15%，所以主要设备的内部结构不可能不做变动，而且这样的变动必须采用新技术和效率更高的新构件。

流化床反应器中的丙烯、氨分布器，经计算，压力降和线速度等工艺参数仍在允许范围内。但平均孔径必须扩大，而改用清华大学开发的，并在高桥化工厂千吨级工业装置得到验证的新型气体分布系统，丙烯和氨混合效果更好，不易堵塞，催化剂不会烧结，效果更为理想。

流化床反应器中的旋风分离器，在气量增加15%的情况下，如不作改进含尘量将会增加，还加重了回收催化剂的负担，所以旋风分离器的进口尺寸等也作了相应修改。

主要塔器因进料量和出料量的增加，塔内部结构基本作了改造。因为塔直径和塔高不能改变，要提高生产能力只有对内部构件进行更新。例如吸收塔原设计分三段结构，其中关键的中段，根据流体力学的计算存在问题较多。在综合比较几种塔板特点及系统压力降的情况下，将浮阀塔板改为效率更高的大孔筛板和新型填料。回收塔模拟计算结果表明，扩能后雾沫夹带是该塔的主要控制因素，因此，除对进料降液分布形式作相应改进外，对不同部分分别改用大孔径导向筛板和大孔径筛板；乙腈解吸塔、丙烯腈成品塔内原用浮阀也都改用大孔径筛板塔。

反应气体冷却器的改造是一大难点。因为温差大，约达240℃，管壳层压差大，约4.36大气压，对材质要求高，当时国内还不能制造，作大幅度改造有困难。所以仅通过改变工艺条件，适当提高冷却器出口温度来减少热负荷，从而保证安全操作。

在这次改扩建工程中唯一重新加工的设备是轻有机物汽提塔。该塔除进料量增加后，塔径需相应增加外，使用多年腐蚀已相当严重，也必须予以更换。重新加工后的轻有机物汽提塔采用不锈钢材料，以提高对物料的抗腐蚀性。

所以总体看，这次扩能改造基本符合抚顺石化公司腈纶化工厂的设计思路原则，主要设备外形尺寸虽未作改变，而其内脏早已面目全非。

1996年3月，中国石化总公司技术开发中心召开“抚顺石化公司5万吨/年丙烯腈装置扩能改造基础设计”审查会。会议认为由关兴亚主持的基础设计是结合原装置实际，符合石化总公司企业依靠技术进步“九五”发展总指导思想的较佳方案。此项目对全国丙烯腈成套技术的国产化和国内同类装置的技术改造具有示范作用。

同年7月下旬，关兴亚和卢文奎副院长和陈欣副总工程师带领上海石化院科技人员奔赴抚顺石化公司腈纶厂丙烯腈装置。7月28日，在关兴亚亲自指导下，将110吨MB-86型催化剂装入流化床反应器，7月30日开始投料运行。从8月份20多张分析数据看，丙烯腈单程收率比使用进口催化剂提高3~5个百分点。8月份共生产丙烯腈5319吨，而且原料丙烯和氨的单位消耗水平明显下降，达到设计要求。唯一问题是产品质量因丙酮含量上升也有过几次波动。为此，关兴亚绞尽脑汁，想不出设计上的失误。于是，到现场观察。后经查实，问题出在返回精制的原储罐存有不合格物料，不合格料中有过高丙酮含量，并非催化剂和操作原因，所以这一问题很快得到解决。

抚顺石化公司丙烯腈装置的“5改7“，无疑是成功的。当时根据装置运行得到的结论是：

（1）MB-86型催化剂丙烯腈单程收率高于进口催化剂3%~5%；

（2）产量高而原料单耗低，丙烯和氨单耗分别为1.079吨/吨丙烯腈和0.528吨/吨丙烯腈，比进口催化剂低得多；

（3）污水指标可达标，污水中未检出丙烯腈，COD（化学耗氧量）平均值为1254.19毫克/升；

（4）投料空气比低，反应温度无明无变化；

（5）产品质量达优级品标准。

继抚顺石化年产5万吨丙烯腈装置扩能改造成功后，兰州化工公司石油化工厂也提出用上海石化院催化剂进行扩能改造的具体方案。

地处黄河之滨、兰州西固的兰州化工公司是我国最早的石油化工基地。早在第一个五年计划期间就是我国化工骨干企业之一。1970年建成的年产1万吨丙烯腈装置也是我国最早引进的丙烯腈装置。由于当时受外部环境制约，引进技术并不先进，采用固定床反应器技术，加上十年动乱的干扰，产品质量达不到指标，也未能达到生产能力。后来改用该公司自己开发的以刚玉为载体的多元钼铋系氧化物组成的固定床催化剂，情况虽有好转，但总体看技术水准比较落后。为此，该公司决定新建一套年产2.5万吨，采用流化床工艺的丙烯腈装置，作为国家“七五“重大改造项目之一。为节约投资费用，公司又决定只购买国外公司的丙烯腈专利使用权和反应器的技术资料。国外公司对该新建装置不作任何技术保证，也不提供其他资料及技术服务，完全由兰州化工公司自行建设开车。结果，新装置1991年12月建成投产，而且仅用37小时就拿到合格丙烯腈产品。

后来，由于兰州化工公司1998年将完成年产20万吨乙烯改造工程，原料丙烯有充足供应，而且该公司因新建丁腈橡胶和ABS生产装置，对丙烯腈需求量有较大幅度增长，所以打算对丙烯腈装置进行扩能改造。改造确定的原则是：在反应器不更换的情况下，采用上海石化院新开发成功的高负荷MB-96(A)型催化剂，替代原装置采用的同是上海石化院的MB-82型和MB-86型混合催化剂，使装置的年生产能力从2.5万吨扩至3.12万吨。其他设备如塔、热交换器、泵、压缩机进行核算后，对瓶颈之处作必要的改造。

接受该任务的关兴亚等科研和设计人员，刚开始曾担心流化床反应器是否可适用。因为反应器直径虽为5米，但与同规模引进装置相比，直径比山东淄博石化厂小0.4米，而截面积仅为大庆石化总厂化工二厂的44.8%。后来，经过计算，反应系统未作很大改动。但由于丙烯腈产量的增加，反应所需空气量也相应增加，原空气压缩机的输送能力不能满足需要，需对空气压缩机进行改造，增加15%的空气量。为节约投资，只需对空气压缩机的转子及其隔板进行改造，用转子直径增大的方法来增加空气吸入量，实际能力提高了31.3%，而需要增加空气量仅15%，所以还有富余，且转速可控制在下限操作。

回收精制系统采用上海石化院技术，要求丙烯腈精制回收率不低于94%。塔系由兰州设计院进行水力学核算。计算结果表明能满足扩能要求。只是原冰机制冷达不到要求，故增加了两台螺杆式制冷机。另外，丙烯腈产能的增加，副产乙腈量也相应增加。所以，相应塔器内构件也进行了改造。此外，还重新设计加工了4台热交换器和9台泵，对电气仪表方面作了相应的改造，并对26台调节阀进行管径变更调整，增加了相应的变压器和电缆。

1997年10月实施了对该装置的扩能改造，投产运行后，基本上达到设计指标。在半年多生产中，物耗、能耗、环保基本上能满足设计要求水平。改造的成功，满足了兰州化工公司合成纤维、合成橡胶和塑料生产装置对丙烯腈的需求，提高了该公司的整体经济效益。

根据兰州化工公司石油化工厂对这次扩能改造的经济性评估，总投资费用约2700万元，投资利润率为61%，投资利税率为73.71%，所得税后投资回收期为3.84年，若均为内供产品无所得税，则投资回收期为3.38年，是一项效益较为理想的改造工程。

不过也存在一些缺憾，主要是受资金额限制，废热回收系统未列入改造内容，所以装置能耗较国内其他装置要高。

那时，根据国外有关资料的评估，大约增加年产1万吨丙烯腈能力投资至少在1亿元人民币以上，但兰州化工公司石油化工厂增加了年产7000吨丙烯腈能力，投资费用共2700万元，所以总体看还是省钱的扩能工程。

与上述两次丙烯腈装置扩能改造相比，齐鲁石化年产2.5万吨丙烯腈装置扩能改造为年产4.0万吨，意义更为重大。作为中国石化总公司的"十条龙"科技攻关项目之一，首次采用由中国石化总公司组织上海石化院等单位自己开发的，包括11项专利技术和专有技术编制的"5万吨/年丙烯腈装置工艺包"，即S-ANT。其中上海石化院参加S-ANT工艺包编制的除关兴亚、陈欣、吴粮华等丙烯腈课题组主要负责人外，后任副总工程师的王荣伟技术主管也参与了这项工作。S-ANT所采用的技术及其能耗、物耗等各项指标都体现了技术的先进性和可靠性，它标志着我国丙烯腈技术水平已进入了世界丙烯腈技术的先进行列，为采用国内技术建设自己的丙烯腈工厂奠定了良好基础。为此，中国石化总公司技术开发中心十分重视齐鲁石化的这次扩能改造，不仅将其视作为成套技术国产化的主要示范装置，而且改造成功与否将直接关系到具有自主知识产权的国产化技术能否打破外企对丙烯腈技术的垄断问题，因此作为该重大项目的主要组织者的关兴亚深感责任重大。

在这次齐鲁石化扩能改造中主要采用7项工业化新技术，即由上海石化院开发的MB-96型和MB-98型催化剂、复合萃取精馏技术、乙腈精制技术；由清华大学开发的六重圆环型丙烯、氨分布器和侧吹式空气分布板；由石油大学开发的PV型二级旋风分离器；由华东理工大学开发的导向浮阀；由大庆石化开发的负压操作脱氢氰酸技术。

清华大学化工系开发的新型分布器技术，是在对高速流动流化床反应器的研究和炼油工业实际应用的基础上开发成功的。它的特点是有利于加强上分布器丙烯和氨在径向上的均匀分布。同时上分布器结构上有两个变动，使旋风分离器的下端，即料腿可直接伸入再生区，以加强再生区与循环区催化剂物质循环，充分发挥晶格氧进行丙烯氨氧化反应选择性高的优势。分布器喷管为半内插式结构，又具有对进入分布管内催化剂的自动清理功能。

为将其开发的新型气体分布器技术推向万吨级工业装置，1995年4月起，清华大学曾在上海高桥化工厂年产5000吨丙烯腈装置做过试验。结果表明，同样采用 MB-82 型催化剂但丙烯腈单程收率从 73.7%上升到 78.0%，且运行操作性能良好，明显优于引进流化床反应器气体分布系统。在高桥化工厂千吨级装置试验中，同时改用上海石化院新开发的 MB-86 型催化剂后，丙烯腈选择性达 82.88%，单程收率提高 3.1 个百分点，达 82%，实际年生产能力达到 8000 吨。一套年产 5000 吨的丙烯腈装置在 1997 年因采用这两项新技术实际产量高达 8238 吨，而且在操作气流速度在每秒 0.65 米的高速湍流下限进行，每吨丙烯腈消耗的催化剂量仅 0.55 公斤，优于引进装置的 0.6 公斤水平，从而使装置能耗和物耗都有不同程度的下降。其中，丙烯单耗从每吨丙烯腈耗丙烯 1281 公斤下降到 1085 公斤。1997 年 1 月 28 日，清华大学这项研究成果通过中国石化总公司组织的技术鉴定，认为该分布气系统由于采用侧向喷嘴，加强了催化剂在反应区和再生区的交换等，在结构上有别于引进装置，在性能上优于国外公司的同类系统，达到了国际先进水平。因此，在齐鲁石化丙烯腈装置扩能改造中对清华大学化工系这项技术寄于厚望。

旋风分离器是丙烯腈流化床反应器内关键设备，它直接决定反应器内催化剂的粒度分布、催化剂损失量，因此对反应器的流化质量、反应性能和长周期稳定运行起着重要作用。工业生产上曾通过调整旋风分离器筒体的径高比、料腿即旋风分离器下端长度等措施来提高旋风分离器效率，使催化剂损失量明显降低。但随着丙烯腈装置生产能力的不断扩大，反应器原有的三级旋风分离器的不足之处逐渐显露，其中主要是体积庞大，而反应器内空间有限，另外还受操作气体速度及压力降的制约，成为反应器扩能的瓶颈，因此工业上希望能开发一种体积小，安装简便的新型旋风分离器。为此，关兴亚在中国石化总公司的一次会议上谈及此事，会上中国工程院院士、中国石化总公司侯芙生总工程师当即告诉他，石油大学开发的 PV 型旋风分离器在流化床催化裂化反应中应用很有成效，不妨去石油大学请教一下。关兴亚得到此信息后，十分兴奋，立即赴石油大学请教时铭显教授，还告诉时教授自己在 1993 年参加“国际流化态会议”时得知某公司采用多级旋风分离器的效果，并希望石油大学能借鉴国外先进技术，时教授对此很感兴趣，并愿意承担这项研发工作为我国丙烯腈工业作贡献。

为开发丙烯腈流化床反应用旋风分离器，石油大学专门成立了一个丙烯腈旋风分离器联合攻关组，组员有陈建义、孙国刚、曹占友、时铭显等，他们很清楚 PV 型高效旋风分离器，已在全国炼油厂多套催化裂化反应器装置上推广应用，取得显著经济效益，但移植到丙烯腈生产中却因反应器内介质不同、反应条件不同，完全照搬是不可能的，必须重新设计、重新做试验。

为考察 PV 型高效旋风分离器在丙烯腈装置应用的可能性，石油大学先在位于锡山市石油化工设备厂内的，中国石化总公司流态化与气固分离大型冷模工程研究试验装置上进行冷态试验。所谓“冷态”就是不通丙烯、氨等反应物料，催化剂以同样尺寸的滑石粉料来替代，但进入旋风分离器的气量和催化剂浓度是同样的。该试验装置钢架总高 17 米，有 6 层平台，风机风量可达每小时 1.8 万立方米，风压可达 1320 毫米水银柱，功率达 132 千瓦。试验结果表明，这种新型旋风分离器装在丙烯腈反应器内是安全的，可以达到预期效果。之后又在大庆石化总厂年产 1 万吨丙烯腈装置进行考核，效果显著。然而，此时，这种三级旋风分离器放置在齐鲁石化扩能改造的流化床反应器内还是显得体积过于庞大。为此又开展了采用两组 PV 型旋风分离器，也就是同样是 12 台旋风分离器的试验，但已从原来的 4 组 3 级改为 6 组 2 级，这样占据空间更小，安装更方便，而且分离效果更好，还降低了旋风分离器进出口物料的压力降，充分满足了扩能要求。目前 PV 型二级旋风分离器已广泛应用于国内丙烯腈装置扩能改造，也是具自主知识产权的技术。

华东理工大学开发的导向浮阀，其处理能力要比普通浮阀提高60%以上，所以许多分离塔只要更换变动配合板上的浮阀就能满足扩能要求。

齐鲁石化丙烯腈装置是20世纪80年代末从美国BP公司引进的，原设计生产能力为年产2.5万吨，于1992年5月建成投产。配套的辅助生产装置有年产900吨乙腈回收装置、年产1.5万吨的液体氰化物装置、年产3000吨硫铵装置。由于该公司原来年产30万吨乙烯装置扩能改造为45万吨后，丙烯资源需要平衡，同时还要解决年产4.5万吨腈纶装置的原料供给，这才决定对丙烯腈装置进行扩能改造。

因为当时齐鲁石化公司的资金比较紧张，齐鲁石化公司的丙烯腈扩能改造是分两步进行的。

第一步仅部分更改新型催化剂，使装置年生产能力从2.5万吨提高到3.5万吨。而且还要部分使用丙烯腈单程收率已经下降到77.3%的MB-86型催化剂，这是一大难题。因为既想提高产能又不能全部更换老催化剂这几乎是不可能的。好在关兴亚、陈欣他们有在台湾中国石油化工开发股份有限公司开车经验，通过采用两种催化剂掺混的办法，解决了催化剂单程收率偏低的问题。他们首先在上海石化院进行各种配比的混用高负荷的MB-96型催化剂试验，最终确定了两者的合适配比，即MB-86型催化剂占64%，MB-96型催化剂占36%。在该配比和相适应的工艺条件下，丙烯腈单程收率提高1个百分点，装置生产能力便可达到年产3.5万吨。

1999年4月23日，第一步扩能改造完工，4月29日正式投料，5月1日产出合格产品，并打通了全流程，这才使参加开车的各路专家如释重负。因为这几项新技术同时在万吨级规模上应用还是第一次，他们内心多少有点激动。专家们虽然不是24小时在岗操作，却从早到晚一直在装置操作室内观察操作数据和分析结果，一旦出现新情况便可及时处理。

1999 年 5 月 17 日到 20 日，对装置初步标定结果出炉，参与开车的科研人员这才露出一丝微笑。丙烯腈单程收率达 78.43%，比使用多年的 MB-86 型催化剂提高了 1 个多百分点。丙烯腈日产量达到 105 吨，每吨丙烯腈消耗的丙烯为 1135 公斤，比设计值 1137 公斤还要低，达到了年产 3.5 万吨的设计产能。

第二步改造是在 2000 年 5 月开始实施的，主要是整体更换成负荷更高的、同是上海石化院开发的 MB-98 型催化剂。该型号催化剂是在 MB-96A 型催化剂基础上发展起来的。它是通过调整优化活性组分配比，进一步提高该催化剂性能。实验制备的该催化剂丙烯腈单程收率达 80%左右。规模放大后制备的该型号催化剂的丙烯腈单程收率达 79.5%以上。MB-98 型催化剂曾获中国石化集团公司科学进步二等奖，上海市发明创造专利奖励委员会上海市发明创造专利二等奖。

与第一阶段采用 MB-86 型和 MB-96A 混合催化剂相比，最大改变是反应压力从 0.06MPa 上升到 0.084～0.086MPa，增加了 40%。从理论上讲，生产能力也增加了 40%。但是，除催化剂之外的其他 6 项新技术是否能适应呢？当时参加会战的科技人员都很紧张。尤其是二级 PV 旋风分离器的开发者，因为在第一阶段整改结束后的检修期间，他们发现器内有堵塞现象，所以及时采取了措施。后来运行一年多未发生堵塞现象，而且催化剂的单耗低于设计值，每吨丙烯腈产品的催化剂消耗低于 0.4 公斤，真是喜不自胜。

此外，由于设备设计存在的问题，在第一阶段试运行中，复合萃取精馏塔未达到令人满意的结果。之后在检修期间作了调整，这才达到设计要求。

2000 年 7 月 15 日，中国石化集团公司组织有关人员对这次技术改造进行了初步标定。丙烯腈单程收率为79.4%，平均日产丙烯腈120吨，每吨丙烯腈消耗丙烯1120公斤，装置达到了年产4.0万吨设计能力，而且消耗也有明显下降。

之后一年多的运行，又使丙烯腈物耗、能耗有大幅下降，经济效益明显。仅以投资费用看，增加1.5万吨产能，耗投资6000万元，远低于新建装置单位投资费用，实现了中国石化集团公司走内涵扩大再生产的战略目标。

回顾抚顺、兰州、齐鲁3套引进丙烯腈装置扩能改造的历程，随同参加改造的吴粮华说："老关的压力很大，改造后装置能否达标，不仅关系到每一个参与单位的声誉，还影响到丙烯腈的市场价格，甚至中国石化集团公司的经济效益和对国家的上交利税。"为协调与参与单位的工作，关兴亚长年出差在外，在装置开车期间，一天工作十多小时是常事，操作工早、中、夜班交接时他是必到的。他根本不像一个六十开外的老人，干起活来比二、三十岁青年人劲道还大。他不喜欢在操作控制室指挥开车全过程，却喜欢亲临现场，包括操作工对管道的检漏，催化剂装载都要具体指导。他常说："化工装置开车最重要，因为哪怕是一个小小的操作失误，也会影响整个装置的运行。"

他还有一个习惯，就是将每次丙烯腈装置的开车过程出现的各种大大小小的问题记录在小本子上，这样遇事不会慌张，因为同是丙烯腈装置，它们之间必有共性之处。他说："实践经验是总结出来的。"有时他还会与操作工畅谈其他丙烯腈装置开工时出现的问题以及处理意见，以逐步提高操作工应变能力和操作技能。此外，在生活上作为一个老专家却没有架子，原来领导安排的午餐和晚餐他都婉言谢绝，喜欢与工人一样的由食堂餐车送来的"快餐"。因此，每当开工结束回沪时，许多工人会依依不舍。

抚顺、兰州、齐鲁3套丙烯腈装置扩能改造的成功经验，引起了国内同行的关注，之后又带动了安庆石化、上海石化等丙烯腈装置的新一波扩能改造。然而，不知疲倦的关兴亚对大型丙烯腈装置成套技术国产化又有了新的设想。在总结扩能改造经验基础上进一步编制规模更大的中国石化集团公司自己的年产 5 万~28 万吨丙烯腈装置工艺包，以及开发各种少污染乃至无污染新一代丙烯腈生产技术。

关兴亚(中)等在美国孟山都公司前的合影(1998 年 9 月)

第五章

生命不息 攀登不止

第一节 宝岛之行与 MB-96 型催化剂

1978 年我国石油产量已突破 1 亿吨，居世界第 6 位。但是，石油综合利用程度低，石油化工发展慢，经济效益不高。其主要原因，一是将大量石油用作燃料烧掉，另外管理体制上是多头领导、条块分割、分散管理也是重要原因。为了在组织上、体制上确保提高石油的综合利用程度，加速石油化工发展和增加经济效益，中共中央和国务院经过深入调查研究，决定于 1983 年 7 月 12 日成立中国石油化工总公司。

中国石油化工总公司成立后，根据中共十二大提出的总任务，确定了石油化学工业“改革、开发、振兴”方针，努力把石化总公司建成一个技术先进、管理科学、信息灵通、效益显著的集生产、经营、开发为一体的综合性经济实体。在 1983 年 7 月召开的第一次直属企业经理厂长会议上，提出了在 20 世纪内的奋斗目标，在完成工业总产值翻两番基础上，使我国石油化工在主要技术经济指标，分别接近、达到或超过发达国家 80 年代的先进水平。为此，1984 年 9 月 27 日，中国石化总公司从开创石油化工科技新局面和适应科研体制改革需要出发，决定从 1984 年 12 月 1 日起，将原属上海市高桥石油化工公司的石油化学研究所划出，直属中国石化总公司领导。

从此，上海石化院由最初的地方企业研究单位转变为中央企业直属研究院，服务对象转向国内主要大型石化企业，为他们提供基本有机适用技术和高性能催化剂。由于上海石化院在引进催化剂配套研制方面已有不少成果，所以相关催化剂研制生产任务接踵而来。起初，还可以借用上海市化工局下属单位和部分专业生产厂的场地和设备，勉强完成订货，例如，1980 年 6 月为辽阳石油化纤公司生产涤纶原料的环氧乙烷装置第二反应器用 6.5 立方米银催化剂生产，曾借用上海无线电一厂的隧道窑进行载体氧化铝焙烧。到 1984 年 7 月再为该公司环氧乙烷第一反应器生产 24.5 立方米银催化剂，产量大幅增长，虽也借用上海无线电一厂的隧道窑进行载体氧化铝焙烧，24 小时连续运行，但已显得有点力不从心，而且这种作坊式生产远不能满足市场需求。

与炼油催化剂和化肥催化剂相比，石油化工催化剂更为“精细”，除了价格昂贵以外，生产难度大，过程复杂，质量要求高，尤其是催化剂的活性和选择性决不能有一个百分点的差别。另外，催化剂产品更新换代快，每隔 3~4 年就有新一代催化剂出现，所以炼油和化肥催化剂生产厂一般难以接受石油化工催化剂的生产任务，尤其是为引进装置配套的石油化工催化剂的试生产。他们迫切希望研究单位能承接引进装置配套催化剂的生产。

为此，上海石化院领导从加速科研成果转化为生产力的步伐，加快引进装置催化剂国产化进程和适应市场经济发展所需出发，打算建设一个催化剂生产基地。考虑到建厂用地问题，又与上海石化院所处的川沙县东沟乡进行协商。当时，东沟乡和国内大多数农村地区一样，正在积极策划“乡镇企业”，发展地方经济。所以，双方一拍即合，由上海石化院出技术、出资金，由东沟乡出土地和民工建立联营厂。但此时国家计划经济体制正在转轨之中，光盖百余个章就花去了一年多时间，一直到 1985 年 7 月，上海石化院与东沟乡的联营企业“上海东海石油化工厂”才正式挂牌。联营厂由上海石化院院长陈庆龄任董事长，东沟乡负责人徐炳其任副董事长，上海石化院原总工程师办公室负责人凌自兴工程师任厂长。翌年 8 月，获得中国石油化工总公司批复，并正式更名为“上海石油化工研究院实验厂”。

丙烯腈催化剂是该实验厂主要产品之一。那时，上海石油化工总厂虽建成催化剂生产装置，但主要给本厂自用，其余国内多套用自己技术建成的丙烯腈和部分引进装置，每年需求量数十吨催化剂，基本由上海石化院实验厂提供。因为生产的催化剂性能好，有些引进装置还未投产就已与实验厂签订了供货意向书。

随着上海石化院丙烯腈催化剂研发水平的不断提升，尤其是MB系列催化剂在多套引进装置上的成功应用，引起了台湾中国石油化工开发股份有限公司(简称台湾中化公司)管理高层的关注。

原来中化公司是1946年6月成立于上海市，1949年迁至台北市的中国石油公司(简称中油公司)的子公司。作为台湾当局推行的国营企业民营化的一环，1969年4月才成立中化公司。最初中化公司的中油公司持股率为76.35%，到1995年已下降到36%。

台湾地区的石化工业虽然起步比大陆要迟几年，但在一段时期内发展迅速。从1968年5月中油公司第一套轻油(或称石脑油)裂解制乙烯装置建成起，到1978年乙烯生产能力达年产56.8万吨，在亚洲仅次于日本、居第二位。1996年乙烯实际产量达90.6万吨。

由于台湾地区的石化工业走的是“逆向法”路线，也就是在20世纪60年代依靠进口原料加工成塑料和合成纤维制品打进国际市场，积累外汇后再向上游发展，直至建成乙烯装置。这与大陆地区先建乙烯装置后建合成树脂、合成纤维、合成橡胶装置的发展路线刚好相反，所以，这种发展策略又称“逆向法”。其好处是产品市场有保证，另外原料利用率也高，这对资金短缺的台湾民营企业家来说不失是一条发展石化工业的有效途径。到1995年，面积仅3.6万平方公里、人口2100万的台湾地区，竟有两个石化产品居世界首位。其一是聚酯即涤纶纤维，1994年产量189万吨，连续两年超过美国14万吨左右，此时中国大陆聚酯年产量仅80万吨；其二是奇美实业公司的ABS树脂产能100万吨也居世界第一。所以，当时台湾石化界部分人士并未看重中国大陆的石化工业。

然而，台湾中化公司的高层还是清醒的，因为从长远看，台湾石化工业基本上采用的是引进技术，技术开发力量相当薄弱，后劲明显不足。有的高层管理人员还参观过包括上海石化院在内的多家石油化工研究机构。这些高层多数来自祖国大陆，都是炎黄子孙，对大陆怀有血浓于水的同胞感情，也希望在台湾引进装置中采用中国人自己开发的技术和催化剂。不过由于政治原因，直接通商还有许多障碍。

1993 年 7 月，时任上海石化院实验厂厂长的赵楚骏，通过香港丰生公司与台湾中化公司取得了联系，并约定由时任上海石化院党委书记的沈银林为领队，包括副总工程师陈欣、赵楚骏厂长、徐建荣工程师等，在加拿大与台湾中化公司管理高层进行商务谈判和技术交流，并很快签订了丙烯腈催化剂供货意向书。后来台湾中化公司的这位管理高层说，同样是商务谈判和技术交流，欧美人士趾高气昂，鄙视我们中国人，大陆同胞都十分友好，可以推心置腹交流，还希望大陆同胞多开发一些新工艺和新催化剂，为我们中国人争光。台湾石化界非常乐意接受大陆新工艺和新催化剂。

之后，台湾中化公司负责丙烯腈技术开发和生产管理的高层人士，除在上海石化院商谈具体事项外，还在吴粮华等陪同下，赴兰州石化公司和大庆石化总厂实地考察上海石化院开发的 MB-86 型催化剂的应用效果。不仅如此，台湾中化公司还携带 MB-86 型催化剂，在其直径为 3 吋的流化床反应器作了评价试验。因为在该公司生产装置上应用的催化剂必须先通过直径为 3 吋的流化床反应器评价。按照催化剂生产商所说如能过这一关，催化剂在工业生产装置上不应存在放大问题。

1995 年 6 月，经双方共同努力，上海石化院终以中国石油化工总公司名义，与台湾中化公司正式签署了“MB-86 型丙烯腈催化剂的供货合同”。同年 7 月，上海石化院与香港丰生公司又在加拿大温哥华举办首届“MB-86 型丙烯腈催化剂工业应用国际交流会”。关兴亚与陈庆龄院长和陈欣副总工程师参加了交流会。会上还邀请大陆 MB-86 型催化剂使用单位详细介绍该催化剂的工业应用经验和效果，目的是向包括台湾等地区推销新型催化剂。

1996 年 3 月，根据双方签订的技术服务及催化剂性能确定条款，关兴亚、陈欣和吴粮华 3 人赴台湾生产现场进行开车前准备工作，参加投料开车和催化剂开车初期性能测定工作。那时，关兴亚已六十又四，虽看上去身体健壮，但毕竟年事已高，不可能像以往那样现场指挥开车过程，在反应器和分离塔爬上爬下。所以，领导劝他留在院内，遇到问题再找他商量。可是他非要亲临现场，看到自己和同仁们的科研成果在祖国宝岛台湾开花结果。关兴亚记得，那时海峡两岸还未实现“三通”，所以，从上海到高雄，要经过香港转机。在飞机上关兴亚又浮想起几年前在厦门开会的情景。

大约是 1988 年关兴亚参加了一个全国性的催化剂年会，会上关兴亚介绍了国内外丙烯腈催化剂进展。会议期间，会议主办单位组织与会者参观了厦门大学和知名的胡里山炮台。当时给关兴亚留下深刻印象的是厦门大学的一个炮弹坑，那是“炮轰金门”和台湾当局企图“反攻大陆”遗留下的痕迹，还有就是胡里山炮台两只巨型的对台宣传喇叭。

胡里山炮台，位于厦门东南端，毗邻厦门大学，三面环海，素有“入闽门户天南锁钥”之称，而且与金门岛隔海相望。用放大倍数不高的一般望远镜就能看到台湾当局控管的大担岛和二担岛。据当地渔民说，两岸渔民相当友好，常常可在海上进行“物物交换”。台湾渔民思乡心切，而且对大陆渔民递送的对台宣传品也会细细阅读。逢年过节大陆渔民还会送上福建土特产，以解台湾渔民思乡之渴。台湾渔民也会回送一些工业品给大陆渔民。那些老渔民还不时打听共产党政策是否允许台湾渔民回乡探亲。因为他们之中有的是祖籍就在福建，也有的是解放前被台湾当局“抓壮丁”而去台湾的，总希望有朝一日能回家乡探亲。可是，近在一海之隔却因政治原因导致骨肉同胞的分离。不过，时隔不到十年，虽然两岸不能直接通航，但关兴亚一行也终于可经香港到祖国宝岛台湾进行技术服务，这多少也是前进了一大步。

飞机很快就到达台湾省第二大城市高雄市。这里是关兴亚一行下榻的地方。

高雄市位于台湾省西南部，是台湾省南部海路大门，人口约160万。优良的海港，发达的海运为高雄市的发展提供了得天独厚的条件，并成为台湾省工业建设的重点。其中炼油、钢铁、造船在全省占据重要地位。在飞机渐渐降落时，从高空便可俯瞰高雄市的概貌，石化装置的特征，高耸的铁塔设备断断续续分布在沿海的数十公里内，是一座典型的“石化之城”。

从1968年4月1日台湾中国石油公司(简称中油公司)在高雄建设第一套乙烯装置起一直到1996年，该公司已在林园和高雄各形成了年产61.5万吨和年产40万吨的乙烯生产能力，并且还在规划新建乙烯装置。这是因为外向型经济的台湾省的石化产品需求是在持续地增长。1996年乙烯产量90.6万吨，进口量达18.6万吨，但仍不能满足需求，规划中的两期乙烯工程，将使台湾省乙烯年生产能力达150万吨。

关兴亚一行目的地是高雄市大社乡的台湾中化公司。大社乡也是石化工业园区之一，这里有国乔公司的苯乙烯装置，以及奇美公司和高福公司的聚苯乙烯装置，还有台聚公司的聚丙烯装置，以及台湾合成橡胶公司的丁苯橡胶装置。

台湾中化公司除在大社乡有一套年产17万吨丙烯腈生产装置外，还包括建在高雄地区的尼龙单体己内酰胺装置和建在大社乡的甲醇和醋酸装置，而且还是技术开发型企业。向有关子公司转让的技术有：高雄单体公司的有机玻璃单体甲基丙烯酸甲酯(MMA)、台湾石化合成公司的汽油高辛烷值添加剂甲基叔丁基醚(MTBE)和低毒溶剂甲乙酮(MEK)、新和化学公司的氯代烃和盐酸、台湾志氯化学公司的苛性碱和氯气，各出资比例分别为40%、37.88%、5%和40%。此外还向用作聚碳酸酯塑料原料新建的苯酚-丙酮-双酚A一体化装置的信昌化学公司出资40%。尽管该公司开发了多项石化生产技术，但对上海石化院能开发出各项性能指标均达到或超过国际先进水平的丙烯腈催化剂十分赞赏。这是因为中国能与世界最权威的丙烯腈厂商相竞争，并且脱颖而出，实在不容易，这也充分说明中国人智商不亚于西方人。

大社乡，位于高雄县西南部，北与燕巢乡接壤，东与大树乡临界，南与仁武乡毗邻，西边则是高雄市楠梓区，总面积为26.6平方公里，是高雄县重要的农作物乡镇。大社乡也是旅游胜地，除可前往知名的观音山欣赏大社乡的自然景致之外，还可前往石翠山观看优美风景。关兴亚一行一直想找个机会浏览风光秀丽的大社乡，但因心系装置开车，所以根本无暇光顾，连到附近的商场和超市购买日用商品也是匆匆忙忙的，始终在旅馆和厂区两点一线的往复之中。

台湾中化公司的管理制度非常严格，年产17万吨丙烯腈装置有两台反应器，也就有两个反应器控制室。一台反应器采用MB-86型催化剂，另一台反应器仍采用引进催化剂。操作人员包括上海石化院派出的工程技术人员，只能在自己控制的反应器控制室内活动，不能越池半步。连MB-86型催化剂的装载也是他们自己动手。而且更不像在大陆地区，采用上海石化院催化剂的工厂企业就必须听从上海石化院工程技术人员的指挥。在该公司，关兴亚等3人只要坐在控制室等待分析数据即可，不过看似轻松，实际总有放不下来的感觉。但是运行数据还是不断显示出来，不过如何操作会征求你的想法。碰到问题，装置的负责人也会同你商榷或征求你的意见。

当时，第一次赴台开车并不顺利，严格地讲，催化剂性能未达到预定指标。台湾中化公司的管理高层很着急，尤其是执意采用上海石化院催化剂的高层人士感到压力很大，因为一旦达不到合同指标将难以向董事会交代，还要受当时不同意采用大陆催化剂人士的讥讽。他们百思不得其解，MB-86型催化剂在兰州石化和大庆石化两套引进装置上开得很好，而且兰州、大庆包括台湾3套装置都是引进同一家外商技术。在中化公司3吋流化床反应器中也作过评估，主要性能指标都超过引进催化剂，为什么用到中化公司的生产装置上却达不到预定指标呢?

其实，关兴亚比他们更着急，因为如果完不成任务，或者说催化剂性能未能达标，按照协议还要赔款，更主要的是丧失在台湾石化界的声誉，所以接连有几个晚上没有睡过好觉。后来经仔细观察分析关兴亚终于找到了问题的症结。原来衡量丙烯腈催化剂性能还有一个重要指标，那就是负荷能力。这是关兴亚等研究人员没有考虑到的事情，更没想到这家跨国公司在台湾中化公司采用的工艺条件竟有别于国外多套同类型引进装置。原来，最初在固定床反应器中时常用空间速度来衡量催化剂的负荷能力，也就是用单位时间、单位质量催化剂上通过的丙烯质量来表示催化剂负荷能力的大小。在流化床反应器中通常使用质量小时空间速度来表示，简称为WWH。其中W、W分别是催化剂和丙烯的质量，H为时间，也就是在1小时内单位催化剂质量上通过的丙烯质量。WWH与催化剂活性有关，新鲜催化剂可采用较大的WWH，使用若干小时后可适当降低，一般WWH值为0.05~0.09。

在兰州石化公司年产2.5万吨丙烯腈装置采用的上海石化院开发的MB-86型催化剂，负荷WWH为0.065，而台湾中化公司年产17万吨丙烯腈装置，原先采用的引进催化剂，其WWH远高于0.065。所以当MB-86型催化剂用于高压高负荷台湾丙烯腈装置时，原先虽设定丙烯腈单程收率可达80%，但实际应用结果只能达到合同值的下限78%。其道理很简单，就像一个人挑担子似的，担子重了，同样行进这段路程，速度就会放慢，这是关兴亚、陈欣和吴粮华三人事前未能预料到的。另外，还有一个原因是台湾中化公司的分析方法与大陆丙烯腈装置略有差别，主要是对反应物中杂质的分析更加全面。但这种差别对丙烯腈单程收率计算影响还不是很大。

不过，事在人为，办法总是有的，但关键是要抓紧时间，在合同期内达到合同规定指标。关兴亚回沪后顾不上休息，立即与陈欣、吴粮华等人投入高压高负荷的新型催化剂的开发，这就是之后被称牌号为 MB-96(A)型的催化剂。由于有了开发 MB-82 型、MB-86 型催化剂的实践经验，在确定催化剂基本组成设计后，通过近 50 个催化剂配方和上百个催化剂的制备筛选，并经多次重复试验，在不到半年时间内就开发成功反应压力达 0.014MPa、负荷可达 0.086 的高性能丙烯腈催化剂。当时还考虑到如果全部用 MB-96(A)型催化剂替换在台湾中化公司运行的 210 吨 MB-86 型催化剂，代价太大，而且也会出现新的问题，即副产物氢氰酸收率下降，这就意味着中化公司丙烯腈装置下游甲基丙烯酸甲酯产能的下降。于是，关兴亚和陈欣等又想到用 MB-96(A)型催化剂部分替换 MB-86 型催化剂的掺混催化剂的试验工作。这种掺混催化剂的办法有它的实用意义，又是一种新的创举，至少是文献上找不到的。

为确保掺混催化剂能在台湾中化公司获得一次开车成功，在中国石化科技开发中心领导直接关心下，高桥石化公司、上海石化院共同组成了联合试验小组，共同制订了试验方案。1997 年 1 月 16 日到 2 月 25 日在高桥化工厂年产 5000 吨丙烯腈装置的直径为 2822 毫米的流化床反应器中，进行了各种不同条件的试验，包括 MB-86 型催化剂在常规条件下运行，MB-86 型催化剂在高压低负荷条件下运行，15%MB-96(A)型与 85%MB-86 型混用低压负荷条件下运行，20%MB-96(A)型与 80%MB-86 型混用高压高负荷条件下运行，20%MB-96(A)型与 80%MB-86 型混用低压高负荷条件下运行，以寻找出两种催化剂的合理配比。

工业试验的初步结果表明，MB-96(A)型与MB-86型丙烯腈催化剂适用于在较高压力和较高负荷下操作，是抗压性能较好的一种混合催化剂。不过当MB-96(A)型混用比为20%时，丙烯转化率提高，但深度氧化物二氧化碳等增加，丙烯腈选择性下降。与单独使用MB-86型催化剂相比，丙烯腈单程收率仅提高0.58百分比。然而在高压高负荷条件下，当MB-96(A)型催化剂混用比为15%时，效果最为明显，与单独使用MB-86型催化剂相比，丙烯腈单程收率可提高1.35个百分比。此结果与当时关兴亚、陈欣所做的小试验结果完全一致。此时丙烯腈单程收率80%~81%，并趋于平稳，氢氰酸和乙腈等副产物变化不大，从而为日后在台湾中化公司年产17万吨丙烯腈生产装置采用掺混催化剂奠定了技术基础。而高桥化工厂年产5000吨丙烯腈生产装置，由于采用掺混催化剂，1997年上半年丙烯腈产量比产量最高的1996年同期增加512吨，按当年市场价格计算获益20.48万元。原料丙烯单耗降低0.039吨，按当年丙烯价格计算，获益52.28万元，两者合计增加效益72.76万元。而且采用掺混催化剂后，装置废水排放质量较好，综合合格率达98%以上，化学耗氧量(COD)完全符合国家排放标准。真是各得其所，两全其美。

1997年5月，以15%MB-96(A)型和85%MB-86型掺混的丙烯腈催化剂在台湾中化公司年产17万吨装置上应用获得成功，丙烯腈单程收率等各项技术指标均超过合同值，且达到当时的国际先进水平，实现了首次在台湾地区丙烯腈工业装置应用的圆满成功。也使当年积极采用大陆催化剂的台湾中化公司的高层扬眉吐气，连连握住赴台湾标定催化剂性能的带队人、上海石化院陈庆龄院长的手说："谢谢！谢谢！"

回忆起当年赴宝岛台湾的技术服务，关兴亚说："我们不但在台湾赢得了大陆石化界在台声誉，而且还做了一回友好使者，为海峡两岸的和平做出了无声的贡献。"

由于海峡两岸长期的隔阂和台湾当局曾经的政治宣传，致使关兴亚一行初到台湾时，部分台湾民众，包括中化公司的部分员工有敬而远之的感觉。后来相互熟悉后，中化公司的员工才用“国语”，也就是大陆所称的普通话与大陆人员搭讪，下面有一段真实对话，现在看来很好笑，但确实反映了当年部分台湾同胞的思想。

员工问：“老先生，听说大陆同胞生活都很苦，吃不饱、穿不暖，是吗？”

关兴亚笑着回答：“你们看我们3个人像吃不饱穿不暖的吗？”

员工问：“在大陆，共产党还实行‘共产共妻’吗？”

关兴亚严肃地告诉他们：“根本没有这回事，这是国共两党在大陆内战时，国民党对共产党的诬蔑，新中国成立后不久，1950年，在中国共产党领导下大陆就制订了一夫一妻的婚姻法”。

接着员工又问：“你们大陆原子弹会不会打我们台湾？”

关兴亚认真地回答他们：“从1964年祖国大陆成功爆炸原子弹起，周恩来总理就宣布不首先使用核武器，台湾兄弟是我们的骨肉同胞，怎么会用原子弹对付自己的骨肉同胞呢？”后来，关兴亚还告诉他们，其实大陆在改革开放后，不光是北京、上海、广州这些大城市，就是一般中小城市的市政建设都不比台北和高雄差，希望你们有机会到大陆去看看，就知道大陆究竟怎么样？此后，这些中化公司的员工才恍然大悟，原来这些都是“政治宣传啊！我们起初还认为大陆共产党人都是杀气腾腾的好战分子呢！”之后，台湾上至石化界高层人士，下至中化公司员工都称关兴亚为“关老爹”，把他当作自己的亲人一般，还希望他多来台湾走走，指导台湾丙烯腈工业的发展。

此外，关兴亚对这次宝岛之行在技术开发上的收获也给予高度评价，是“坏事变好事”的一个典型实例。因为多年来，大陆丙烯腈装置一直在低负荷下运行，有些问题未暴露出来。在台湾中化公司碰到的问题和解决问题过程实际上等于根据市场要求又开发了一种新型催化剂，其意义甚至超过于获国家科技进步一等奖的 MB-86 型催化剂。

因为在台湾中化公司碰到新问题才开发了高压高负荷 MB-96(A)型催化剂，也因为我们成功开发了 MB-96(A)型催化剂，所以之后在兰州石化、抚顺石化、齐鲁石化等各套引进装置扩能改造中发挥了重要作用，至少认识到，在反应器尺寸不变情况下，采用高压高负荷催化剂可大幅度提高装置生产能力，也是节省投资，降低生产成本的重要途径之一，产生的经济效益同样是事前未想到的。鉴于 MB-86 型催化剂在多套引进装置中应用所取得的经济效益，获得了中国发明协会第二十届全国发明展览会金牌，中国石化集团公司科技进步一等奖，国家科技部、财政部发展计划委员会“九五”国家重点科技攻关计划科技成果奖，中国发明第十三届全国发明展览会银奖。

2009 年，关兴亚又一次来到台湾。但这一次是以中国工程院组团成员的身份去台湾考察石化工业的。由于近年来祖国大陆石化工业的飞速发展，其代表性石化产品乙烯生产能力已超过年产 1000 万吨，仅次于美国，居世界第二位，也将台湾石化产品的产能远远甩在后面。而且许多具有自主知识产权的石化生产技术不但进入台湾地区，还进入国际市场，甚至少数发达国家地区，使多数台湾同仁刮目相看，望尘莫及的。台湾石化产业界高层人士一再表示希望与大陆同仁合作。这是因为多年来台湾地区过度发展石化工业，尤其是多次的事故发生激起民众的过激情绪，加上土地、环保、收税等一系列问题，使台湾石化界面临前所未有的挑战。为走出困境，面向 21 世纪国际石化业的激烈竞争，他们有意向海外拓展石化工业，而祖国大陆又是最佳优选地区。因而他们迫切希望与祖国大陆合作，利用大陆的土地和技术，让中国石化产品和石化生产技术进一步走向国际市场，以达到振兴中华民族之目的。

关兴亚在加拿大 MB-86 型催化剂技术交流会上作报告

中国石化总公司发展部主任吴棣华(中)与台湾中国石油化工开发股份有限公司签订 MB-86 型催化剂供货合同(1995 年 6 月，后排右三为关兴亚)

上海石化院实验厂外景

第二节　提高产品精制回收率

我国丙烯腈生产起步于1968年，70年代初应用自有技术在全国各地兴建了12套中小型生产装置。1977年，上海石化总厂引进年产5万吨丙烯腈装置建成投产。80年代开始得到迅速发展。1996年，我国已有9套装置，年总生产能力为22.5万吨的装置在运行。正在建设的还有3套，合计年生产能力为16.6万吨的生产装置。此外，在2000年前计划投产的还有4套，合计年生产能力为20万~25万吨的生产装置。

为积极贯彻国家发展丙烯腈工来的方针、政策，组织行业进行技术攻关和提高生产技术水平的交流，推广生产技术管理经验，由中国石化总公司生产部组织成立全国丙烯腈行业协作组。上海石化院作为该行业协作组成员具体负责各项业务，并不定期出版年会文集。

关兴亚作为国内丙烯腈科研开发领军人物，十分关心行业年会和行业协作组出版的各种刊物。有一次，他从1996年7月20日出版的“全国丙烯腈生产技术论文汇编(95年度)”上看到报道大庆石化总厂化工二厂和上海高桥化工厂有关急冷塔(也称中和塔)因聚合物堵塞造成的装置停运和采取措施的论文。

其中大庆石化总厂化工二厂发表的论文题目是“丙烯腈装置急冷塔后置冷却器聚合原因分析及措施”。文章称，1988年7月投产的年产5万吨丙烯腈引进装置在运行4年多的时间内，因急冷塔后冷器聚合堵塞，造成多次停车，使装置运转周期最长为86天，最短仅24天。因聚合物堵塞造成停车累计达60天，影响丙烯腈产量

9000吨，减少产值达4050万元，减少利润900万元，停工造成装置直接经济损失累计200多万元。文章还说该厂采用红外光谱分析仪对聚合物作了定性分析，表明聚合物以α，β-不饱和腈类，即丙烯醛和丙烯腈的聚合物为主，并含少量氢氰酸和乙腈的聚合物。为解决聚合物堵塞难题，该厂赴美国与引进技术的厂商进行技术交流。后通过提高反应器进料氨与丙烯比例、调整急冷塔上段循环液pH值(即酸度指标)，切断后冷器自身循环等手段使装置运转周期延长至119~123天。这说明，通过工艺条件的改进也可减少聚合物的生成量，并提高产品丙烯腈回收率，延长开工周期。

高桥化工厂发表的论文题目是"5000吨/年丙烯腈装置氨中和塔技术改进"。文章称，技术改造前，每月要停车一次。为此，于1993年底对该塔进行了技术改造。高桥化工厂这套年产5000吨丙烯腈生产装置是采用国内技术建设的，其氨中和塔分为三段。下段是空塔，设有喷雾结构，采用二组喷淋管用热水循环喷淋。中段设置四组喷淋管及循环液冷却。上段安装5块筛板及循环液冷却器。中、上段之间设有分离器。在分析氨中和塔工作原理和探索造成聚合物的原因的基础上，从结构上对该塔进行了技术改造。其中包括增加喷淋管与升气管之间的距离、设置两块筛孔板，改善喷淋效果，延长了气液接触时间，强化了气液相传质和传热，从而提高了中和效果，解决了氨中和塔聚合、腐蚀等问题。通过技术改造延长了装置运转周期，从1个月延长到4个月；硫酸消耗从每吨丙烯腈消耗量的94公斤下降到83公斤；丙烯腈平均日产量从16.24吨上升到17.8吨，丙烯腈回收量得到显著提高。这说明，通过中和塔内构造改进也可减少聚合物生成，提高产品丙烯腈回收率，并延长开工周期。

关兴亚原先主要将精力放在催化剂和反应技术开发方面，但是看了这两篇论文后，觉得丙烯腈后处理，尤其是精制回收率的提升可以大做文章。因为衡量一套丙烯腈装置的技术水平，其产品精制回收率与丙烯腈产品的单程收率是同等重要的指标。如果一套丙烯腈装置从反应器流出目的产物，其单程收率是80%，但经过一系列后续处理回收率为90%，那么实际得到的丙烯腈全程回收率仅72%。所以，提高丙烯腈精制回收率的经济效益并不亚于提高丙烯腈催化剂的单程收率。而且，只要在该领域下功夫，通过工艺条件和塔内构件改变，完全有可能降低聚合物的生成，提高丙烯腈精制回收率，延长开工周期。

经过国内外文献调查研究，他发现国际上的丙烯腈精制回收率大约在93%~94%，而且有6%~7%是在后处理过程中流失的，而氨中和塔或称急冷塔又是丙烯腈流失最多的地方，约占3%~3.6%，回收系统约2.0%，排空系统1.0%，还有精制和排污系统各占0.2%。当时，国际先进水平已过97%，所以，关兴亚觉得，这里也是“一桶金子”，大有潜力可挖。

他回想起，20世纪60年代年产60吨丙烯腈中试装置运行前，他曾经做过反应产物的聚合试验。结果表明，在某一个温度范围内反应产物最容易聚合，如果迅速跨越该温度范围，聚合物会大大减少，装置运转时间就得以延长。为此，关兴亚和方永成等提出一个设想，如果通过丙烯腈聚合动力学研究，提出一个合适的工艺条件和具有一定功能的内构件，将丙烯腈聚合物反应降至最低程度，丙烯腈精制回收率有可能从90%提升到95%。回收率提高5%，实际上也相当于丙烯腈的单程收率提高了近5%，那就是非常了不起的事。事实上，当时国内外丙烯氨氧化制丙烯腈的各种新催化剂的丙烯腈单程收率均已超过80%，此时丙烯腈单程收率再要增加1%也极为困难，增加5%可能性微乎其微，而通过提高精制回收率则是一条提升装置经济效益的重要途径。对此，方永成便立即着手进行此项工作，并暗暗佩服他的“不服老”的精神。真没想到已是六十开外的人，还会另辟蹊径，致力于丙烯腈的再创新。

其实，急冷塔的技术改造是有相当难度的。当时国内急冷塔多数采用上、下两段结构。由于要回收硫铵，下段不加硫酸，以防止高聚合物和高沸点物混入硫铵，使硫铵回收更困难。在中段加硫酸中和未反应的氨，并生成硫铵污水。因此上、下两段的酸度，即pH值不同，下段pH值为7，上段为4左右，由于下段为中性或偏碱性，因此丙烯腈和氢氰酸聚合损失就较大。如果不回收硫铵或进入该塔时未反应氨已基本清除，那末上、下两段才可保持酸性，这样丙烯腈因聚合损失量就大幅下降。在某些发达国家，不考虑硫铵回收，而且将硫铵污水直接注入深井处理，因此，丙烯腈回收率有可能达97%。但国内因地质原因是不允许这样做的，而且还要回收可作化肥用的硫铵。因而，更增加其技术难度。

研究工作分两个阶段进行。第一阶段是1999年6月完成的“丙烯腈聚合反应动力学和扩散动力学的理论研究”，1999年10月至2000年3月完成的实验室热模试验和冷模试验研究，并在模型试验和计算机模拟辅助研究基础上，开发了可以用于改变并抑制丙烯腈自聚反应和丙烯腈与氨加成反应的组合结构件，并确定了相关的工艺条件，使丙烯腈精制回收率从90%提高到94%。

2000年4月10月，在高桥化工厂年产8000吨丙烯腈装置检修期间，将上海石化院新开发的组合结构件装入急冷塔中，丙烯腈精制回收率提高4.92%。当年丙烯腈产量完成8745吨，比1999年的8011吨增加734吨，平均每吨丙烯腈毛利以4136.52元计算，增加效益304万元。

以一套年产5万吨丙烯腈装置为例，急冷塔改造投资费用需200万元，改造后丙烯腈精制回收率以提高4%计，每年净增产量2000吨，净增产值1400万元。当时国内8套万吨以上规模丙烯腈装置有5套采用该技术，丙烯腈精制回收率平均提高4.5%，若以提高4%计，26万吨产能共增加丙烯腈产量超过1.0万吨，每吨丙烯腈以1万元计，增效1亿元。

2001年5月至10月，丙烯腈回收率可提高到94%的工艺技术，在齐鲁石化公司年产 4 万吨丙烯腈装置上完成万吨级工业试验。2001 年 11 月 1 日，“提高丙烯腈精制回收率工业试验”通过中国石化股份有限公司的技术鉴定。之后，又先后在上海石化年产 13 万吨、安庆石化年产 8 万吨、中国石油兰州石化年产 3 万吨、大庆石化年产 8 万吨、大庆炼化年产 8 万吨等丙烯腈生产装置成功应用。2002 年，“提高丙烯腈装置精制回收率技术开发”获中国石化科技进步三等奖，2004 年获中国石化技术发明三等奖。2004 年“丙烯腈高回收率急冷方法”获第三届上海市发明创造专利三等奖。

第二阶段工作是将丙烯腈回收率提高到 96%的工艺技术。所研发的组合内构件，加上采用能增强急冷效果的优化方案，提高了急冷塔气液传热效率，增强了急冷效果，减少了停留时间，尽快地越过某范围，使丙烯腈损失再进一步下降。急冷塔丙烯腈实际损失又从 2.4%下降至 0.9%，从而使丙烯腈精制回收率达 96%左右。丙烯腈产量和装置效益得到进一步提升，而且每吨丙烯腈产品所消耗的原料丙烯、氨，公用工程的水、电、蒸汽，甚至排污水量都显著下降，达到了节能降耗和减排目的。该技术至今仍被国内丙烯腈装置普遍采用。

提高丙烯腈精制回收技术的成功开发，从某种程度上看，其意义不亚于新催化剂的开发。因为采用此技术可使一套丙烯腈装置在基本不改动设备的情况下，大幅增产丙烯腈。而且当时在与外商丙烯腈催化剂竞争中发挥了重要作用。

以齐鲁石化年产 4 万吨丙烯腈装置为例，保留原先上海石化院开发的内构件基础上，在直径为 3.4 米的急冷塔下段增加新型内构件Ⅱ，并配合要求调整急冷塔工艺参数，运行后达到预期效果。在不增加原料消耗和能耗前提下，每年增产丙烯腈 800 吨左右，增加利润 800 万元，3 个月就回收了投资成本。

当时，外商得知上海石化院已开发出超过国外先进水平的 MB-86 型催化剂后，催化剂价格迅速下降，甚至不惜一切代价，亏本销售生意也可做。而最狠的一招促销手段是以出国培训或者是出国考察作诱饵，并且让某些工厂的“实权者”得到“实惠”。所以尽管中国石化集团公司早有文件规定，“在与进口催化剂水平相当的情况下就优先采用国产化催化剂”，但仍有人以各种借口婉拒采用国产化催化剂。

有时催化剂性能改进也是一个婉拒国产化催化剂的理由。“因为国产催化剂选择性提高，主产品丙烯腈产量增加了，但副产物氢氰酸减少了，氢氰酸减少就会影响下游丙酮氰醇产量的减少。”也有的提出，国产催化剂选择性提高，反应热量不平衡怎么办？

但是，上海石化院提高丙烯腈精制回收技术，在国内自建装置的千吨级规模和引进万吨级工业装置的成功应用，以及 MB-86 型催化剂的实际使用效果使得一些借口婉拒采用国产化催化剂的“实权者”不得不改变初衷。因为工厂企业最终还是要看经济效益，买进口催化剂只是少数人受益，可“周游列国”“捧个大彩电回家”。但工厂的业绩还是平平而已，而采用国产化催化剂和颇具吸引力的提高精制回收率技术，企业经济效益可以大幅上升，得益的是国家和工厂所有职工，权衡之下当然是选择后者。

鉴于“第二代提高丙烯腈精制回收率技术(96)开发”技术在齐鲁石化年产 4 万吨丙烯腈装置的成功应用，该项目于 2005 年获中国石化科技进步二等奖，于 2007 年获上海市科技进步三等奖。

由于提高丙烯腈精制回收率技术的推广应用，加上 MB-86 型催化剂的组合销售模式，使一度陷入销售困境的 MB-86 型催化剂又重获市场青睐。那时，上海石化院职工奖金、福利和增资费用部分要由单位自己创收解决，而催化剂销售业绩下降在一定程度上也会影响职工的收入。所以，从这个意义看，该技术的成功开发和推广应用对改善和提高全院职工收入起到了一定的作用。

现今，新一代可将丙烯腈精制回收率提高到 96%以上的研发工作又在关兴亚的指导和关心下，继续进行之中。

第三节　榜样力量与五朵金花

经过50年的探索和磨炼，上海石化院已经建立起一支基础研究、生产工艺和工程技术开发直至能承担重大工程项目基础设计的队伍，造就了一批石油化工催化剂、化学工程和精细化工、高分子化学等领域的学科带头人。据不完全统计，至2015年年末，上海石化院获国家、省部级科技进步奖和新产品、新技术推广应用奖和国家专利金奖等共277余项，申请国内外专利5057件，获授权2494件，成为在国内外享有一定声誉的石油化工科学研究机构。

一个科研单位不仅要出成果，更重要的是出人才。“丙烯氨氧化制丙烯腈”是上海石化院建院以来最重要的科研成果。该项目的研发成功，同时造就了一批石油化工科技开发人才，并直接和间接带动了其他许多研发课题的成功。关兴亚作为上海石化院的一面旗帜，其榜样力量是无穷的。与他当年在丙烯腈课题组一起奋斗的科研人员，后来在其他石油化工研究课题，尤其是在被上海石化院称为“五朵金花”的课题研发中发挥了重要作用。

“五朵金花”本是20世纪60年代初，被广大观众叫好的一部国产彩色故事片。后来石油部刘放副部长将石油炼制工业中用国内自己力量开发成功的五项新工艺技术，即催化裂化、催化重整、延迟焦化、尿素脱蜡和相关的催化剂、添加剂等五个领域称为“五朵金花”，并用来推动科技攻关。

因为当时上海石化院有5大催化剂用于引进装置，而且创造了极为可观的经济效益，所以也被称为上海石化院的“五朵金花”。这“五朵金花”是指丙烯氨氧化制丙烯腈催化剂、乙烯空气法氧化制环氧乙烷催化剂、乙烯氧乙酰化制醋酸乙烯催化剂、甲苯歧化制苯和二甲苯催化剂、乙苯脱氢制苯乙烯催化剂。从 80 年代初到 2000 年的不完全统计，上海石化院已累计生产各类催化剂 3000 余吨，累计为国家节约外汇 5000 余万元，使相关企业增加经济效益近 10 亿元人民币，其中“五朵金花”是主要贡献者。

环氧乙烷是重要有机化工原料，主要用来生产涤纶纤维，即“的确凉”的原料乙二醇，其次是非离子型表面活性剂和氨基醇原料，用途十分广泛。由于高桥化工厂拟利用石油气和轻油裂解乙烯为原料生产环氧乙烷及其水合物乙二醇，1965 年 11 月，上海石化院“乙烯直接氧化制环氧乙烷”项目正式立题。当时，国内仅少数工厂生产环氧乙烷，如上海合成洗涤剂二厂等，而且采用国外早已淘汰的氯醇法工艺。该工艺包括氯气与水反应生成次氯酸，再与乙烯反应生成氯乙醇，氯乙醇用 40. 5%石灰乳皂化再生成环氧乙烷。这种工艺最大缺点是消耗氯气，并造成严重的污水排放问题。大约每生产 1 吨环氧乙烷产生 45 吨含 5%氯化钙的废水排放，严重影响城市环境卫生。此外，经济性与产品质量也不如乙烯直接氧化法。那时生活在环氧乙烷和环氧丙烷装置附近的居民，将这种白色污水称为“白龙”，虽然也知道“白龙”进入黄浦江对饮用黄浦江水的上海居民生活有危害性，但与环保相比，生产是第一位的。

“乙烯直接氧化制环氧乙烷”课题第一任负责人是杨用娟和梁天开。杨用娟是 1964 年华东化工学院基本有机合成专业毕业的研究生，师从吴指南教授，分配进入上海石化院后一直从事环氧乙烷催化剂的研究和开发。梁天开，1956 年高中毕业进入上海化工研究院时就在关兴亚任组长的课题组工作，英文基础很好，平时又刻苦钻研知识，在关兴亚指导下写过多篇文献总结和开题报告，是关兴亚的好帮手。由于受关兴亚的影响，梁天开也是个“工作狂”，不分白天和黑夜，总是埋头工作。

在课题组全体人员的努力下，1967 年 6 月，采用粘结法的银催化剂基本定型。1969 年年产 30 吨环氧乙烷中试装置建成。1970 年 6 月，高桥化工厂根据上海石化院提供的催化剂和工艺条件，自行设计了年产 6000 吨环氧乙烷和年产 7500 吨乙二醇生产装置。然而，由于乙烯原料供给紧张，加上技术上尚有一些问题待解决，建成后仅试车一次便再也没运行过。

地处长江边燕子矶的南京钟山化工厂是一个非离子型表面活性剂生产厂，为解决原料环氧乙烷来源，有意发展乙烯氧化技术，并淘汰落后氯醇法制环氧乙烷生产装置。因而，决定与上海石化院合作，先在该厂建一套年产 300 吨环氧乙烷中间试验装置。1971 年 12 月，中试装置建成并进行试运行。当时上海石化院选派多人参与中间试验，但是受文革干扰，生产极不正常，钟山化工厂供电严重不足，为确保国家急需乳化剂等表面活性剂供应，环氧乙烷中试装置经常停止运行。后来，因采用粘结法银催化剂经不起多次开停车，银催化剂粉末剥落导致反应器尾烧现象，试验难以持续。为此改进了催化剂制备方法，由粘结法改为浸渍法，装置运行情况得到改善。1976 年 12 月，上海石化院与南京钟山化工厂协作的年产 300 吨乙烯空气直接氧化制环氧乙烷试生产通过南京市化工局的技术鉴定。

1978 年 12 月，为配合辽阳石油化纤公司引进环氧乙烷装置催化剂国产化，化工部下达由上海石化院开发的乙烯空气法氧化制环氧乙烷的 CHC 型催化剂放大试验任务，并要求上海石化院专门建立一套单管反应装置，用以与进口催化剂进行性能比较。

此时，已任研究室副主任兼环氧乙烷课题负责人的李乔生，这位与关兴亚的同龄人，将研究环氧乙烷催化剂视为丙烯腈工作的继续。实际上是将在丙烯腈上的这套工作方法带入环氧乙烷，让环氧乙烷催化剂与丙烯腈催化剂一样用在引进装置。还有时任环氧乙烷课题负责人的令狐寿山，当年也是关兴亚开发流化床反应技术的得力助手，且受关兴亚影响甚深，是一位有“拼命三郎”之称的实干家。

在杨用娟、李乔生、令狐寿山、王克昌、黄良能等主要环氧乙烷课题组成员的努力下，1980 年 5 月，在化工部科技局召开的引进配套催化剂研制工作及其催化剂初步定型鉴定会上，上海石化院的 CHC 型空气法环氧乙烷银催化剂作为 6 项鉴定项目之一通过了技术鉴定。与会者一致认为该催化剂主要技术经济指标优于从联邦德国进口的同类催化剂，建议组织试生产和试用。

1981 年 11 月，辽阳石油化纤公司与上海石化院签订协议，提供 6.5 立方米 CHC 型银催化剂装入第二段反应器进行试用。1982 年 8 月正式投入工业性运行。运行结果表明，国产 CHC 型催化剂的平均转化率比从联邦德国进口的 H5432 型催化剂高 1.11%，选择性高 3.05%，有效温升和压力降等性能指标也好于 H5432 催化剂。由于 CHC 型银催化剂在辽阳石油化纤公司环氧乙烷装置第二段反应器的成功应用，该公司于 1983 年 11 月派员专程来沪，与上海石化院洽谈第一段反应器催化剂制造事宜，并要求在 1984 年 7 月完成 24.5 立方米催化剂制造，还签订了供货合同。

1984 年 8 月，上海石化院完成 24.5 立方米银催化剂生产任务，并正式装载于辽阳石油化纤公司年产 3.6 万吨空气法环氧乙烷生产装置的第一反应器，于 9 月正式投料运转。当时也曾发生过一件意想不到的事情，那就是催化剂试运行之初，反应器出口物料分析结果，乙烯转化率和环氧乙烷选择性不仅未能达到指标，而且水含量甚高。厂方一度认为催化剂质量存在问题，而且从生产角度出发，提出卸下催化剂，改用进口催化剂。然而，就在这关键时刻，上海石化院带队人令狐寿山，他想起当年跟随关兴亚也碰到催化剂受潮之事，于是当机立断，将关兴亚处理受潮催化剂方法用在环氧乙烷催化剂上，与辽阳石油化纤公司的技术负责人商量将工艺条件稍作调整，以赶走吸附在催化剂表面的水分。结果此招果然见效，使催化剂很快达到预期指标。

之后，运行2个月的数据表明，CHC型银催化剂用于第一段反应器，性能同样优于联邦德国进口的催化剂，并且每年可净增环氧乙烷2250吨，经济效益达900万元。鉴于CHC型银催化剂在辽阳石油化纤公司引进装置的成功应用，1985年10月获得国家科技进步三等奖。

醋酸乙烯也是重要有机化工原料，是生产维尼纶纤维的重要原料，近年来又大量作黏合剂原料。1965年11月，几乎与环氧乙烷课题组同时，“乙烯氧化液相法合成醋酸乙烯”项目正式立题。当时，国内醋酸乙烯生产主要采用乙炔法工艺，包括1963年从日本引进的，为北京维尼纶厂提供原料的，北京有机化工厂的年产1万吨醋酸乙烯装置也采用乙炔法工艺。由于乙炔来自电石，耗电量大，很多地区供电不足，使维尼纶工厂不能满负荷运行，增大了维尼纶生产成本，而且乙炔法工艺因经济性较差，电石制造又给环境带来污染，所以国外已逐步转向乙烯法工艺。

“乙烯氧化液相法合成醋酸乙烯”课题的第一任组长是姚逸民，他是1962年从华南工学院毕业的本科生，分配进入上海石化院后，因在“丙烯醇”研究课题工作出色而受到当时院领导关注。辅助姚逸民工作，并给予技术指导的是早年留学日本，并在韩国汉城大学任教的资深工程师楼亨达。

1969年年初，姚逸民在图书馆见到一篇重要报道，即英国帝国化学工业公司年产2万吨乙烯氧化液相法合成醋酸乙烯装置因设备腐蚀而被迫停止运行。这对当时上海石化院与苏州溶剂厂正在合作开发的乙烯氧化液相法制醋酸乙烯中间试验装置的所有研发人员带来震动，而且在实际中试装置运行中也碰到难以解决的设备腐蚀问题。与此同时，联邦德国的拜耳公司开发的乙烯氧化气相法催化剂将在日本可乐丽公司建工业装置。所以，姚逸民当即向院领导汇报此事，并希望将研究方向从液相法转向气相法。

1970年8月，上海石化院决定与北京有机化工厂合作开展以钯为催化剂的乙烯气相合成醋酸乙烯的试验研究。1971年9月，因设备材料腐蚀严重，又决定停止液相法中试装置，并集中力量投入由燃化部决定的在上海石化院建设年产100吨乙烯气相氧化合成醋酸乙烯中间试验装置，并由刘用华和跟随关兴亚多年的吴加武两同志任主要负责人，吴加武同志具体负责催化剂的研发工作。

1972年7月，在小试验工作的基础上，完成了年产100吨乙烯气相氧化制醋酸乙烯中试装置建设，并开始投料试车，打通了全流程。至1973年12月，该中试装置累计运行4400小时，获得醋酸乙烯产品50余吨，取得了设计万吨级大型醋酸乙烯装置所需数据，产品用于常州第四棉纺厂维尼纶生产，质量符合要求。1974年3月，与北京有机化工厂合作的部属重点项目“年产100吨乙烯气相氧化制醋酸乙烯中间试验”通过技术鉴定。同年10月，燃化部在北京召开首次引进装置配套催化剂会议确定，上海石化院为上海石油化工总厂引进年产6.6万吨醋酸乙烯配套催化剂研制的承担单位。

1975年12月，为上海石油化工总厂引进醋酸乙烯装置配套催化剂正式立题。1977年7月，由吴加武带队赴上海石油化工总厂在引进的催化剂评价装置和单管反应装置进行催化剂评价和寿命试验。同年12月，石油化工部在石油化工科学院召开引进装置配套催化剂会议，认为上海石化院开发的醋酸乙烯大颗粒催化剂指标已全面达到引进的同类催化剂水平。

1981年7月，上海石化院与上海石油化工总厂化工二厂签订醋酸乙烯催化剂生产技术有偿转让协议书，上海石化院提供全部生产技术资料，协助培训操作人员，在试车及试生产过程中派技术骨干现场指导。1984年12月，与上海石油化工总厂化工二厂协作进行的30立方米牌号为CT-2型的醋酸乙烯催化剂试生产。在吴加武看来，作为一个共产党员，应该将其看作一项政治任务来完成，因为当时外商知道我们不能生产醋酸乙烯催化剂，所以漫天要价，1978年报价是18万美元，1979年89万美元，到1981年竟达169万美元，理由是原料贵金属钯的国际价格大幅上升，但上海石油化工总厂因为暂时不能生产这类催化剂，也不得不进口高价催化剂。因而，一定要争口气搞出国产醋酸乙烯催化剂。在上海石油化工总厂化工二厂催化研究所生产的催化剂经900毫升规模的反应装置考察达到引进催化剂拜耳-Ⅰ型的水平。1985年6月国产催化剂正式装入年产6.6万吨醋酸乙烯装置固定床反应器中，正常运行后的考核结果表明，与拜耳-Ⅰ型催化剂相比，每年可净增醋酸乙烯产品6100吨，每年可增收1000万元人民币。1988年7月，鉴于乙烯气相氧化催化剂在引进装置的成功运行，荣获了国家科技进步三等奖。

乙烯气相氧化制醋酸乙烯催化剂研发主要负责人吴加武，也是当年关兴亚主要助手、丙烯氨氧化制丙烯腈催化剂主要研发人之一，吴加武回忆当年该催化剂开发过程，感慨万千，激动地说，其实过程并不顺利，如不是众人相助，群策群力，也难以完成任务。

其实，当初开发气相法醋酸乙烯催化剂还没有想到在上海石油化工总厂化工二厂的引进装置应用，只是因为乙炔法工艺有许多不足之处，乙烯法的液相催化工艺由于设备腐蚀试验无法进行，这才开始转向气相法工艺。

当时国外有许多专利报道过乙烯气相法钯催化剂制备过程，但对关键技术载体制备却守口如瓶。因为工业用气固相反应用催化剂，尤其是载金属催化剂大多数以氧化铝为载体，然而反应不到100小时，催化剂活性便迅速下降。也许是他多年跟随关兴亚的缘故，尽管金属负载催化剂与丙烯腈用杂多酸催化剂有本质区别，但催化剂开发思路有相近之处。他记住了关兴亚以前告诉他的专利跟踪法，尤其是跟踪这些专利发明人历年来在各种场合发表的专利和论文，进行反复推敲。同时，根据实验数据分析其成功失败的原因，最终，吴加武发现，载体氧化铝吸附大量醋酸后形成反应物在其中结焦增重而导致催化剂的失活。为此，改用自制硅胶为载体，试验逐步走上正轨路子，催化剂选择性逐渐上升。显然，这里也包含着关兴亚这套工作方法所起的作用。

1974 年上海石化院与北京有机化工厂合作，终于开发成功粒径为 2. 5~4 毫米的乙烯气相氧化制醋酸乙烯催化剂，就当时催化剂的转化率和选择性已基本与拜耳公司的 I 型催化剂相当。

1975 年上级单位正式下达为上海石油化工总厂化工二厂年产 6. 6 万吨醋酸乙烯的催化剂配套任务。尽管国产与进口催化剂技术指标相当，但粒径不同，进口催化剂粒径为 5~6 毫米，国产催化剂仅为 2. 5~4 毫米。从表面现象看，两者仅粒径不同，但装入反应器运行后，两者造成的压力降和反应性能差异极大，而且当国产催化剂粒径从 2. 5 毫米放大到 5~6 毫米时，催化剂选择性明显下降，更为麻烦的是当载体在钯金水溶液浸渍时，载体硅胶破碎率大幅上升。就在山穷水尽疑无路时，吴加武在留美老专家张式教授指导下，从催化反应工程出发，汇总了国外有关文献资料，将催化剂载体的等电点、比表面积、表面张力等物理性质到固定床反应器的结构与空间速度关系，以及与大颗粒催化剂相关的各种因素作了分析研究。

同样为改善催化剂活性和选择性，吴加武又在张式指导下，研究了钯和金在硅胶载体上的分布状态。从消除内扩散效应和防止催化剂在制造、运输和装填过程中钯和金的磨损出发，用二次离心质谱分析仪表征“蛋白型”催化剂灰色壳层、黑色外层、白色内层中钯和金的含量分布，同时用合适的浸渍工艺将钯和金主要集中在黑色外层，从而保证了催化剂的选择性和寿命。由于上海石油化工总厂化工二厂醋酸乙烯装置催化剂实现了国产化，仅以催化剂价值算，每年为国家节约了 474 万马克。

吴加武深有体会地说，醋酸乙烯催化剂的成功开发，不能忘记已故的老专家张式的细心指导，也不能忘记当年参加试制的老同志，如李宝根、杨宝德、毛锡昌、林昆明、严爱珍等所有曾经为醋酸乙烯催化剂作出贡献的工人和科技人员。而且，除杨宝德，其余人员又都在60年代参加过由关兴亚主持的丙烯腈课题的小试验和流化床中试的研发工作。

对二甲苯是生产涤纶纤维的初始原料之一，从炼油厂和烃类裂解制乙烯过程得到对二甲苯量不是很多，所以大量二甲苯主要通过甲苯歧化制苯和二甲苯，然后再将二甲苯中的邻位和间位二甲苯通过异构化得到对二甲苯。1974年10月，燃化部在京召开首次引进装置配套催化剂会议，决定上海石化院为甲苯歧化制苯和二甲苯催化剂主要研制承担单位。1975年12月，为上海石油化工总厂引进装置的甲苯歧化反应用催化剂研制正式立题。

该课题成立之初，主要负责人王福生、程文才、陈庆龄、杨融光都曾参与过丙烯氨氧化制丙烯腈催化剂及流化床反应器研发工作，并且都是骨干科技人员。尽管从国外提供的催化剂试样得知主要成分是丝光沸石，但是，是天然丝光沸石，还是合成丝光沸石尚不清楚。当时课题组成员做了数百次试验，制备出来的催化剂时好时差，原因说不清楚。后来，又在老专家张式指导下，从催化剂结构分析着手，利用上海测试技术研究所的X射线衍射分析仪和其他各种测试手段对催化剂进行表征，最终合成出性能符合引进装置要求的催化剂。

1977年9月，利用上海试剂五分厂，这家专门生产分子筛的化工厂相关设备，成功地进行了催化剂放大试验。1978年12月初步完成了燃化部下达的催化剂1500小时的稳定性试验。结果表明，催化剂性能优于引进催化剂。

上海石化院研制的与甲苯歧化装置相配套的催化剂性能虽已达到进口催化剂水平，但该进口催化剂寿命较长，一直到上海石油化工总厂二期工程建成投产，由日本东丽公司生产的牌号为T-81的催化剂也未更换过。然而，美国环球油品公司生产的性能更好的TA-

2、TA-3 等催化剂已经问世，其中 TA-2 可在高于 T-81 一倍的空间速度下获得相同的歧化效率。换言之，用 TA-2 催化剂替代 T-81 催化剂，生产能力可提升一倍，为此，上海石化院开始研发性能比 TA-2、TA-3 更好的甲苯歧化催化剂。

1987 年 7 月，上海石化院开发的牌号为 ZA-3 型的 15 吨催化剂首先应用在天津化纤总厂芳烃规模为年产 12.5 万吨甲苯歧化制苯和二甲苯生产装置，投料开车一次成功。考核结果表明，ZA-3 型催化剂呈现了高活性、高选择性和副产非芳烃少等特点。

1994 年 6 月和 8 月，上海石化院开发的牌号为 ZA-90 型和 ZA-92 型催化剂分别用于齐鲁石化年产 21.0 万吨和上海石化总厂二期工程年产 39.8 万吨引进的芳烃联合装置。1995 年 4 月，上海石化院开发的 ZA-94 型新一代甲苯歧化催化剂又在当时世界规模最大的年产 100.7 万吨的扬子石化公司大芳烃装置上应用。工业运行数据表明，ZA-94 型催化剂在高空速下仍具有高活性和高选择性。在该装置进料中甲苯与碳九芳烃质量比为 65∶35、质量空间速度为 0.92 小时$^{-1}$，反应起始温度为 364℃的条件下，总转化率达 42%（摩尔），苯和碳八芳烃的选择性为 96.8%（摩尔）。经 10 个月的运行，反应温度仍维持在 360℃左右。质量空间速度上升至 1.24 小时$^{-1}$，控制总转化率在 43%~44%的条件下，反应起始温度为 368℃，苯和碳八芳烃选择性仍维持在 96.5%以上，充分显示了 ZA-94 型催化剂具有更高活性和选择性，属于世界领先水平。鉴于该催化剂在工业上的成功应用，1999 年 1 月荣获国家科技进步三等奖。

1997 年 5 月，具有世界先进水平的年产 35 万吨甲苯歧化成套工艺技术和 ZA-95 型催化剂应用于抚顺石化公司年产 30 万吨芳烃装置。从而表明上海石化院甲苯歧化成套工艺技术首次工业应用成功。1999 年 4 月，上海石化院与有关协作单位共同完成镇海石化年产 45 万吨对二甲苯装置甲苯歧化单元基础设计，通过了中国石化集团公司技术评审。

为参与国际竞争，上海石化院年产35万吨对二甲苯芳烃联合装置甲苯歧化单元工业装置专利技术参与了数家国外大公司的技术竞争。在德国伍德公司承包的伊朗石油化工项目中一举中标，提供工艺包和催化剂及其相应的技术服务，从而标志着上海石化院的石化成套工艺技术和催化剂开始步入国际市场。

近年来，上海石化院新开发的甲苯歧化催化剂一代接着一代，无论在活性、选择性还是稳定性方面均处于世界领先水平。2008年6月，新一代高活性牌号为MXT-01催化剂在上海石化股份有限公司开车，标志着质量空间速度超过2.0小时$^{-1}$的甲苯歧化与烷基转移催化剂首次在国内工业应用成功，具有多产二甲苯、副产乙苯少的特点，而过去利用率不高的重芳烃通过烷基转移反应获得高转化率。

此外，上海石化院开发的SD-01甲苯择形催化剂也于2005年在天津石化公司实现工业化。所谓“择形歧化”，就是高选择性地使甲苯直接转化为对二甲苯。传统工艺是甲苯歧化得到二甲苯，但二甲苯中有邻位、对位、间位之分，所以要想得到涤纶原料对二甲苯还必须经二甲苯异构化工艺，将邻位和间位二甲苯异构化为对二甲苯，所以该工艺可显著提高装置经济效益。上海石化院开发的SD-01型催化剂具有高空速、低氢烃比、高对二甲苯选择性特点，其甲苯转化率超过30%，对二甲苯选择性达93%。该催化剂也用于扬子石化工业装置。

目前，上海石化院又在积极推出甲苯选择性歧化和传统歧化组合工艺，简称SITDP工艺，并已申请专利。该工艺用于芳烃联合装置，既可发挥选择性歧化工艺生产高浓度对二甲苯的特点，又能通过传统歧化工艺充分利用碳九芳烃资源，从而大幅提升芳烃联合装置的经济效益。

苯乙烯广泛用于生产塑料和合成橡胶，是在石油化工产品中仅次于聚乙烯、聚氯乙烯和环氧乙烷的第四大乙烯衍生物。我国苯乙烯生产始于20世纪50年代，主要是高桥化工厂和兰州化工公司两大生产企业，前者为国内自行开发技术，后者为从前苏联引进技术。到80年代初，国内苯乙烯总生产能力不足7万吨。总体看与世界先进水平有较大差距。以产品单耗为例，国外平均水平是每吨苯乙烯消耗乙苯约1.14吨，但国内一般水平达1.20吨，上海高桥化工厂，采用引进G64-Ⅰ催化剂，也要1.18吨；从能耗看，国外生产每1吨苯乙烯约需0.5吨蒸汽，50度电，但国内一般水平是10吨蒸汽、100度电，最高达166度电。至于生产规模差距更大，国外普遍在年产5万吨以上，国内多数在5000吨上下。

1981年11月6日，为充分利用石油资源，挖掘生产潜力，国务院决定成立国内第一个跨行业大型联合体，上海高桥石油化工公司便应运而生。上海石化院作为该联合体唯一科研单位为公司提供技术支撑是义不容辞的。为使高桥化工厂乙苯脱氢制苯乙烯装置的催化剂立足国内，替代G-64Ⅰ，于1982年10月乙苯脱氢制苯乙烯催化剂项目正式立题。其中第一任课题负责人为毛连生、钱学濂和袁怡庭以及后调离石化院的姚逸民等。他们都各有所长，姚逸民善于汇总国内外文献资料，思路清晰，在总结前人工作基础上勇于提出科研发展方向；毛连生和袁怡庭有长期催化剂制备实践经验，在乙烯氧化制环氧乙烷催化剂和丙烯氨氧化制丙烯腈催化剂开发方面卓有成效；钱学濂工作细心，有长期从事催化剂评价考察经验。由于他们密切配合，加上全课题组人员的共同努力，1984年7月终于开发出牌号为GS-01型催化剂，并制备了2立升催化剂，装入高桥石油化工公司化工厂即原高桥化工厂乙苯脱氢装置的等温床反应器以替代美国联合催化剂公司，即牌号为G64-Ⅰ催化剂，一次投料开车成功，经济效益显著提高，从而开创了国产催化剂替代进口催化剂在国内自行设计建造的苯乙烯装置上的应用。

当时，以毛连生为课题组长的乙苯脱氢制苯乙烯的课题研究人员发现，国内苯乙烯生产装置用反应器存在较大问题，如不作改进或开发新反应器，将难以进一步提高经济效益。为此，改善了反应气流分布，提高了生产能力。还与华东化工学院化学工程研究所协作，完成了气体分配器构件的改进。从此，GS-01 型催化剂不仅在高桥化工厂，而且在兰州化工公司等国内十余家苯乙烯工厂得到普遍推广应用，并获 1985 年中国石化总公司科技进步一等奖和 1987 年国家科技进步二等奖。

经过五代催化剂的改进和提高，并在年产 1000 吨绝热负压中试装置运行的基础上，1994 年 9 月上海石化院将 GS-05 催化剂成功地应用在燕山石化公司引进的年产 6 万吨苯乙烯装置上。从化学热力学分析，乙苯脱氢反应是一个吸热反应，负压更利于乙苯脱氢反应的进行，所以包括燕山石化引进技术都采用绝热反应器，负压操作。而 GS-05 型催化剂在引进装置的成功应用，表明上海石化院开发的乙苯脱氢催化剂又上了一个新的台阶。

由于燕山石化乙苯脱氢制苯乙烯装置用 GS-05 型替代原有的进口催化剂，在反应温度低 10℃的工艺条件下，苯乙烯的选择性提高 1%，单程收率提高 1.4%，超过原设计指标，达到国际先进水平。之后，国内多套苯乙烯装置纷纷改用上海石化院开发的 GS 系列催化剂。1997 年 GS-05 型催化剂又应用于中国石油天然气总公司盘锦乙烯工业公司引进的年产 6 万吨苯乙烯装置。改进型的 GS-06(B)催化剂于 1997 年和 1998 年也先后用于燕山石化和大庆石化年产 6 万吨苯乙烯生产装置。

到 2010 年，GS 系列催化剂先后在安庆石化、抚顺石化、盘锦乙烯、山东华星石化、青岛炼化等 16 套苯乙烯装置得到应用。

为满足苯乙烯装置大型化发展趋势的需求，中国石化科技部组织了上海石化院等单位开发了年产 50 万吨和年产 60 万吨苯乙烯成套技术工艺包，并对为大型化苯乙烯装置配套的低水比催化剂、反应器和节能流程进行了深入研究。

此外，2013 年 9 月，由上海石化院开发的 GS-11 型催化剂在台湾化学纤维股份有限公司年产 25 万吨苯乙烯装置成功应用，乙苯转化率达 64.86%，苯乙烯选择性达 96.87%，单程收率达 62.82%，取得令人满意的结果。为此，该公司苯乙烯装置的林金添厂长专门发给上海石化院一份感谢信。而 GS 系列催化剂在台湾台塑公司、国乔石化等公司苯乙烯装置的应用，其作用不仅是增加经济效益，而且对促进海峡两岸人民的友谊，提高大陆石化工业技术在台湾地区的声誉起着重要作用。最近 GS 系列催化剂又进入美国道化学公司的二乙基苯脱氢装置，从而开始将催化剂拓展至国际市场。

由于上海石化院在石油化工、尤其是基本有机原料催化剂开发上成绩斐然，使一些前来上海石化院洽谈商务或技术交流的外国朋友十分惊奇，正如一位德国朋友所述，在世界权威杂志“烃加工”中列入重要有机化工原料生产过程约 10 余个。这些过程使用催化剂主要集中在少数跨国企业，而且每个跨国企业也仅掌握 1~2 个催化剂而已，例如丙烯腈催化剂是美国索亥俄公司，环氧乙烷催化剂是美国科学设计公司、壳牌公司和德国虚尔斯公司，醋酸乙烯催化剂是德国拜耳公司。美国环球油品公司主要生产炼油催化剂，石油化工催化剂方面类似甲苯歧化制苯和二甲苯催化剂及乙苯脱催化剂也不是很多。然而，上海石化院那时科技人员不足 200 人，大部分又是刚从学校毕业的大中专生，实验条件又相当简陋，像 X-射线衍射仪等大型物化测试仪器都是 20 世纪 80 年代后期才引进的，大量应用的是非常传统的化学分析手段，因而在这种条件下能开发出如此之多具有世界先进水平的催化剂，实在不易。所以国外一些催化剂厂商十分愿意与上海石化院合作在全球转让和销售上海石化院催化剂和生产工艺技术。

经过 50 多年的建设和发展，今日上海石化院正在向世界一流石油化工科学研究单位迈进。研究领域不仅仅限于以当年五朵金花为代表的基本有机化工原料催化剂和工艺技术开发，而是拓展到能源化工、油田助剂、催化材料、高端产品和技术服务。2014 年全年安排科技开发项目达 196 项。其中国家项目 52 项；中国石化集团公司“十条龙”攻关项目 4 项；工业试验 11 项；中试装置及从工业装置引出原料管线进行现场评估、即侧线试验装置21项；成套技术开发10项；完成专利申请500件，授权260件；国外专利7件，专有技术认定5项。催化剂及成套技术的成果转化与服务实现横向收入达2.5亿元人民币。抚今追昔，当年包括关兴亚在内的老一辈石化院科技人员在艰苦环境中，奋发图强，自力更生开发的以“五朵金花”为代表的一批科研成果，给如今的年青科技人员留下的不仅仅是物质财富，更可贵的是千船和万船也装不下的精神财富。

CHC 型催化剂在辽阳石油化纤 3.6 万吨/年环氧乙烷装置上应用

GS-05 催化剂应用于燕山石化公司 6 万吨/年乙苯脱氢装置

第四节　没有尽头与大有奔头

进入21世纪后，受全球经济增长趋缓及巨大环保压力，之后又受金融危机影响，全球丙烯腈需求增长率也随之下降，2002年至2007年需求量从485.8万吨上升到538.5万吨，年均增长率仅2.1%，之前十年大致在4%。由于丙烯腈生产技术的日趋完善，参与研发的厂商也在逐年减少，似乎全球丙烯腈工业已走到了“夕阳工业”的地步。

不过中国大陆却独树一帜，由于国民经济持续高速发展，丙烯腈市场需求日益增长，到2007年生产能力已达101万吨，产量103.5万吨，表观消费量达146.0万吨，成为仅次于美国的第二大丙烯腈生产国。在新技术开发方面，自2003年上海石化股份有限公司丙烯腈生产装置采用国内自主知识产权完成了“6改13”的扩能改造后，从而进入了一个新的发展时期。

2003年，上海石化股份有限公司丙烯腈生产装置从年产6万吨扩能到13万吨，无疑是我国丙烯腈技术开发的一个新起点。主要技术特点可归纳为如下几点：

第一，反应部分，催化剂采用上海石化院开发的较MB系列性能更好的SANC系列催化剂，各项指标已经达到或超过国际先进水平。而最大亮点是采用国内首台由中国石化自行设计的，上海石化机械制造有限公司制造的直径为7470毫米，年生产能力为7万吨的流化床反应器。而内部构件则采用分别由石油大学和清华大学开发的高效旋风分离器和专有型式的空气分布板。应用表明，总体性能与进口反应器相比，毫不逊色，并至少可节省2000万元人民币的费用。

第二，精制回收部分，采用上海石化院通过对气、液两相平衡数据及丙烯腈聚合反应动力学研究和急冷塔操作单元丙烯腈聚合损失的计算机模拟分析后开发的精制回收技术。该技术还通过在急冷塔内增加系列组合内构件，优化急冷塔操作条件，以改善急冷塔内气液的传质、传热，并减少骤冷时间，从而将丙烯腈装置的精制回收率提高至94%左右。

第三，复合萃取精馏技术，这也是上海石化院开发的专有技术。该技术通过在萃取塔的顶部设计一精馏段来改变在萃取剂水存在下的气液平衡，使侧线抽出气相中的氢氰酸含量大幅降低，乙腈塔顶粗乙腈的浓度则提高到70%以上，进而减少乙腈精制工序的能耗。

第四，负压操作脱氢氰酸塔，这是大庆石化总厂早年开发的技术，改进技术除将脱氢氰酸塔由带压操作改为负压操作外，还将原采用的浮阀塔改为导向浮阀塔，以进一步减少丙烯腈在脱氢氰酸塔中聚合损失。

第五，废气、废水焚烧余热回收。该技术通过控制焚烧炉分级燃烧，不仅可将废气、废水中的有毒组分充分烧尽，而且能有效地控制氮氧化物 NO_x 的生成，使焚烧尾气中有害成分降到最低水平，以使烟气达到排放标准，减少对环境的污染，还使装置每吨丙烯腈综合能耗降低800千焦。

上海石化股份有限公司的“6改13”工程，集成了中国石化集团公司自主开发的多项专利技术和专有技术，总体达到了国际先进水平，突破了国外技术垄断，为国内丙烯腈工业的发展提供了可靠的技术依据。

用国产化技术和自制关键设备在上海石油化工股份公司进行年产6万吨到13万吨的扩能改造的成功，意味着我国完全有能力建造大型丙烯腈生产装置。但是，丙烯腈及其各种副产物，包括产生的废气和污水对周围环境影响还是不可低估，因而，国家从政策层面考虑不再新设布点，今后丙烯腈产能增长仍主要依靠老装置的扩能改造。为此，在关兴亚指导下，以上海石化院为主要承担单位，集成国内多项技术又编制了年产28万吨丙烯腈成套技术工艺包。其设计技术指标为：每吨丙烯腈消耗丙烯低于1.04吨丙烯、能耗低于4530千焦，总体水平达到国际先进水平。该成套技术工艺包于2006年通过了中国石化集团公司组织的评审，从而进一步突破了国外专利商的技术垄断，为我国丙烯腈产业发展，特别是大型丙烯腈装置的建设提供了可靠的技术支撑。

然而，就在我国丙烯腈科学研究登上一个新台阶时，上海石化院一批年青的科研人员，尤其是踌躇满志的课题组负责人似乎没有了方向，没有了“奔头”。他们正为下一步研究项目发愁，似乎觉得我国丙烯腈科学研究也到了尽头，因为那怕是催化剂和产品精制回收率再提高1%也极为困难，所以迫切希望在关键时刻得到“高人”的指点，但又不好意思直接向关老前辈开口。其实，关兴亚在与他们平时的接触中早已了解了他们的心理状态。尽管此时关兴亚已到年过70高龄的古稀之年，但有关国内外丙烯腈发展概况都了解得一清二楚，甚至连主要丙烯腈专利商发表的每一篇专利都没有放过，而且对每篇专利发表的背景，每字每句的含义都是精心推敲。

别以为计算机技术是青年人的“专利”，早在20世纪70年代末计算机作为新兴技术在中国兴起时，关兴亚就认真地学习了“BASIC”语言，加上他少年时学习的打字技术，可以说如今运用计算机的本领真不会输给青年人，这也是他通过计算机检索功能掌握国内外发表的每一篇有关丙烯腈专利的诀窍。

关兴亚根据自己几十年在丙烯腈研究领域的实践经验，告诫年青一代研发工作者。第一，只要市场对丙烯腈有需求，丙烯腈的研究开发工作就不会停止。未来国内外丙烯腈需求还在持续增长，丙烯腈不是夕阳工业。催化剂是丙烯腈生产的核心技术，所以要使上海石化院的丙烯腈催化剂居于领先地位，就必须做到探索一代、开发一代、试用一代、推广一代，不断更新换代才有生命力。第二，开发高收率或者高压高负荷催化剂是一个方向，但不是唯一方向，许多清洁工艺开发也要依靠新催化剂，如果能开发出高氨转化率的催化剂就能减少甚至无副产硫铵产生，这类符合环保理念的催化剂一定会受市场青睐。第三，从长远看，环保将成为丙烯腈的重点研究方向之一。当初开发丙烯腈目的是解决人们的穿衣问题，以提高人民生活水平，如今丙烯腈的生产却给人们带来环保问题，我们不能学西方国家办法，让对环境有污染的工艺转向发展中国家，而应是在发展丙烯腈生产同时解决环保问题，实现清洁生产。第四，记住我们研究课题还有一个很重要来源，即要到工厂去了解实际情况，解决工厂遇到的实际问题。所以丙烯腈科学研究不是走到“尽头”，我们的工作不是没有“奔头”，而是大有“奔头”。

关兴亚还告诉他们，无硫铵丙烯腈生产工艺一直是国外丙烯腈研究的一个方向，它的意义在于：去掉复杂的硫铵回收工段，降低丙烯腈装置的建设费用；不会产生含有二氧化硫的废气，可消除对大气的污染；可以回收污水燃烧炉产生的高温废气的热量，从根本上解决反应器蒸汽量不足的问题，明显地提高丙烯精制回收率，降低原料的单耗。他希望年青一代科技人员在这方面有更多的创新举措。

他曾经算过一笔账。硫铵回收工艺很复杂，包括污水浓缩加热器、多级蒸发结晶器、离心分离机、气流干燥器、储槽、机泵等设备，由于硫铵污水有很强腐蚀性，因此，绝大部分设备材质采用不锈钢，价格较高。以新建一套年产 5 万吨丙烯腈装置为例，硫铵回收装置设备投资费用约 3000 万元，为整个装置的 8%左右，如果取消硫铵回收装置，这笔投资费用就可节省下来。

第二，如果不回收硫铵而是送到污水燃烧炉焚烧，将焚烧生成的二氧化硫通过 45 米高的烟囱放空虽可达到排放标准，但一套年产 5 万吨丙烯腈装置每小时二氧化硫排放量达 130 公斤以上，每年排放量超过1000吨，同样对环境造成污染。从现在空气新标准看，将导致PM值的大幅增高。目前发达国家和地区已采用绝对排放量的办法来控制三废污染，因此焚烧方法处理硫铵污水是不可取的，也是没有前途的。

第三，因为二氧化硫有严重腐蚀性，所以污水燃烧炉内无法设置回收高温燃烧产生废热的热量，而大量1000℃高温废气排空对环境造成的热污染不可低估。如果采用不生成硫铵的丙烯腈生产工艺，就可在污水燃烧炉中设置废热锅炉来回收高温气体释放的热量。同样也按年产5万吨丙烯腈装置为例，每小时可回收压力为4MPa，也就是大约压力为40公斤的高压蒸汽30吨，相当于流化床反应器回收所发生蒸汽量的70%，十分可观。设置废热锅炉的另一层意义是可解决高效催化剂带来副产蒸汽量不平衡的欠缺。这是因为原先采用的低选择性催化剂因生成二氧化碳较多，副反应放热量大，其副产蒸汽可以满足透平空气压缩机和冷冻机所需动力，不需外供蒸汽。但采用新高效高选择性催化剂后生成二氧化碳副反应减少，副反应放热量减少，反而造成副产蒸汽量的减少，所以通过废热锅炉热量回收，还可解决装置蒸汽不平衡问题。

在关兴亚指导、启发和鼓励下，吴粮华等这一代站在丙烯腈研发第一线的年青科技人员没有辜负关兴亚等老一代丙烯腈技术开发者的期望，新的科研成果接连不断。

首先在高性能催化剂研发方面，2008年开发的牌号为SANC-08高氨转化率催化剂，不但可使装置副产硫铵大幅下降，而且丙烯腈单程收率仍高达80.5%，包括副产氢氰酸和乙腈“三腈”收率高达89%。相对而言，与原先MB系列和早期SANC催化剂相比，因副产硫铵量的显著下降，故是一种清洁型催化剂。该催化剂在年产8万吨和年产13万吨装置上应用，获得用户高度评价。丙烯腈单程收率比SANC-08高1个百分点以上的SANC-11催化剂已完成万吨级工业应用试验。2014年6月30日起，在上海石化股份有限公司一台年生产能力为3万吨的装置上使用，经72小时标定结果表明，运行平稳，技术经济指标先进，达到预期效果。

高负荷的催化剂正取得突破性进展。开发中的牌号为SANC-05m催化剂有可能将负荷WWH从0.085提高到0.10~0.11，从而使反应器生产能力再提高10%~20%，但丙烯腈单程收率略低于80%，仅能稳定在78%以上。如果再努力一番，还可更上一层楼。

按照关兴亚“课题来自工厂实践”的教诲，年青的科技人员了解到丙烯腈反应气体冷却器是影响长周期运行的一个“拦路虎”。该冷却器也是丙烯腈生产中的关键设备，其作用是使反应出口的气体从440℃迅速冷却到200℃。由于冷却过程中，丙烯腈、氢氰酸、丙烯醛很易发生聚合反应，加上催化剂粉尘一起粘附在冷却器管壁，导致管道堵塞，所以通常经4到6个月的运行，便要对气体冷却器进行停车清堵处理。而上海石化院开发的在线清堵技术是在不停车的情况下对气体冷却器进行不断清堵，从而延长了运行周期。该技术在安庆石化年产8万吨和上海石化年产13万吨等装置上应用，气体冷却器运行周期延长到一年以上，因而提高了装置经济效益，减少了由于停车带来的经济损失。

在无硫铵工艺开发方面，年青科研人员提出一个新思路，即采用一种既能中和未反应氨又能将其解析出氨的酸性物质来替代硫酸，也就是在急冷塔中和未反应氨，并通过解析循环利用氨和酸性物质，达到降低消耗目的。目前该新技术已进入千吨级规模的工业试验。结果表明未反应氨吸收和铵盐解析完全取得了预期的效果。

再有是含腈尾气的处理技术。目前含腈尾气的处理主要采用焚烧炉焚烧的方法处理，存在对环境造成污染和消耗大量能源等问题。上海东化环境工程公司与吉林石化合作首次在国际上采用催化氧化技术，并用于年总产能为42.4万吨丙烯腈装置，获得良好效果。不足之处是氮氧化物，即NO_x大大超过国家排放标准，所以必须在对NO_x进一步处理后才能排放。上海石化院等承担的国家

"863"计划，开发的催化剂可对含氰废气作净化技术，以处理含腈、烃和 NO_x 等有机物质，现正进入模型试验的验证阶段。

在其他清洁工艺开发方面，废水集成处理工艺的开发也很成功。目前普遍采用的办法是将反应系统废水和回收精制系统废水分别处理，前者采用焚烧处理，后者采用四效蒸发后再生化处理。上海石化院新一代年青科技人员开发的技术是将催化湿式氧化处理有机废水的新方法应用到丙烯腈生产工艺中，并且将两种废水集成在一起处理。现已完成实验室阶段的催化剂及工艺开发，并可使急冷塔高达十几万的化学耗氧量（COD）的硫铵废水降到 2 万左右，处理后的废水仍可作为急冷塔补给水，从而可删除焚烧炉，大幅降低能耗。近期该工艺有望进行工业侧线试验。一旦工业开发成功，无疑也是丙烯腈工艺技术的一次革命性的进步。

为了让刚获博士学位年青科技人员获得锻炼机会，关兴亚曾建议院领导让他们主持前沿性研发课题，进行"晶格氧氨氧化制丙烯腈绿色工艺"等课题的研究开发。

关于晶格氧在烃类氧化反应中的应用，关兴亚也作过调研。有两个典型实例，一个是间二甲苯氨氧化为间苯二甲腈，另一个是正丁烷氧化制顺酐。

美国杜邦公司在研发成功的抗磨硅胶为载体壳层涂布钒磷（VPO）晶格氧催化剂和循环流化床提升管反应器的基础上，于 1996 年在西班牙兴建了一套采用正丁烷氧化制顺酐装置。但运行不久就停产，主要原因是催化材料的储氧量不够，大约每公斤催化剂可提供的储氧量仅能生产 1 克顺酐。所以，一套年产 2 万吨顺酐装置，每分钟催化剂循环要达 650 公斤，循环催化剂能耗要占整个装置能耗的 20%~30%，这在经济上是不合算的。如果能找到一种既有较强晶格氧流动性，并且储氧量足够的材料，那么晶格氧催化剂在烃类氧化中的应用将前景看好。

将晶格氧选择氨氧化引入丙烯氨氧化工艺，这是多年来国内外丙烯腈研发工作者值得期待的一项新工艺。由于晶格氧选择氧化在没有气相氧分子的条件下进行，所以可避免深度氧化反应，即生成二氧化碳和水的副反应，从而大幅提高反应生成丙烯腈的选择性或者大幅提高丙烯腈产量，而且还不受爆炸极限的制约，因为气相中不存在氧气，当然也不会有发生爆炸的可能性。所以，又是一种节省丙烯资源和保护环境的绿色化学工艺。然而要解决储氧能力强和耐磨性好的催化材料并不容易，而且还要根据反应特点开发相应的反应器及工艺，非常富有挑战性。

对上海石化院年青一代科技人员取得的成绩，关兴亚有说不尽的高兴。其实他一直认为现在的青年人早已“青出于蓝而胜于蓝”，他们外语和计算机技术是五六十年代老大学生所不及的。还有一流的工作环境也是当年老大学生不能比拟的，应有尽有的大型物化测试仪器、宽敞的实验室、资料齐全的图书馆大楼、规范的中试基地和催化剂生产基地，更重要的是现在国家对科研人员的政策和优厚的生活待遇，使科研人员能安心从事科技工作，所以，关兴亚从心底里羡慕现在的年青一代。

最近一段时间，年过八旬的关兴亚看到国外一些丙烯腈生产专利商发表的新专利，丙烯腈单程收率多数在85%以上，但尚未工业化，问题是在高压高负荷下运行，又马上下降为81%~82%，不过，也让人看到至少还有一定潜力可挖。所以，他继续勉励青年人，不管难度有多大，也要勇于攀登新的高峰。

关兴亚还告诉他们，1957年毛泽东主席在莫斯科接见中国留学生有一段名言：“世界是你们的，也是我们的，但归根结底是你们的，你们青年人朝气蓬勃，正在兴旺时期，好像早晨八九点钟的太阳，希望寄托在你们身上……”。

其实，当年毛主席的讲话不仅是对在莫斯科的留学生，也是对新中国所有青年一代的期望。老人家的这句话整整影响了一代青年人的茁壮成长。因为党和国家对青年人寄托着希望，所以那个年代青年人都充满着理想，如饥似渴多学些知识，将来好为党和人民多作贡献。关兴亚对当今的青年一代说：“我们这一代人听从毛泽东主席的教导，没有辜负党和国家的期望，现在时代在与时俱进，但这段名言对你们青年人同样适用，未来中国的希望仍是寄托在你们青年人的身上。”

近年来，针对部分青年科技人员“迷恋出国”、“迷恋金钱”，而缺乏科研激情现象，关兴亚经常寄语青年人。他希望青年科技工作者安心一线本职工作，静下心来，通过研究工作提高水平，不要受社会不良风气的影响，避免心浮气燥，只要坚持下去一定会收获成果。

希望青年科技工作者向老一辈科学家学习，老老实实做人，踏踏实实做事，强化学术作风和学术道德建设，不要为了利益之争，破坏整个创新团队，科学研究只有依靠团队力量才会成功。

关注学科最新发展，不仅要关心本专业的变化，而且要关注交叉学科的发展，扩大视野，提高创新能力，年青同志要多参加各种学术交流，既学习别人经验，又要展示自己研究成果。

关兴亚还建议，有关部门统一协调 100 多个国家开放实验室，定期发布指导性意见，实现科技资源共享。

2008 年 12 月 19 日这四点寄语和建议被中国石油大学出版的《石油之光》编入两院院士寄语。

现在，85 岁高龄的关兴亚虽然仍想亲自动手做实验，但心有余而力不足，不过至今仍坚持每周至少到上海石化院一次，当好顾问。而且每次到院上班都有新的想法和新的思路，或为新领导班子出点子，提出相关的建议方案，或者到实验室与青年一代科技人员交流丙烯腈新催化剂和新工艺开发中遇到的一些难题，并有意与青年人探讨这些难题的解决方案，所以很受青年人欢迎。也让青年人明白丙烯腈的科学研究没有“尽头“，对广大科研人员来说是“大有奔头”。根据吴粮华副总工程师回忆，在上海石化院最早提出开设高性能碳纤维课题的人是关兴亚。当时国内碳纤维研发情况正如沈志刚和吴粮华等在石油化工学会的一次年会上作的“对国内聚丙烯碳纤维技术发展的一些思考”所述的那样，“99%左右的碳纤维是由国外和我国台湾地区进口，由于碳纤维是敏感的战略物资，所以美国、日本等国对碳纤维核心生产技术和关键设备都是严加控制的。因而，不仅军工用碳纤维可能被随时卡死，就是民用碳纤维也存在被卡死的风险。”而“中国军事现代化和大飞机项目的启动，碳纤维需求将进一步增加”，“仅2000架C919大型飞机和各种军用飞机需求量就达8万吨之多。”当时国内拟建碳纤维生产装置企业多达20余家，且几乎全是民营企业，即使生产低端碳纤维产品质量也不稳定，更谈不上在军工和大飞机上使用。后来，关兴亚看到土耳其一家聚丙烯腈纤维生产企业居然也能生产高端碳纤维，而且产能数千吨。于是，与吴粮华等商榷能否开发丙烯腈的下游产品高端碳纤维。后来，在中国石化集团公司管理层的支持下，上海石化院开展了高端碳纤维研发，目前进展良好。所以，在年青科研人员的眼里，这位德高望重的老专家与普通老人没有什么区别，和蔼可亲，既是青年人的偶像和榜样，更是永远的丙烯腈学科带头人。而关兴亚“老当益壮”和“一丝不苟”的敬业精神又永远激励着年青一代丙烯腈科技人员为祖国丙烯腈产业作出新贡献。

第六章

培养人才与人生感悟

第一节 培育新人 重在实践

1974年关兴亚结束在上海大厦与日本丙烯腈技术引进谈判之后，回到上海石化院继续进行引进装置配套催化剂的研究。不久，院部带来一大批上海石油化工总厂从中学招生来的青年学生，还有几个刚从部队复员和退伍的军人，说是到丙烯腈课题进行技术培训，为引进年产5万吨丙烯腈装置培养技术工人。

关兴亚见了这批青年人，打心眼里高兴，因为引进装置配套催化剂的研制要求高，时间紧，而院内多年未进大中专生，使劳动力十分短缺。另外与青年人一起工作似乎自己也年轻了好多，不过也为他们婉惜。想当年自己这个年龄时已在复旦大学求学，但这些青年人想读书却没有门。因为那时候受文革影响高等教育停办了多年，连中等专业学校和技工学校还在恢复之中。尽管他们也算是高中毕业生，但不少人也仅小学毕业水平。文革期间，中等教育已不分初中和高中，一律称高中毕业生，然而受"四人帮"的干扰，学校老师根本无法上课。有些中学老师一门心思想让学生多学点知识，可是，一会儿批"马尾巴的功能"，意思是老师教的课都是没有实用价值的内容。一会儿要学习那些"不读ABC，照样干革命"的反潮流学生。更让人啼笑皆非的是交白卷的张铁生居然可以直送大学，从而引起一场社会风波。

不过，关兴亚想国家花了几个亿人民币从国外引进先进技术，如果因操作工操作的失误，那就会使老百姓多年来积累的财富付之东流，有些事故还造成工人的残疾甚至死亡，其教训是深刻的。其实，化学工业的操作工比一般的车、钳、刨工种要难得多。因为化工操作往往看不到、摸不着，常常需要你通过仪表指示来了解反应器和塔器内的真实情况，没有文化是无法操作的。相对而言，旧社会那些做车工、钳工的老师傅，靠手上功夫，即使不识几个字，但凭实践经验照样可干得很出色。那些年，尤其是文革期间，由于无政府主义和操作工水平的低下，在邻近化工厂内几乎每年都有因操作失误而造成火灾和有毒有害物质泄漏而致工厂停工和人员伤亡。所以他下决心做一回教书匠，要把这批青年人培养好，不求出高级人才，但至少是一个引进装置上的合格操作工。于是，他趁工作之余，自己从图书馆找来一些文革前出版的中专和技校教材，在此基础上又编写了包括数理化和有关丙烯腈生产工艺等讲义。从最基础的中学数理化知识开始一直到专业知识，如同一所学校一样给这些青年人上课，并布置作业。同时按他们的专业分工，分有机化工工艺、产品分析、催化剂制备，由专人负责培训。

经过两年多时间的培训和实践，他们不仅有理论知识，而且还有在上海石化院小试验和中试装置学到的专业知识，有的还当上班长、工段长，成为工厂技术骨干。还有个别青年，又在原有基础上，继续刻苦学习，在1978年国家恢复高考后进入高等院校，成为文革后的首批大学生。

中共十一届三中全会后，经拨乱反正，科研单位出现前所未有的大好形势。由于石化工业的迅速发展，尤其是引进石化装置逐年增加，相配套的引进技术消化吸收和催化剂研制任务日益增多。然而，此时上海石化院人才却出现青黄不接现象。解放前留下的高级工程技术人员已曲指可数，而且不少已步入花甲之年，例如科研情报室的几位老先生本应可安享晚年，可是因缺乏接班人，还在没完没了地翻译外文资料，撰写“化工大全”、“化工大百科”，以及各种由化工部和上海市科委下达的石油化工科技发展规划的背景材料。院里五十和六十年代的大中专毕业生，也都步入中年，有些还走上各级领导岗位，只是做具体工作的工程技术人员越来越少，迫切希望有一批年龄在20~30岁之间的具有化工专业知识的大中专毕业人才从事实验室和中间试验工作。

1982年秋，我国有了第一批文革后的大学毕业生，上海石化院正期盼能分得一批新的接班人。可是，那时候虽说知识分子待遇有了改善，但属事业单位的上海石化院与工厂相比仍有很大差距，大学生更愿进工厂工作。同样在高桥化工厂区内工作，分配在高桥化工厂的大学生实际收入比上海石化院的多一倍，所以多数化工类专业毕业生会选择在高桥化工厂工作。人事部门工作人员费了九牛二虎之力，从宣传石油化工科研发展前景角度出发，总算争取到十来个化学化工类大学毕业生，所以研究院上下喜出望外，视作瑰宝。院里各部门都想补充新生力量，尤其是早已“老龄化”的计划管理类部门。然而关兴亚却向院部领导建议先让这批大学生到科研第一线去锻炼，最好到中试车间和与上海石化院合作的工厂企业，让他们对石化工业有更多的感性知识，这样对日后科研工作的展开和个人进步都会带来好处。在他看来，一个工业性研究院所的工程技术人员，最好从实验室小试验做起，然后到中间试验车间滚打几年，中试结束后，参与工程设计，一直到大规模工厂的试车。这样，培养出来的工程技术人员就能够全面了解生产企业的要求，从而为新的研究工作打下扎实基础，同时也加强了科学研究为工厂生产服务的意识。

他还认为，一个工业研究院所的所谓成果，决不能仅仅停留在实验室阶段便束之高阁，成为“华而不实”的展品，这是浪费国家的财产。一项真正的“科研成果”必须经过工厂实践检验，能产生经济效益和社会效益，体现它的实用价值，才能真正算得上转化为生产力。如果我们培养的工程技术人员不掌握工程知识，不知道如何为工厂技术服务，怎样才能使科研转化为生产力呢?

关兴亚培养接班人方式可谓别出新裁，他欢喜给他看得中的人压担子。这些人学历不必要很高，但必须是善于动脑、动手的人。

自己出点子，然后放手让他们去做，同时在他们具体工作时适当给予指导，使他们能迅速成长起来。例如现任上海石化院副总工程师、研究部主任兼丙烯腈项目负责人吴粮华就是当年他看中的培养对象。在吴粮华基本掌握磷钼铋系催化剂制备方法后，让他自己寻找资料开发 MB-98 型催化剂和性能更好的 SANC 系列催化剂。为了让他熟悉工厂开车过程，带他去茂名联合化工纺织总厂参加年产 5000 吨丙烯腈装置开车，之后作为大庆、抚顺、齐鲁，乃至台湾中化公司丙烯腈装置开车主要负责人，独当一面。

徐建荣也是他看中的接班人。徐建荣记得，当时进上海石化院不久，关兴亚就交给他一个任务，是在流化床反应器的空气和氨分布板上打孔，但孔打多少个，孔的尺寸又是多少，就要自己动脑筋，根据所给定的空气和氨的流量来计算。以后让他熟悉整个流化床反应器生产原理和构件的计算、制造。开始徐建荣觉得压力很大，打孔既是一项体力劳动，又要开动脑筋。于是，他先经计算，再打孔，然后拿到反应器中去尝试，最后摸出了规律。1986 年，参加茂名联合化工纺织总厂年产 5000 吨丙烯腈催化剂生产车间开车，独当一面，保证了反应器的稳定运行。后来上海石化院实验厂丙烯腈催化剂因经常出现重复性欠佳问题，需要一名技术负责人，于是，关兴亚向院部推荐由徐建荣任催化剂技术负责人，废丙烯腈催化剂生成量大幅减少，经济效益显著上升。

由于关兴亚注重青年人的培养，他们中间涌现出一批国家科技进步奖、香港“何梁何利”奖、聂荣臻发明创新奖获得者，以及国务院专家津贴获得者、全国三八红旗手、上海市劳动模范等荣誉称号的杰出人才。

关兴亚对于在职管理人员再教育也可谓尽心尽力。1988 年 10 月，中国石化总公司人事部和生产部在天津联合召开编制炼油、化工化纤、化肥、机动设备等 5 个专业继续工程教育规划方案座谈会，会上决定由上海石化院编写化工有机原料部分。同时，根据“关于面向生产选课题，开展继续工程教育”文件的要求，由上海石化院承担基本有机原料技术培养任务。其中第一个项目就是“丙烯腈专题”培训班。

当时我国丙烯腈生产企业约11家，除上海石油化工总厂和大庆石化总厂化工二厂两套年产5万吨装置已经投产外，还有抚顺、安庆两套年产5万吨引进装置在建设中，山东淄博和兰州化工公司两套年产2.5万吨引进装置也在建设中，再加上高桥化工厂、茂名联合化工纺织总厂等几家用国内自己技术建设起来的中型规模企业，但这些企业基本都直接或间接地在中国石化总公司管辖之下。参加培训的学员主要是这些装置的工段长、车间主任一级技术骨干，还有部分学员是工厂主管丙烯腈生产的处级和科室人员。培训目的是使学员系统掌握丙烯腈生产基本原理、国内外发展概况、技术进展和科研发展动向。

在近两个月的培训期间，长期从事丙烯腈技术开发的老专家亲自讲课，其中留美学者、原研究所所长张式主讲工程放大；陈庆龄院长主讲后处理及产品分离提纯；卢文奎副院长主讲化学反应动力学和反应机理；关兴亚副总工程师主讲流化床反应器和催化剂。

关兴亚讲课也与众不同，喜欢深入浅出，结合工厂实践，既有理论又联系实际。例如讲操作控制相关问题时，像上哲学课一样，先列出几对矛盾，温度升高与降低、压力升高与降低、流量增大与减小、塔釜液面升高与降低等，然后逐一解释两者关系以及处理问题的方法。有些深奥理论，经关兴亚一讲就变得通俗易懂。例如，流化床反应器产生的气泡，本来是深奥理论，但关兴亚用矛盾对立与统一的理论作了解释，反应在较高线速下操作，此时必有大量大气泡生成，而且这种气泡是不断生成，又不断被破碎，而每次气泡生成和破碎过程就产生了传热和传质过程。这样由反应器自下而上，使每个新产生的气泡中经过反应的气体的成分不断增加，最终将全部气体都达到比较完全反应，使反应获得较高原料转化率和产物的选择性。而流化床反应器中的某些内部构件又是起到气泡的破碎作用，使化学反应达到预期效果。

关兴亚正是通过矛盾论的对立和统一观点来告诉学员，任何操作稳定都是相对的，要在稳定操作中善于发现问题、解决问题，才能使化工操作保持长时间的稳定运行。

因为培训学员都来自生产第一线，而且有些学员对关兴亚比较熟悉，一起参加过装置试运行，还在同一车间吃过食堂专用车送来的饭菜，加上关兴亚没有一点架子，大家也没把他当作专家教授来对待，提的问题最多，但关兴亚很耐心，逐一回答他们的问题。

例如一部分来自引进装置的学员，学习了催化剂加入量和反应器总投料量计算的经验公式后，就提出在流化床反应器直径不变动的情况下，如何计算出最大生产能力。很显然，他们想对现有装置进行扩能改造。关兴亚毫无保留，将自己多年积累的这方面知识全部传授给他们，还告诉他们最重要的一点是采用新型构件来提高反应器的生产能力。

一部分来自国内自建中型丙烯腈装置的学员，他们最关心的是如何运用引进装置新技术，通过消化吸收来改造他们的现有装置。关兴亚也将自己的想法和盘托出，并且还建议他们与来自引进装置学员进行技术交流。

有些问题涉及到创新技术，关兴亚尽量能给他们一个满意答复。例如，通常引进装置开车时，需要“标准气体”作试车时产品分析用，但这种标准气体的配制非常专业，是他在上海石化院长期工作经验的积累，可他并不保守，其中包括自己专程到上海计量局去讨教专业人员学来的技术也无私地告诉学员们。后来，大庆和兰州引进装置在试用上海石化院 MB 系列催化剂进行开车时，关兴亚用学来的配气技术，配制好标准气体，然后在上海计量局进行测试，之后又将配制好的“标准气体”随同运输催化剂的大卡车一起送至现场，从而保证了装置顺利运行。

多数学员听了关兴亚有关上海石化院正在开发的新催化剂、新工艺和新技术介绍后，希望获得有关详细资料，还想参观上海石化院正在进行的相关实验。他也总是尽量满足他们的要求。他还会细细听取他们有关工厂装置存在的问题或迫切需要解决的问题，然后再分析，看看上海石化院能否为工厂做些什么？当时许多学员对上海石化院正在开发的丙烯腈精制回收技术很感兴趣，因为丙烯腈回收率若从 90%提高到 94%，一套年产 1 万吨的丙烯腈装置，一年就能多增产 400 吨丙烯腈，经济效益十分可观。所以，培训班后来成了技术交流会，师生关系特别融恰。有些学员回到工厂岗位后，就提出很多合理化建议，也有的提出扩能改造想法，培训班超出了预期目的。许多学员说，通过学习不仅增加了基础理论知识，还把上海石化院最新技术成果也带回工厂。

通过这次与培训学员的交流，关兴亚才知道，有些单位将引进装置的有关资料长期关在工厂档案室，无人问津，这很可惜。因而希望学员们能好好学习外语，把引进技术真正学到手，为我所用，并不断提高业务水平。后来他又向有关领导提出如何消化吸收这些引进技术资料的建议，得到上级部门的肯定。

关兴亚不但重视对院外职工的技术培训，而且还十分关注丙烯腈课题组员工的业务水平提升。1978 年 3 月全国科学大会之后，上海市化工学会和上海市科协的学术活动逐渐恢复，各种知识讲座十分活跃。当时，他自己带头主动参加学会活动，为青年人主讲丙烯腈生产技术和催化剂进展，还积极鼓励并安排组内员工参加各种学术活动，让他们不断吸收新知识，提高业务水平。

1979 年，中国化学会在上海召开文革后的第一次学术活动，当时国内著名化学家卢嘉锡等聚集在上海展览馆作学术报告，关兴亚觉得这是一次极好学习机会，从化学会索取多张入场券，让组内技术骨干参加会议。后来获悉我国催化学术大师、厦门大学蔡启瑞院士、中科院煤炭化学研究所彭少逸院士、中科院大连化学物理研究

所郭燮贤 院士同来上海化学化工学会作学术报告，关兴亚又要求主要技术骨干放下手上的工作，去上海市化学化工学会小会场聆听报告，增进知识。

关兴亚还从员工长远发展出发，鼓励组内员工参加文革后首次高考，并且给予放假温课的机会，后来，功夫不负有心人，一位当年在年产 60 吨丙烯腈车间因溅着氰化物差点送命的中专生终于如愿考入上海工业大学本科数学系，毕业后回高桥石化公司计算机室任高级工程师。至今谈起此事，仍十分感激关兴亚的鼓励和关照，因为有了关兴亚当年对他的支持，才有他后来的成功。

如今上海石化院丙烯腈课题组人才济济，成果累累，所以很多人一直想问关兴亚是如何培养接班人的。2007 年在回答《中国石化报》记者关于人才培养的问题时，关兴亚是这样回答的：一是“母鸡带小鸡”的办法，工作中看谁的工作表现好，就让谁挑担子；二是青年人有自己的想法，不能用自己的框框去套，一些重大技术方案决策、重大工艺流程修改，自己出点子放手让青年人去做；三是团队带头人很重要，带头人要以身作则，协调好成员之间关系，形成和谐氛围，让队伍保持良好传统。不过他要青年人记住他最重要的一句话，那就是“要在年青的时候养成自己动手的习惯，只出点子，从来不动手的人不容易出大的成果。一个新方案的提出人往往是第一个实践者，这似乎是一个规律。”

第二节　集体智慧与个人荣誉

从 1961 年上海石化院“丙烯氨氧化制丙烯腈”立题开始屈指数来已有 56 个春秋。从撰写开题报告、文献总结、小试验、中间试验、工业放大试验，一直到在不同规模引进工业装置的技术推广和应用，每一过程都凝聚了关兴亚的心血和光辉业绩。

在关兴亚主持的丙烯腈技术开发过程中，仅从1978年起至1999年获各级政府和有关机构颁发的奖状有数十项，其中仅国家级的就有13项之多，它们是：

1978年3月，全国科学大会成果奖，奖项名称是：丙烯氨氧化合成丙烯腈工艺及催化剂研究；

1988年7月，国家科技进步二等奖，奖项名称是：MB-82型丙烯腈催化剂的研究开发；

1991年12月，国家科技进步二等奖，奖项名称是：MB-82型丙烯腈催化剂25000吨/年引进装置工业应用；

1993年12月，国家科技进步一等奖，奖项名称是：MB-86型丙烯腈催化剂研究及工业应用；

1993年12月，国家科技进步二等奖，奖项名称是：丙烯腈复合萃取解吸分离新工艺五千吨级工业试验；

1995年3月，中国专利十年成就展组委会和评审委会颁发的发明优秀奖，奖项名称是：丙烯腈和乙腈回收的新方法；

1995年3月，中国专利十年成就展组委会和评审委会颁发的金奖，奖项名称是：丙烯腈催化剂的制法；

1995年3月，国家科委颁发的国家级新产品奖，奖项名称是：MB-86型丙烯腈催化剂的研制工业应用；

1997年11月，国家专利局和世界知识产权组织颁发的发明金奖，奖项名称是：丙烯腈流化床催化剂；

1998年8月，十一届全国发明展览会颁发的世界知识产权组织专项发明金奖，奖项名称是：丙烯腈流化床催化剂；

1998年11月，九八世界华人发明博览会颁发的发明金奖，奖项名称是：生产丙烯腈流化床催化剂；

1999年9月，十二届全国发明展览会颁发的发明金奖，奖项名称是：丙烯腈流化床催化剂。

然而，关兴亚并不看重名利，从1988年7月，MB-82型催化剂获国家科技进步二等奖后，再也没有在丙烯腈获奖项目上挂名。

1985年国家开始建立专利制度时，由他亲手申请的有关催化剂的国内外发明专利有8项，其中包括：

1989年9月27日，CN1005248，专利名称为丙烯腈含钠催化剂；

1991年7月10日，CN1013079，专利名称为丙烯腈催化剂的制法；

1991年10月2日，CN1054914，专利名称为丙烯腈流化床催化剂；

1992年5月20日，CN1061166，专利名称为丙烯腈卤素催化剂；

1992年5月20日，CN1061163，专利名称为丙烯腈催化剂活性长期稳定法，相关美国专利为US5177048；

其他有关丙烯腈流化床催化剂相关的美国专号为US5223467，欧洲专利号为EP484792。

由他及其同仁主持开发的拥有自主知识产权的丙烯腈生产技术，使中国的丙烯腈催化剂和技术进入世界先进行列，并为催化剂在台湾地区推广应用作出突出贡献，为国家创造了巨大的经济效益和社会效益。其中仅MB-86型催化剂在国内引进装置推广应用就为国家直接节约外汇4000余万美元，新增利税数亿元。可是，在同事的眼里，关兴亚却始终是一位无私奉献、默默工作、淡泊名利、务实的科研工作者，对工作一直秉持严格的科学态度，百折不挠的敬业精神。他用自己的行动，实现了他的诺言“见工作就上，见荣誉就让”，并将一生精力都扑在丙烯腈事业上。

实际上，1988年关兴亚被评为国家级有突出贡献中青年专家，1989年被评为中国石化总公司劳动模范，1991年享受政府特殊津贴后，每一次他都向领导提出“我的荣誉不少了，再多没有意思，到此为止吧！”

关兴亚将上海石化院获得的奖项看作是包括上海石化院在内所有参与单位的共同努力的成果，将个人获得的奖项则视作所有参与者集体智慧结晶，而他个人在集体中的作用仅是“沧海一粟”而已，不值得一提。即使工作有一点成绩，也应归属于党和国家对自己的多年培养和教育。

关兴亚常常对青年人讲，我们这一代人在旧社会饱经风霜，亲眼目睹日本侵略者在中国的殖民统治，无辜的中国人在街上行走会莫名其妙地遭到日本兵的殴打。在日本人开设的学校读书，因为学生们不愿讲难听的日本语遭日本教师的打骂也是常有的事。因为“落后要挨打”，所以，我们这一代人尤其希望中国强大起来，在洋人面前能扬眉吐气，这也是几代中国人的愿望。

也许现在的青年人难以想象，在当年物质条件极其困难的条件下，以关兴亚为代表的老一辈石化人会开发出具世界先进水平的丙烯腈生产技术。那年头，没有名利还背着资产阶级知识分子和“臭老九”的沉重包袱，靠的是什么？是精神力量。

关兴亚告诉青年人，20 世纪 60 年代搞丙烯腈研究开发，压根也没有想到什么名利和地位，而是怀着要为人民解决吃、穿、用，支援农业，支援国防建设的壮志；怀着彻底改变我国一穷二白落后面貌的雄心，以早日从石油“废气”中拿出丙烯腈；怀着打击帝、修、反，为国争光的一颗红心。因为把搞丙烯腈研究当作一项重大的政治任务来对待，才能在前进道路上克服一个又一个困难。那时候，社会上提倡的是“一不怕苦、二不怕死”的精神，就连中试车间挂的大幅标语也是这些口号。所以，工作再累也没有人叫苦喊累。

关兴亚也常常对青年人讲，没有党和国家培养就没有他的今天。他说，1949 年新中国成立后，国民经济逐渐好转，人民生活水平有所改善，这才使自己有机会进入高等学府深造。当初考入上海交通大学化学系时，生活费曾是一道坎，因为此时他父亲收入仅够维持家庭生活，而无法承担他在学校的各种费用，又是党的好政策，从1951年9月起所有高校学生都能享受助学金，这才使他能顺利完成大学学业。至今他还记得当年入学时，上海交通大学老师的一句话："记住你们是党和人民培养的新中国第一代大学生，是千千万万工人和农民用血汗来养活你们的，你们千万不能辜负党和人民的培养，要全心全意为工人、农民和人民大众服务。"常言道："滴水之恩要涌泉相报"，为国为人民再苦再累也是应该的。

关兴亚认为，我国丙烯腈工业发展除上级领导正确决策和支持外，离不开兄弟单位和同仁们的共同努力。1991年，他在北京石油炼制和石油化工国际会议上以英文发表了一篇对中国丙烯腈工业发展过程作简要回顾的文章，题目是"Development and Application of Acrylonitrile Technology in China"。1992年又以中文发表在《合成纤维工业》杂志第一期，题目是"中国丙烯腈生产技术国产化发展过程"。

全文强调了1982年国家科委制订的工作计划和中国石化总公司（即中国石化集团公司的前身），在执行这一计划所起的关键性作用，尤其是中国石化集团公司组织的数次多项大规模技术攻关，推进了我国丙烯腈成套技术国产化进程。

关兴亚将中国丙烯腈工业发展分为3个时期。第一个时期从1960年到1969年，是丙烯氨氧化制丙烯腈的基础研究和中间试验期间。这个时期从1960年北京化工研究院丙烯腈立题开始，他强调了北京化工研究院作为我国最早进行丙烯氨氧化催化剂和工艺开发的科研机构，起到开创作用。当时，北京化工研究院研制了活性组分为磷、钼和铋的氧化物并以二氧化硅凝胶为载体，用机械混和法制成催化剂，并进行了流化床反应器的小试研究，以后又在兰州化工公司进行了直径为600毫米的流化床中间试验。1961年起上海石化院，中科院长春化学研究所、兰州化工公司才先后加入此行列。

1963 年 7 月，根据当年 3 月化工部在上海召开的丙烯腈技术交流会精神，北京化工研究院的吴荫琛工程师、中科院长春应化所的谢筱帆研究员、兰州化工公司中试室主任张万欣工程师各自携带着他们的催化剂在上海石化院进行统一评价试验的印象至今仍牢牢地留在他的脑海中，历历在目。技术交流和各参与单位的合作使上海石化院和他学到许多丙烯腈催化剂和反应技术开发的经验，受益匪浅。

第二个时期，1970～1980 年，是丙烯腈试生产和工艺改进时期。这个时期在北京化工研究院等单位共同协作下，上海石化院中间试验获得成功，开始先后在黑龙江、辽宁、山东、上海、江苏、湖南、广东各省市建设了 12 套中小型丙烯腈装置。其中规模最大的为年产 1 万吨，后大庆炼油厂调整为 5000 吨，多数是 1000 至 2000 吨级装置。这一时期各生产厂对原有技术作了一定改进。其中包括采用上海石化院的运用高速转盘式喷雾干燥器制成的细颗粒多元催化剂；长春应化所的 DB-75 新型催化剂；山东淄博石油化工厂从萃取解吸塔抽出乙腈的工艺改造；大庆石化总厂化纤厂将脱氢氰酸塔由常压改为负压；高桥化工厂、北京化工研究院、岳阳石油化工总厂合作完成的丙烯腈污水用加压水解和生化处理的两级污水处理，达到国家排放标准；山东淄博石油化工厂完成丙烯腈污水闭路循环工艺；抚顺化纤厂塔式生物滤池处理丙烯腈污水新工艺，大幅减少了过去采用表面曝气池生化处理方法的占地面积。

在这一时期，随着丙烯腈反应器直径的增大，在大庆炼油厂和上海高桥化工厂装置上的应用，发现了过去的导向挡板存在放大效应，开始研究细颗粒催化剂，以从根本上解决流化床反应器的气固接触效率问题。加上引进技术的消化吸收，为 80 年代丙烯腈工业达到国际水平打下基础。

第三个时期，从 1981 年起，这是一个集中力量开发具有中国特点的丙烯腈生产技术时期。在这个时期，我国又从国外引进了大庆、抚顺、淄博、兰州、安庆 5 套丙烯腈装置，加上上海石化共 6

套，年总生产能力超过20万吨。为加速完成国内高水平丙烯腈生产技术开发，1982年国家科委制订了工作计划，并与有关单位签订了工作合同。1983年中国石化总公司着手执行这一计划，组织国内有关科研、设计、高等院校、工厂单位进行技术攻关，取得了重大工业化技术成果。其中包括后来较少提及的清华大学化工系开发的循环流化床反应器和浙江大学开发的UL型流化床反应器。

20世纪90年代，循环流化床在国际上曾引起石油化工界广泛关注，其中最典型实例是杜邦公司正丁烷制顺酐。与当时丙烯腈生产中普遍采用的湍流型流化床反应器相比，是一种高气速操作的，且接近于平推流的流化床反应器，可大幅减小返混程度，气体反应物和固体催化剂为无气泡接触，从而可提高反应器生产强度，它不仅仅是对国外专利的突破，也是对新工艺技术的探索。

清华大学在一套直径为8毫米、长为30米的反应器模试装置中，采用了上海石化院研制的MB-82型催化剂，取得了在常压下，丙烯腈单程收率达80%，而丙烯腈加氢氰酸单程收率达89.09%的良好效果。后又在高桥化工厂建立一套直径为219毫米、高16米的中试装置，设计、设备加工、安装及调试由清华大学化工系、高桥化工厂和上海石化院三方共同承担。研究结果表明，由于提升管中轴向返混减少，使丙烯腈单程收率有所提高。

浙江大学联合化学反应研究所的UL型流化床反应器是以催化剂的动力学特性和床层的传递特性为基础，运用反应工程基本原理而开发成功的。根据动力学特性研究，浙江大学认为，只要在反应器内有一个合理的氧分布，就可望在保证一定的活性条件下，使丙烯腈单程收率进一步提升。为此，提出二次布氧(空气)的构思，即在反应进程的前阶段采用低空气比，以获得高选择性，而反应进程的后阶段再补充二次空气，以保证催化剂活性，使最终能获得较高的丙烯腈单程收率。

UL型反应器的工业试验是分别在上海高桥化工厂的直径为2.8

米和上海石化股份有限公司化工二厂直径为5.1米的丙烯腈流化床反应器中进行的。结果表明，除丙烯腈单程收率略有增加外，其余副产物，尤其是二氧化碳均有不同程度下降，从而使丙烯腈选择性明显改善，其增加值高达2.9个百分点。以一台反应器年产丙烯腈2.5万吨计，采用UL型反应器比自由型流化床反应器能新增经济效益640万余元人民币。此外，UL反应器操作方便，控制容易，二次布空气量调节方便。目前国内新开发的流化床反应器技术中也包含着UL反应器的某些特性，也是S-ANT工艺包和自主知识产权的一部分。

进入21世纪后，由于中国石化集团公司组织的数次多项大规模技术攻关，我国丙烯腈成套技术国产化又前进了一大步，其重要标志是集我国自行开发成功的11项专利技术和专有技术编制的年产5万吨丙烯腈工艺包，即S-ANT。1999年齐鲁石化公司集成上海石化院开发的MB系列催化剂、复合萃取精馏、二次回收精制技术，清华大学的新型空气和丙烯、氨分布器，石油大学的二级旋风分离器，华东理工大学的导向浮阀以及大庆石化负压操作脱氢氰酸等7项新成果，完成了年产2.5万吨丙烯腈装置扩能为年产4万吨的改造，成为国产化的“示范装置”。2003年联合上海石化股份公司、上海石化院、清华大学、石油大学、航天部十一所、南京化工学院等单位院所将上海石化股份公司年产6万吨丙烯腈装置扩能至13万吨，而且由中国石化自行设计、上海石化机械制造公司加工的年产7万吨、直径为7.47米的流化床反应器也用于此扩能改造中。从而标志着中国石化集团公司已进一步打破了国外丙烯腈生产技术垄断，开发出具有中国特点和自主知识产权的丙烯腈成套生产技术。

关兴亚实事求是、恰如其分地评价了各参与丙烯腈技术开发单位对我国丙烯腈事业的贡献。他认为，我国丙烯腈工业之所以能取得如此长足技术进步，这不仅是一、二个单位的功劳，而是众多参与单位几代人共同努力的结果。从这个意义上讲，即使是上海石化院获得的奖项，也包含着其他参与单位和参与者的共同成果。

面对众多荣誉和奖状，关兴亚总说“盛名之下，其实难符”。尤其是与前一辈老工程技术人员相比，实在受之有愧。回顾自己的成长过程，1955年秋从复旦大学化学系毕业，他曾想当一个出色的药物化学家，后来进入沈阳化工研究院当一名从事化学工业和工程技术研究开发工作者，从化学转向化学工程，即从“理科”转向“工科”，一直到进入上海石化院从事丙烯腈催化剂和工艺开发，许多工程问题，尤其是流态化反应工程问题实是一知半解，幸好得到包括时任副所长、老专家张式等前辈的指点和帮助。可是与前辈们相比，他们作出了无私的贡献，却因未能赶上改革开放好年代，或者赶上改革开放好年代却因年事已高，远离名利。

丙烯腈作为石油化学中一个大宗化学品，猎涉技术面广，从催化剂研制、反应器设计、产品分离提纯、分析测试、关键设备制造，涉及到多个领域，一个人就是有三头六臂也忙不过来。而且一个人的知识面终究有限，所以不要说国内，就是在发达国家，包括关兴亚曾经接触过和参访过的美国索亥俄公司、杜邦公司、孟山都公司，还有日本旭化成公司，这些跨国公司丙烯腈研发都是“大兵团”的作战，决不是任何“个体户”所能做到的。实际上丙烯腈工业生产是一个系统工程，也是一个国家工业综合水平的体现。例如，反应器加工涉及冶金工业的材料和材质问题；过程控制涉及仪器仪表自动化和计算机技术；输送流体的泵和压缩机涉及机械设备加工技术。近年来，随着各种高新技术的发展，如现代信息技术、膜分离技术也将在包括丙烯腈在内各种有机化工产品传统生产技术中渗透。

想当初，1963年为丙烯腈中间试验的顺利进行，上海石化院几乎“倾院而出”，少说也有100多人直接或间接参加中试工作，所以关兴亚常常说：“工作是大家一起做的，成绩都归在我一个人身上实在受之有愧。”

作为一代宗师，关兴亚常常教育年青一代，希望他们“贵有自知之明”，正确对待名利，淡泊名利，团结一致，协同努力，为我国丙烯腈工业多出成果，多作贡献，千万不要计较个人得失。

1995年当关兴亚被推荐参加中国工程院院士评选时，评选人看了他的申报材料感到奇怪：他是丙烯腈学科带头人，但获国家科技进步一等奖的MB-86型催化剂成果和许多发明专利连他的名字都没有，更不必说第一发明人了。后来，上海石化院又写了补充材料，说明关兴亚高风亮节，不愿挂名的原因，从而获得评委的感动和认可。其实，那时关兴亚对评不评院士的态度是三个字——“无所谓”，还说，评上又怎样呢？我还是搞丙烯腈。

对于MB-86型催化剂成果申请国家科技进步一等奖为何被他婉拒？2007年5月，中国石化报记者采访关兴亚时，也对这个问题疑惑不解。在这位记者写的“生命不息　攀登不止”这篇文章上是这样写的：“关老不图索取，一是因为他淡泊名利；二是为了给团队起个好的带头作用。”在关老看来，“团队问题是个大问题，带头带不好以后不好办”。“以前有些同志为专利争，实际上这些专利都是属于单位的。大家在一个院里工作，东西要共享，互相保密以后怎么开展工作？”由于关兴亚的以身作则，不计个人得失，在他带领下，丙烯腈团队秉承务实、严谨的工作作风，成员间关系非常融合，毫无私心，这才有以后的一大批成果。

其实，生活中的关兴亚根本不是读者想象的翩翩风度的学者，而是十分平易近人的普通知识分子，吃饭、穿衣都比较随意，同事提醒他要注意形象，他会说：“理它做什么，事情做好就好了”。对于名利更是不值一提，他说：“这是身外之物，人只要能吃饱穿暖有地方住就可以了，名不能当饭吃，利多了反而会伤害人”。在他眼里，除了工作还是工作。

还有他最忌讳别人以官衔来称呼他，当了主任，称“关主任”，当了副总工程师，称“关总”；当了院士，称“关院士”。所以，当老同事以官衔称呼他时，他会毫不留情地跟他们说："以后还是叫我老关好！"是的，了解他性格的人知道，老关就是不要名，不要利，喜欢默默无声地干他一辈子的事业——丙烯腈。

关兴亚和他的助手陈欣、吴粮华在研讨试验方案

第三节　领导支持和团队力量

自1995年关兴亚当选为中国工程院院士后，前来上海石化院采访他的记者络绎不绝，有报社，也有电视台的，更有中央电视台"院士风采"摄制组的。所采访内容大致类同：在什么情况下想到搞丙烯腈的？什么动力促使你克服困难登上世界水平的？成功的秘诀是什么？

务实的关兴亚作为中国丙烯腈工业的开拓者之一，是一个不喜欢讲客套话的科研工作者，他甚至于要求这些记者不要称他"关院士"。因为这里(指上海石化院)上上下下都叫他"老关"，叫"老关"

似乎更亲切一些，说话也可随便一些，不受“官场”约束。然后，他会点上一支烟，慢条斯理地回答记者的问题。

在谈及成功秘诀时，关兴亚坦率地说，其实没有什么秘诀，因为科学研究前面的道路是崎岖不平的，更没有捷径好走，唯有踏踏实实去做好每一个枯燥无味的试验。不过关兴亚觉得每到一个关键时刻，强而有力的领导支持、兄弟单位的协作和一个团队的力量都缺一不可。

那时，就上海石化院的技术力量而言，研究工作主要限于催化剂研制和工艺过程开发。所以在即将进入中试阶段时，连催化剂放大制备的条件都不具备，关键设备列管式固定床反应器制造找了好几家单位都不敢接受。后来在上海市化工局协调下，由上海试剂厂利用生产试剂设备解决了催化剂放大问题，反应器加工则由中共上海市工业生产委员会出面，请海军 4805 厂帮助解决。

因为原料丙烯和水、电、蒸汽都需高桥化工厂负责供应，为保证年产 60 吨丙烯腈中试装置的顺利运行，1963 年 7 月，中共上海市工业生产委员会李广仁副主任亲自莅临上海石化院的中试装置现场指导和检查工作。为保证原料丙烯供应，主管上海石化院和高桥化工厂的上海市化工局瓮远副局长亲自前往高桥化工厂安排原料丙烯和开车时水电汽的调度。上海石化院的领导又成立了开车领导小组，由院负责人陈承欢任组长，留美老专家张式和主管科研的负责人沈银林同志任副组长，直接指挥开车过程。

最让关兴亚难忘的是，1965 年 6 月 10 日下午 5 时许，中试装置的脱氢氰酸塔顶氢氰酸与碱中和发生剧烈化学反应而导致爆炸事件，塔盖飞至数百米外的高桥化工厂刚建成的但还未开车的年产 2000 吨苯乙烯催化剂沉降槽上。铁制楼梯上溅满因爆炸带来的碎片和被剪切过的螺丝和螺母，其中有一碎片刚好击中石油部来参加协作的一名工程师的皮带上，皮带当即断裂。好在当班的操作工立即采取措施，才避免事故进一步恶化。那时，因多数员工住在厂区宿舍，所以许多上海石化院的员工都迅速赶到现场。然而，在“千万不要忘记阶级斗争”的年代里，会不会是阶级敌人破坏是首要考虑的问题，因而忙坏了保卫科的工作人员，到现场寻找有否阶级敌人的破坏痕迹。还一次又一次召开当班操作工会议，找个别操作工谈话等等，弄得大家人心惶惶，好在最后还是领导承担了责任。其实在石油化工科研开发初期，谁都没有经验，设计上或者操作上的疏忽时有发生，这在另一方面反映了石油化工易燃易爆特性和试验的艰巨性。幸好这次爆炸未伤及一个员工，事故调查结果也不是阶级敌人的破坏，但是上海石化院是否还要搞丙烯腈课题引起了有关高层的疑虑。

当时高桥化工厂对于丙烯腈中试是否会再次引起爆炸多少有些担忧，因为聚苯乙烯既纳入国家生产计划，又是该厂的“吃饭产品”。而上海市化工局一位主管科研的副局长则对刚成立不久的上海石化院能否承担丙烯腈这个难度极大的研究课题也产生了疑虑。为了消除高层顾虑，陈承欢所长、老专家张式副所长和主管科研负责人沈银林同志不但主动向上级承担了这次事故的责任，而且采取措施保证不再发生类似事故。当时陈承欢所长等还召集关兴亚及课题组相关人员的会议，分析事故原因和商讨下一步工作设想。另外还给大家压“惊”，尤其要大家放下包袱，正确对待科学实验过程中出现的问题，还表扬当班操作工冷静处理现场的认真负责的工作态度。会上，关兴亚发表了自己的意见，认为这是原先设计上的问题，直接原因是剧烈化学反应而引起爆炸，对此又提出包括工艺和设计方面的多项改进措施。关兴亚还认为，发生事故是坏事，但如果在中试装置未暴露或不解决剧烈化学反应问题，在高桥化工厂拟建年产 1000 吨丙烯腈装置发生类似现象，这样损失就更大。中试目的就是要暴露问题，如果都是一帆风顺，还要做什么中试呢？所以从这个意义出发，也算是个“好事”。关兴亚还表态，我们不能知难而退，即使赴汤蹈火也要坚定信心将丙烯腈搞上去，不辜负党和人民的期望，为解决6亿人民的穿衣问题作贡献。后来，陈承欢所长等领导又多次向上海市和化工局汇报丙烯腈工作，顶住了来自各方面的压力。试想如果上海石化院的领导未能顶住来自各方面的压力，并草草收场，显然也不会有今日丙烯腈的辉煌。

1981年7月7日，国务院领导看了上海财政科学研究所关于高桥地区石油化工企业挖潜增产的调查“组织联合可以大幅度提高经济效益”一文后，亲自到上海高桥地区视察，决定将分属上海市化工局、轻工局、纺织局、华东电管局的上海炼油厂、上海高桥化工厂、上海高桥热电厂、上海第二化学纤维厂、上海合成洗涤剂二厂、上海农药厂、上海染料化工十五厂和上海石化院，这“七厂一所”联合成立上海高桥石油化工公司，以摸索出一条改革当时条块分割的工业经济管理体制的途径。

公司成立不久，一位副经理和一位总工程师在听取上海石化院主要负责人沈银林工作汇报后，首先肯定了上海石化院在引进装置配套催化剂研制方面的工作，尤其是上海石油化工总厂丙烯腈、醋酸乙烯催化剂和辽阳石油化纤公司环氧乙烷催化剂所取得的成绩。但是两位领导从公司长远发展出发，明确指出，今后科研工作重点不再是引进催化剂研制，服务对象也不是国内引进装置，而是转向为公司内生产企业服务，尤其是发展附加值较高的精细化工产品。对此，沈银林从全局出发，表示为公司服务科研项目可以增加，但引进装置催化剂配套工作不能停止。为了保证丙烯腈等项目的科研经费，老所长张式不顾近七十高龄，多次上京赴中央有关部门汇报，寻求支持，这才保证了丙烯腈等研究课题的顺利进行。

然而，要说上级支持，力度最大的莫过于1983年成立的中国石油化工集团公司（前身中国石化总公司），尤其是1984年上海石化院作为直属研究院后，集团公司对我国丙烯腈技术开发起到最关键的作用。除了提供充足的研究经费和大量进口试验设备外，最重要的是组织大规模技术攻关以及催化剂、新工艺、新技术的推广应用。

当时，一个新开发成功的催化剂，即使是原燃化部下达的引进装置配套项目，要真正应用在引进装置上需克服重重阻力。一方面国外新催化剂一代接一代，总体水平在不断提高。例如，在卖给我们第一代催化剂时，他们的第二代催化剂即将问世，等国内开发出相当于国外第一代催化剂水平的催化剂时，外商便来兜售第二或第三代催化剂，而工厂企业常常从经济效益出发选择国外新开发的第二代催化剂。还有更“凶”的一招是所谓“促销手段”，买国外催化剂可以出国培训。这一招在改革开放初期，对一部分人很有吸引力。当时，让科研单位无言回答的是“如果催化剂达不到指标或者发生意外事故，你一个科研单位能承担得起责任吗？”但是为推进催化剂国产化，中国石化总公司下死命令，凡是国产化催化剂性能与进口催化剂相当的，优先使用国产化催化剂，如果下属企业要购买进口催化剂，必须说出不使用国产化催化剂的正当理由。

为推动国产化催化剂在引进装置的应用，中国石化总公司科技发展部主要领导常常会亲临现场，具体指导工作。例如，在1994年根据中国石化总公司“十条龙”科技攻关计划，大庆石化总厂在年产5万吨丙烯腈装置上进行MB-86型催化剂的工业试用，在中国石化总公司发展部和大庆石化总厂的直接领导下，上海石化院紧密配合，编制出催化剂装填方案、投料方案、标定方案，还成立了由发展部主任乔映宾等参加的开工指挥领导小组。因为这是国产MB-86型催化剂首次在年产5万吨引进丙烯腈装置上开车。所以开始催化剂跑损较多，而且最佳操作条件需慢慢摸索，在一定时间内对装置产量有一定影响。然而，中国石化总公司有关部门领导既敢于承担责任又具体指导开车工艺条件的调整，经过3个月的试验摸索才基本掌握MB-86型催化剂运行规律，达到较理想控制值。结果在同年11月8日至11日的72小时100%负荷下标定表明，MB-86型催化剂在年产 5 万吨丙烯腈反应器的运行，其丙烯腈单程收率达 81.05%，明显优于进口催化剂，每年至少可多产丙烯腈 2700 多吨，增加收益超过 1000 万元。

中国石化总公司从发展具有自主知识产权的丙烯腈生产技术出发，组织国内清华大学、石油大学、浙江大学等一流高等院校，以及相关设计院、工程公司开展一系列丙烯腈重大技术攻关，所投入的物力和财力是前所未有的。在取得重大工业技术成果后，尤其是开发成功在能耗、物耗等各项指标和可靠性都进入世界先进行列的 S-ANT 丙烯腈工艺包后，又积极向中国石化总公司下属相关企业推广应用，然后才有齐鲁石化“2.5 改 4”、上海石化股份有限公司“6 改 13”的扩能改造成功的事例，使我国丙烯腈生产技术进一步打破跨国公司的垄断。

一个工业化催化剂和新工艺、新技术的成功开发，团队作用是关键。早在上海化工研究院任石油化工课题研究组长时，关兴亚就注意到如何发挥群众的作用。他在一篇年度总结上写到：“一年完成了这么多的课题是大搞群众运动的结果，群众的力量是伟大的，一个人脱离群众将一事无成”。而以身作则又是带好一支团队的关键所在。在没有任何物质刺激的年代里，除了依靠群众自身觉悟外，更是要靠带队人的以身作则，所谓“身教重于言教”也就是这个道理。那么怎么才算得上“以身作则”呢?

在关兴亚看来，首先要做到知识共享，因为工作是靠大家一起做的，只有你一个人知道就只有一份力量，知道的人越多，力量越大，成功的几率就越大。千万不能将拥有的资料作为私有财产，或作为将来向领导伸手的资本，这是科研道德问题。

关兴亚非常注重文献收集，特别是有关丙烯腈的专利和论文，可以说从世界第一篇有关丙烯氨氧化专利起，他一篇不落地全部收集了。然而，他并不将这些资料看成私有财产，而是用卡片摘录下来，并整理在有抽屉的卡片箱内，供众人阅读。如需要全文，他还可以帮你到图书馆去寻找整篇专利，甚至还可帮你到上海科技情报研究所去复制。有的同志虽懂英文，但不会检索，关兴亚就会指导他如何检索美国化学文摘和各国专利，以及各国专利对照的方法。所以，跟着关兴亚工作能学到许多技能和知识。在他看来，组内成员专心学习也是为了把工作做好，也是当学科带头人应做的份内事。

1974 年，关兴亚参加上海石化总厂与日本旭化成公司引进丙烯腈项目谈判。因为谈判很紧张又很累，所以其他谈判人员可早些回家休息，可是关兴亚作为主要谈判人，常常要到晚上 12 点钟才回家，而且还要把一天谈判内容整理出来，再分析一下是否达到预期效果，有什么新问题需要第二天谈判来解决的，然后再安心睡觉，星期日总是加班加点。所以，上海石化总厂的谈判人员说，老关不是我们总厂的人，但却比我们总厂的人还认真，好象是上海石化院与日本人谈判似的。一直到谈判结束后，关兴亚把这些要点汇总起来，编成百余页，长达 10 多万字的“与日本旭化成公司会谈纪要”。因为那时靠文印室打字是一件很困难的事，至少要得到院一级领导的审批，所以“会谈纪要”全是关兴亚手写的，然后到晒图间将资料复制出来。这份资料在当时很珍贵，是引进技术消化吸收的基础材料之一。但关兴亚同样没有把这份资料看成私有财产，而是印发给上海石化总厂技术人员，供他们在设备安装、施工和开车时候用，并发挥了重要作用。他还善于总结国内外丙烯腈生产发展动向，并印成小册子，与组内成员共享，共同学习、分析，以从中获得对研究工作有益的内容，这使组内成员很是感动。因为按照当时领导的意见，这种“内部资料”仅可在小范围的中高级工程技术人员才可传阅。但关兴亚并不认同这样的观点，他认为应该让所有从事丙烯腈研发的科研人员，不管是做催化剂的、搞产品后处理、分离提纯的，还是分析测试的，都应该从国内外先进技术中吸取营养，然后在消化吸收的基础上再创新、再发展，逐步形成有自己特色的新技术，这样才能提升整体研发水平，得益的是国家。有人说，老关将全部资料都贡献出来，将来成绩不是属于别人了吗？对此，关兴亚并不看重个人荣誉。他说只要把丙烯腈研究工作搞好，个人的荣辱得失又算得了什么呢？这是他对以身作则的一个重要解读。

其次，以身作则是在关键时候要挺身而出。

平时关兴亚在组内，不仅将难度较大或者危险性较大的事情由自己亲自动手，而且在关键时刻还毫无私念冲锋在先。1963 年，丙烯腈中试车间解吸塔取样管发生故障，关兴亚奋不顾身，带上防毒面具，冒着含量高达 80%丙烯腈蒸气中毒的危险排除故障。因为有关兴亚的冲锋在先，后来在场的其他操作人员都很快上去，迅速排除了故障，使装置仍能继续运行，这就是以身作则榜样的力量。

关兴亚在协助广东茂名联合化工纺织总厂和山东淄博石油化工厂丙烯腈装置开车时同样挺身而出处理事故，赢得工厂工程技术人员和工人们的好评。

1985 年，上海石化院开发成功各项性能超过当时引进装置所用进口催化剂，即 MB-82 型催化剂。第一个应用 MB-82 型催化剂的山东淄博石油化工厂，其丙烯腈装置年生产能力为 2000 吨，据当时随同关兴亚一起协助开车的吴粮华回忆，催化剂装入反应器后，反应器就逐渐升温。突然，反应器发出爆破声，天空一片漆黑，该厂许多操作工惊慌失措，不知如何处理，有的操作工还逃出车间。此时，艺高胆大的关兴亚却十分镇静，当机立断地亲自上前关上催化剂进料阀，制止了催化剂因“爆炸”而外逸。一会儿，烟消云散，车间又恢复平静。

后来，操作工和工厂的工程技术人员询问关兴亚：“为什么你不离开现场，而且又冷静处理这场事故？”关兴亚回答他们：“我们是贵厂请来协助开车的，应用的又是上海石化院的催化剂，作为现场开车主要指挥者能逃离现场吗？这是我们的职责。”接着他又根据多年丙烯腈装置的开车经验说：“反应原料丙烯还未投入，不可能发生因化学反应而爆炸，原因只能是一个，就是反应器的防爆膜用了多年没有更换，而造成防爆膜的破裂，并使催化剂从防爆孔冲了出来，造成这恐怖局面。”之后，重新换上一张新防爆膜，装置才投入正常运行。所以，关兴亚在丙烯腈领域的权威性不仅在上海石化院，而且凡与他接触过的其他单位，尤其是催化剂应用工厂，无不为关老总的大将风度所折服，称他是“中国丙烯腈的真正权威”。

以身作则第三个方面要敢于承担责任。

关兴亚十分关注科研人员的工作。因为丙烯腈是中国石化集团公司的国家重大课题，科研人员的压力很大，做试验不仅很辛苦，很苦燥，而且每一天都是在希望与失望的交织之间，挫折和失败是常有的事情。对于试验中遇到的挫折和失败，关兴亚从不责备他们，而是与他们一起商量、探讨、研究，甚至调整方案。有时科研计划的调整会影响原计划进度，甚至影响职工当月奖金的发放，可是他说这些问题由他向院部汇报，责任也由他来负。所以组内科研人员都感到科研环境宽松又催人向上，因为有成绩他会奖励你，工作出现问题他会主动承担责任。

关兴亚尤其愿意为青年人承担责任，哪怕再大的事情他也敢于担当。1996 年 12 月，他与卢文奎副院长等 4 人前往美国孟山都公司商谈丙烯腈催化剂合作事宜，同时带上 MB-86 型等催化剂在孟山都公司作评价试验。当时随同赴美的有一位比较优秀的硕士生，尽管进上海石化院工作不久，但学习刻苦且很有创新精神，还研制成功性能较好的高负荷型丙烯腈催化剂。在孟山都公司评价时，因评价试验条件与在上海石化院研制时有较大差别，结果未能达到预期效果，催化剂在流化床反应器中竟然流化不起来，评价过程无法进行下去。这位硕士生很懊丧，觉得在外国出了“洋相”无法向领导交代。可是关兴亚一点也没责怪他，反而安慰他，说：“这种情况我们过去也碰到过，不要灰心，再努力一把，按照孟山都公司要求的条件再做些工作，以后，这样的机会还有很多。”另一方面，关兴亚又向院领导主动承担了责任，说：“主要是我们工作没有做好，如果在国内按孟山都公司的评价试验条件多做几次试验也许情况要好得多。”好在这次在孟山都公司主要是对上海石化院新开发的MB-86型催化剂作系统评价，而且结果双方都很满意，所以还是达到了预期的要求。

以身作则第四个方面，不能计较个人得失，合理分配应得报酬。

关兴亚有时会拿出二千多年前左丘明编写的《左传》中“曹刿论战”一文中鲁庄公的两句话来对照自己。一句是“衣食所安，弗敢专也，必以分人”，意思是衣食是使人安定的东西，我不敢独自占有，一定要分给别人。另一句是“小大之狱，虽能察，必以情”，意思是大大小小的案件，虽然不能每件案都了解得很清楚，但一定要处理得合情合理。因而，尽管丙烯腈课题是接触有毒有害物质的岗位，但因为奖金分配相对合理，工作的员工心情都很舒畅，没有一个人因长期接触有毒有害丙烯腈而要求调换岗位。关兴亚分配奖金的特点是与众不同的，不以职务、职称和学历高低来分配，而是按照个人对研究工作的贡献大小来分配，而且他本人从来不拿最高奖金，大家心服口服。还有对长期病休在家员工，院部按规定是不能分奖金的，但关兴亚会从丙烯腈课题年终技术服务奖中拿出一部分经费作为给他们的生活补助，还要上门拜访，所以深得人心。正因如此，有些课题研发人员还想调入丙烯腈课题，因为他们深知在关兴亚领导下，可心情舒畅地发挥每个人的才能。

关兴亚虽然关心丙烯腈课题组每个成员，但也决不是“手臂往里弯”的人，例如作为院部高级职称评委之一，他对自己组内成员决不说一句好话，反而对其他部门的申请人多讲一些功劳和成绩。

结果丙烯腈课题组上报的技术人员还是被评上了，对此，他仅说一句话，丙烯腈课题组技术骨干的成绩和贡献大小不是靠我讲的，而是众人目睹的。

然而关兴亚也不会无原则地“和稀泥”，针对部分科技人员，尤其是私心较重的年青科技人员的批评也是很严厉的。因为国家实行专利制度后，名和利的问题突出起来，再加上院部在分房、提升干部和职称评定方面都与“专利”、“论文”挂起钩来，所以有些人工作很“保密”，尤其是“催化剂的配方”和“制备诀窍 ”，不要说给周围同事，就是对课题组长和上级领导也是绝对保密。对此，关兴亚告诉他们，个人对课题的贡献，领导是明了的，群众也看得清楚，保密是没有必要的。而且自己带头，不当专利申请第一人。还有些人将知识看作私有财产和向领导要名要利的“敲门砖”。申请专利时还要争名次，针对这种“思潮”，关兴亚毫不客气地批评他们：“这是名利思想在作怪！我们是社会主义国家，所有专利都是中国石化集团公司的，大家在一个组里工作，知识应该共享，相互学习，相互帮助，才能共同进步，如果是互相保密，以后还怎么开展工作！”而且他明确告诉这些人：“我们决不向私利小人交班。”

此外，关兴亚对浮在上面，不想做实事，又想要名要利的人提出忠告，说：“一定不能浮躁，尤其是学历较高的博士和硕士生，别以为自己学到很多东西，可以浮在上面，这样是不行的，实际工作中还有很多知识和技巧要学习，要脚踏实地做好每一项工作。我们老一辈科研人员在当初那么艰苦的环境下都过来了，现在条件这么好，你们还有什么理由浮在上面，千万不要辜负国家和中国石化集团公司对你们的期望。”

如今新一代丙烯腈课题负责人正沿着当年关兴亚指引的方向，一步一个脚印地向前迈进，取得了一个又一个新的成果，为我国丙烯腈工业发展做出了新贡献。

第四节 学用结合 学无止境

关兴亚学习十分勤奋，说他“废寝忘食”“如饥似渴”一点也不过分。1948 年至 1951 年在江苏句容中华三育研究社三年半工半读的高中阶段学习，实际在校学习课时很少，不足普通高中二分之一。除一半时间要参加劳动外，在 1949 年 5 月，解放军进驻学校后在一段时期内又开展了“三自”运动。因为是教会办的学校，学生都是基督教徒，“洗脑”是必须的。教会学校偏重外语和数理化，国语基础相对较差，所以，中华三育研究社能考上普通大学的是廖廖无几，像关兴亚这样能考上上海交通大学的更是绝无仅有。回忆起当年高考前的功课复习，他深有体会地说，从三育中学毕业后，学校老师根本不会进行所谓的高考辅导，书店里也没有什么复习资料，只有靠自己。当年他住在上海亲戚家的阁楼里，因为夏季天气闷热，所以整天赤膊，满头大汗，晚上睡觉也仅 3、4 小时，最难熬的是臭虫叮咬。复习的重点是国语，尤其是古文。在一个多月里几乎将高中国语课本中所有古文诗词和散文都背熟，还有就是一遍又一遍地做习题，以达到“熟能生巧”地步。苍天不负有心人，关兴亚凭着一股劲，终于考上众人仰慕的上海交通大学。

除勤奋好学外，他的学习方法也有其独特之处。他的一贯指导思想，或者说特点之一是“学以致用，学用结合”。在当今知识爆炸的年代里，知识犹如大海一般浩瀚，一个人精力再充沛，也只能学到其中的“点”“滴”。然而，知识却可选择性地学，而且不但可在书本中学，更重要的是在实践中学。关兴亚认为，如果学的知识是与工作毫不相干的，那只能是浪费时间、消耗你的精力。

还在上初中时，关兴亚就懂得“有选择性”的学习方法。当时他在班内并不是最出类拔萃每门功课都优秀的学生，但数理化成绩却是名列前茅，而他钟爱的化学总是第一名。进入大学校门后，方知学习的课程要达30多门，这与中学阶段学习更有天壤之别。因为中学课程，关兴亚基础课的成绩至少外语和数理化是门门优秀，但4年大学要使30多门课程，像中学时代那样每门都优秀，的确可能性是微乎其微，也无必要，所以应有选择性地学。

1955年关兴亚从复旦大学化学系毕业分配到沈阳综合化工研究所，因为工作上碰到大量的是化学工程问题，为了工作，他系统地学习了化学工程理论和化学文献检索方法，特别是美国化学文摘，即CA检索方法。

在沈阳化工综合研究所实习期间，室主任给关兴亚的课题是“四氯乙烷”，但四氯乙烷怎么合成，国内基本无资料可查，只有查阅国外资料，怎么查？室主任告诉他，途径很多，可查美国化工大全(Kirk-Othmer，Encyclopedia of Chemical Technology)、德国乌尔马(Ullmann's Encyclopedia of Industrial Chemistry，即德国人出版的化工大全)，但要查最新进展还是要通过CA，即美国化学文摘(Chemical Abstracts)，经索引再找到原文。

为了写“四氯乙烷”开题报告，关兴亚买了一本英汉大辞典，还请教老前辈学习CA各种索引，如作者索引、化学物质索引、专利索引检索技巧，到熟悉并掌握检索方法后，方知美国化学文摘简直是化学化工知识的森林。因为这里几乎囊括了全世界所有主要化学化工期刊、专利、报告的内容提要，从而也为他在丙烯腈领域的研究打下了基础。

但是，关兴亚的学习范围不仅仅停留在书本知识，更重要的是学习书本上找不到的实践经验，向老一辈特别是在国外有研究工作经历的工程技术人员学习。其中主要是与“四氯乙烷”、“五氯苯酚”

及“乙炔氢化”3 个课题相关的气体反应装置的搭建、原料及产品分析、催化剂制备、气体反应基本原理，乃至塔式反应器的设计计算、平衡压力装置设计、加氢方式等。这些基础实验技术对他以后的工作十分有用。不过，他还是觉得仅仅从理论上学习还不够，还要自己亲自动手才能真正将技术学到手。

乙炔原料纯度分析对乙炔氢化工艺控制很重要，但传统乙炔原料分析采用硝酸银溶液吸收法，过程复杂且耗时长。于是，关兴亚学习了当时国外还未商品化的色谱分析仪的基础原理和操作方法，自己动手搭建了一套专门用来分析乙炔原料纯度的色谱分析仪。而我国第一台商品气相色谱仪是在 1958 年由南京分析仪器厂试制成功的。

1957 年关兴亚从沈阳化工研究院调入上海化工研究院。当时化工部将该研究院划定的专业方向是化肥工业，虽说院内有一个有机化工研究室，但研究方向还不十分明确。

于是，关兴亚利用自己学习的英语、日语基础，加上能查阅 CA 的能力，收集了一大堆有关国外石油化工发展动态资料，并有翔实的数据。当时，他认为，塑料可替代钢，合成橡胶可替代天然橡胶，合成纤维可替代棉花和丝绸。所以，在大跃进“打擂台”时，提出许多人未曾想过的要在以化肥研究为主要发展方向的研究院内大搞石油化工。后来，有机化工研究室主任李德宏认为，关兴亚的想法很好，还将以关兴亚为组长的有机化工研究组改为石油化工研究组。而且 1960 年后研究组的主要课题大部分作为新建的上海石油化学研究所主要课题。

1961 年关兴亚任丙烯腈课题大组长时，国内流化床反应技术几乎无直接经验可借鉴。因为白天要忙于做试验，他就利用晚上业余时间坐在刚建成的图书室内刻苦钻研，而星期天则可以整整一天泡在上海图书馆或上海科技情报所查阅国外资料，终于查到了数篇有关丙烯腈催化剂制备的美国专利和叙述丙烯腈生产过程的论文报告。不过有关流化床反应器在丙烯腈生产方面的应用报道不多，但在邻二甲苯氧化制苯酐生产方面的报道却不少。在此基础上，关兴亚自己设计并制成十余台不同结构的实验室用流化床反应器，以探索在丙烯腈生产方面的应用。

为了加快催化剂筛选进程，试制微型反应器，关兴亚仅从日本旭化成公司谈判时获得的信息，以及国外文献上发表的几篇文章，构思出微型反应器的试制方案，并与从事色谱分析工作的夏德良等一起在 1976 年制成适用于丙烯腈催化剂筛选的微型反应器。从几天考评一个催化剂增加到一天考评 10 余个催化剂，大幅加快了催化剂筛选过程。

随着高新技术的发展，许多大型物化测试仪器进入催化剂表征领域。这些技术中除光栅式红外光谱、X 射线衍射、差热分析等，曾在大学读书时学到过一些相关理论知识外，但未接触和使用过这些仪器。到 20 世纪 80 年代，由迈克逊(Michelson)干涉仪和微电脑组成的傅里叶红外光谱仪、顺磁共振、核磁共振、X-射线光电子能谱、扫描电子显微镜、穆斯堡尔谱等价格昂贵的精密仪器开始广泛用于催化剂表征，并在工业催化剂开发中发挥重要作用。为学习新知识，新技术，关兴亚除派专人到上海测试技术研究所学习外，自己又孜孜不倦地从基础原理开始，着重学习这些技术在催化剂领域的应用方法，学会从图谱分析结果来指导催化剂的研究开发和生产实践。1981 年，上海石油化工总厂化工二厂催化剂研究所在丙烯腈催化剂生产中开始废品不断，关兴亚用学到的催化剂表征知识，对比分析催化剂的测试结果，从中找到了问题症结所在，及时完成了生产任务，为丙烯腈催化剂国产化迈出最重要一步。

1986 年，为了研发出各种性能超过国外同类先进水平的新催化剂，关兴亚又系统地学习了国内外学者有关杂多酸催化剂最新研究结果，其中包括针对磷钼铋系催化剂的各组分电荷平衡及其对催化剂寿命的影响；催化剂的氧化还原平衡及晶格缺陷对活性的作用；碱金属对催化剂的活性关系；二价和三价金属在催化剂中所起的作用等。由于有了这些理论的研究，使催化剂开发速度明显加快。从而设计出一个又一个新催化剂的基本组成。

按关兴亚的说法在不到 3 年时间里研制成了 MB-86 型催化剂，可以说主要又是学习催化剂基础理论和不断实践的结果。之后又在 MB-86 型催化剂基础上，较顺利地开发成功适用于高压高负荷工况用 MB-96 型催化剂，其意义甚至胜过获得国家科技进步一等奖的 MB-86 型催化剂。因为用它不但圆满地完成了与台湾中化公司的技术合同，还为国内多套引进装置的扩能改造奠定了基础，即使反应器内构件不作任何更动，一套年产 5 万吨的引进丙烯腈生产装置，仅更换为 MB-96 型催化剂就可扩能至年产 6 万吨以上。

1985 年国家实行专利制度后，上海石化院也有专门专利代理人，但为使申请的专利能更确切地反应其新颖性和创新性，关兴亚又专门挤出时间来学习世界各国专利法，以及如何撰写专利文献中的发明说明书，尤其是“权项”部分。因为权项是专利申请人要求法律保护的范围，是发明人的独创部分，是排斥他人无偿占用的具体内容。由于权项限定了专利权，所以这部分文字往往写得格外严谨，但也充满技巧。尤其是申请国外专利，权限这部分对于保护自己的知识产权十分重要。当时，近十篇有关丙烯腈专利都是经关兴亚手而出炉的，从而为丙烯腈走向境外奠定了坚实的基础。但看淡名利的关兴亚却以自己“年事已高”为由先是不挂第一名，后连名也不挂。

关兴亚学习的另一个特点是善“问”。关兴亚认为，“学问”两字本身就包括“学”和“问”。所谓“问”，实际是向别人请教。不管是权威人士，还是操作工人，在关兴亚眼里，只要有利于工作，都是“良师益友”。

20 世纪 60 年代，流态化在我国正是起步阶段。因为流态化过程的特性是颗粒表面积大，加上流体和固体颗粒的强烈运动，增强了传热和传质强度，以及颗粒输送的简易化，所以很快引起各工业部门的关注，以提高生产能力，减少机械设备，节省钢材，降低投资和生产成本。当时国内在流态化技术开展较早的是中科院化工冶金研究所和中科院山西煤炭化学研究所，学科带头人分别是留美学者郭慕孙教授和杨贵林研究员，关兴亚就亲自前往北京和太原请教。关兴亚还参加了一个由郭慕孙主讲的流态化研讨班。

后来，得知上海华亨化工厂，即后来的上海染化七厂的萘氧化制邻苯二甲酸酐装置正在试用流化床技术，关兴亚又亲自前往该厂请教主管该装置的工程师，还到车间现场请教流化床反应器操作工人。在该厂关兴亚首次目睹挡板在流化床反应器的应用。然后，根据丙烯氨氧化技术特点，又发展了具创新特点的带导向挡板的流化床反应器。而流化床反应器在中试得到进一步验证，又使关兴亚在全国会战中脱颖而出。

1974 年，为制造细颗粒催化剂，必须采用一种每分钟转速高达 1.2 万转的离心式喷雾干燥器。此时，国内尚未掌握这类设备的制造，尤其是主轴，在高转速下不能偏心，这既涉及材料，又涉及加工技术。尽管关兴亚对这类机械设备的制造技术十分生疏，但为了抓紧研制进度，他虚心地请教了多位行家。强烈建议院领导成立专门研制小组，由他带领设计人员和技师沈富林一起到上海合成树脂研究所等单位对进口的高速喷雾干燥机进行实地测绘。在沈富林师傅主持下，终于在第二年便完成了高速喷雾干燥机的研制任务。1980 年该项目荣获上海市化工局科研成果二等奖。关兴亚常说，“搞科研不能等，等就丧失了时间，也就失去了主动性。”

凡事多问一个为什么，这既是关兴亚学习的特点之一，又反映了他严谨的治学态度。1973 年，关兴亚作为丙烯腈项目技术谈判专家组负责人，对于日本旭化成公司和美国索亥俄公司提供的资料都作了详细深入的研究。对于每个设备的布置、使用辅助化学品的注意点，每条管线的走向，甚至为什么管线上会多一个阀门或者少一个阀门，都要问得一清二楚，决不能一知半解。所以，外方谈判人员经常会被问得哑口无言。不过外方谈判人员到晚上，都会与美国或日本丙烯腈装置的技术人员通电话，然后再将结果告诉关兴亚。例如有一张图纸上有一条向下倾斜的管道，关兴亚问其原因，外方谈判人员答不上来，直到第二天谈判前询问装置技术人员再转告关兴亚。原来这根管道内带有凝液，所以必须向下倾斜，否则凝液存在会使管道内气体流动不畅。看来此事很小，但对今后装置设计很有用。所以，后来关兴亚编写的谈判资料在内部相关人员传阅后，众人都说这是一份难得的引进技术消化吸收的极好资料。此后请教关兴亚的人越来越多，但他总是有问必答，毫不含糊。

关兴亚还抓住出国考察和国际会议等各种场合请教国外同仁。1993 年 5 月，根据中国石化总公司与 BP 公司达成的协议，双方合作进行催化剂评价，关兴亚作为中国石化总公司代表赴 BP 公司具体执行双方达成的协议。通过这次技术考察，关兴亚了解了美国催化剂评价水平，看到了我们与世界水平之间的差距。BP 公司是一个人管十几台催化剂评价装置，而且评价数据可立即显示。我们是几个人管一台催化剂评价装置，评价数据要分析后再显示，两者自动化程度的差距显而易见。所以，回国后从加快催化剂开发进程出发，建议中国石化总公司进口数台催化剂评价装置，解决燃眉之急，然后再加以消化吸收，开发出自己的评价装置，以全面提高国内催化剂评价装置水平。

1995 年 12 月，关兴亚作为中国石化总公司代表团成员参加美国丹佛市举行的国际流态化技术会议。会议期间又会同美国一家公司分别向出席该会议的丙烯腈生产商介绍 MB-86 型丙烯腈催化剂性能。因为会议日程安排十分紧凑，白天开会，晚上又要与客户交流，一谈就是好几个小时，所以，有时会议日程上没有安排会务餐，要自己解决。而会场附近虽有丰盛的佳肴，但关兴亚为抓紧时间宁可在麦当劳快餐店填饱肚子，然后继续工作。为使商务会谈和技术交流两不误，他还抽出中午和夜晚时间，主动地请教一些流化床反应器的专家们，尤其是流化床反应器构件开发人员，因为在商务谈判中这些技术常常是避谈的，但学术活动和技术交流中则相对随和些，通过交流使关兴亚收集到许多有关该领域的技术进展，尤其是有关旋风分离器的改进，这对于改进国内流化床反应器内构件十分有益。

不过，关兴亚在学习方面最让人佩服的是他不管周围环境有多险恶，压力有多大，他都可以置之不理，雷打不动，我做我的。

在极“左”年代里，整天看外文资料的人弄不好便成为“崇洋迷外”和“走白专道路”的典型而受批判，但他不管旁人怎么看，因为他坚信“书中自有黄金屋”的道理。当然此黄金不是封建社会读书人要的官禄，而是从前人的实践中吸取养分为我所用。至今关兴亚还记得一篇题为“挡板床丙烯氨氧化制丙烯腈”的英国专利曾对关兴亚开发“导向挡板流化床反应器”起到重要启发作用，在国内萘氧化制苯酐生产工艺中采用挡板的流化床应用实践则起到关键作用。

十年动乱对丙烯腈催化剂研发工作的干扰是不言而喻的。开始是科研人员“倾所而出”的赴京大串联，研究所的试验大楼人去楼空，接着是“一月革命”夺权风暴。后来，所谓的清理阶级队伍又把关兴亚关入牛棚进行隔离审查。但是，此时身处囹圄的关兴亚仍然持之以恒地在思索着下一步丙烯腈研究方向。在牛棚里，除了毛主席语录外，便是一大堆有关丙烯腈的技术资料。

为提高国外科技文献检索水平，关兴亚又专门学习了现代化检索方法。20 世纪 80 年代末，关兴亚已年近花甲，他还坚持自学电脑操作，并且学会了简单的程序编制，将文献按国家和类别整理好，用自编程序进行检索。为了收集与丙烯腈相关的文献、资料，他每天早上 6 点起床，晚上 12 点后才睡觉。因为早晨和夜间时段网速快，且能快速下载，所以，早起晚睡便可充分利用互联网索取资料。他还将上网收集资料看作为工作之余的爱好。对收集积累的文献毫不吝惜与众人共享，青年人向他索取资料时，他有求必应。

如今耄耋之年的关兴亚依然关注着国内外丙烯腈生产技术的发展。因为环保问题日益受到各方面的关注，因而一直在考虑清洁工艺的开发，其中包括含腈尾气的处理、硫铵废水处理、无硫铵新工艺的开发等。

关兴亚还十分关注国内外各种石油化工前沿技术的开发，尤其是新型催化材料。也许有一天能找到一种储氧能力极强而且又耐磨的催化材料，那就有可能实现用晶格氧来进行丙烯氨氧化反应。还有各种新型分离技术，如超临界分离、膜分离、超重力分离等，如果这些新技术能用于丙烯腈生产工艺，那么装置能耗和物耗就会大幅下降。关兴亚一生除了学习和工作还是学习和工作，几乎没有其他爱好，而学无止境、持之以恒、孜孜不倦地学习才是他一生唯一的爱好。

关兴亚在图书馆查阅资料

第五节　一辈子做好一件事

打开“院士风采”栏目，对关兴亚的介绍是：辽宁省沈阳市人，1955年毕业于上海复旦大学，中国石化集团公司上海石油化工研究院高级工程师。从20世纪60年代初开始长期从事丙烯腈生产工艺及催化剂研究开发。70年代在我国建成12套丙烯腈中小型生产装置，填补我国在丙烯氨氧化制丙烯腈领域的技术空白。80年代初在中国石化集团公司领导下，组织了研究、设计、高校和工厂等部门参加的丙烯腈成套技术国产化攻关，开发出MB-82型、MB-86型催化剂、流化床反应器、丙烯腈产品分离和乙腈回收等新工艺。完成了万吨级大型工业装置软件包的设计，为具有自主知识产权的成套技术国产化，并进入境外市场做出了巨大贡献。多次获得国家和省部级奖励，包括MB-82型催化剂1988年获得国家科技进步二等奖、MB-86型催化剂1993年获得国家科技进步一等奖，并取得国内外专利40多件。1995年当选中国工程院院士❶。

然而，关兴亚对自己的评价却是“一辈子搞一个东西(丙烯腈)”。而且“正因为一个人一辈子不能做很多工作，既然选择了这项工作，就要下决心把这项工作做好。”

1999年4月，集国内7项新技术于一身的齐鲁石化年产2.5万吨丙烯腈装置扩能改造为4.0万吨项目顺利竣工，许多人以为年近七旬的关兴亚也许会退居二线。其实，要说退居二线，他在上海石化院除了顾问一职以外，其余职务早已让给他的助手和更年青一

❶钱伟长主编. 20世纪中国知名科学家学术成就概览. 化工、冶金与材料工程卷[M]. 北京：科学出版社，2015：380-389.

代，不过依然精力充沛、精神饱满的关兴亚还是经常在实验室指导他们的工作。为了取得第一手资料又常常跟青年人一起到全国各地丙烯腈装置去推广成果，还经常参加全国性的丙烯腈行业会议。

解放前颠沛流离的生活和半工半读的艰难岁月，使关兴亚养成了从小不怕吃苦，勇于面对困难和挑战的性格。对化学的热爱，对科学的追求又造就他追根究底、不折不挠的精神，而且喜欢低调做人。可是他怎么也没想到从 1995 年 5 月当选为中国工程院院士后，顷刻间各种社会活动和头衔接连而来，1996 年上海投资咨询公司聘其为技术专家，同年聘任为中国石油化工总公司技术委员会委员。1997 年当选为中国化工学会理事。各种年会，如石油化工催化年会、乃至化学工程技术进展报告会都聘其当顾问或编委会成员等，邀请他去作报告或聘其当公司或工厂顾问的更不计其数。有一次，关兴亚偶然在图书馆翻到某套丛书，竟然自己也不知道何时当上这套丛书的编委。更离奇的是，有一段时期社会上刮起一阵“特异功能”的伪科学，也要关兴亚以院士身份说几句话，直爽的他马上婉言谢绝说“我从来不参加这种讨论”。在他看来与自己专业无关的事情不要发言，做好自己本职的事情就行了。

后来，中国石油化工集团公司组织几次赴下属石化企业的“院士行”。但他不喜欢“下车伊始”不作调查就乱发言，一定要事先做好准备工作，了解好基本情况，需要解决什么问题，然后再有的放矢提出自己的一些看法。但是也有一个原则，不是自己专业范围，或自己不了解的情况绝不随便发言。

2007 年 8 月，关兴亚一行来到乌鲁木齐市米东区化学工业园区考察，就该园区在实施循环经济战略中遇到的一些难题，在经过事前做了大量工作后，他才联系当地实际情况发表了自己的看法。而且根据自己在丙烯腈生产中碰到的问题，提出以废物综合利用为目标，采用高新技术改造方法来提升传统产业经济效益和社会效益的建议。建议中还强调了通过产业链的延伸和连接形成“资源–产品–

再生资源”为特征的“园区大循环、企业小循环”的循环经济发展模式。此外，对每个具体产品的副产资源利用方式都作了详细叙述，受到高度评价。

不过，在关兴亚看来，类似新疆院士行这样务实的活动还是少数，大量的是闲事，甚至不少研讨会，并不能解决实际问题，至多就像三年自然灾害期间，高级知识分子的“神仙会”。他心知肚明，这些人都是冲着“院士”这块牌子而来，一个人哪能是什么都懂的“万宝全书”，因而大多数社会活动是被他婉言谢绝的。

有段时期社会上出现了评审怪圈，“只要有院士参加，评审就权威了!”对此，关兴亚十分看不惯。2005 年 11 月 16 日在上海举行的“院士圆桌会议”上，周光召、汪品先、邹承鲁等 13 位院士对现行院士制度发起了猛烈抨击，认为现有院士制度阻碍了科技创新，甚至建议共同提一个方案改革现行院士制度的弊端。

关兴亚在这次会议上，直率地说：“院士不是神，只是在某一领域有自己的研究，像我这样的院士，年纪都很大了，我国院士平均年龄是 72 岁，很多成绩是年青时做出来的，社会不要‘神化’院士，院士也要自律。社会上职务要不兼、少兼，扎扎实实地做研究，为国家做更多贡献。”他还对记者说，无论是中国科学院还是中国工程院都应设立“道德委员会”，对院士的行为从道德层面进行约束。

尽管关兴亚很少参加社会活动，但是对有意义的公益活动还是非常乐意参与的。2010 年 7 月 10 日，上海世博园石油馆举办了一个特别活动，由中国石油天然气集团公司、中国石化集团公司和中国海洋石油集团公司共同发出“节约石油、绿色发展”的倡议。

石油化工专家关兴亚和油气田开发专家王德良，以及海洋石油工程专家曾恒一，三位年逾古稀的中国工程院院士，担当起“专家讲解员”角色，为参观者进行现场讲解咨询。为了满足众多参观者对石油“延伸阅读”的愿望，石油馆还举行了院士签字赠书活动。赠书有《石油与衣食住行》、《碧水蓝天》等石油石化类书籍。而关兴亚则着重介绍了石油化工深加工过程中的绿色工艺技术，还以“节约石油、绿色发展”为契机，呼吁全社会携手起来，节约石油和天然气等能源资源，不断提高能源利用效率，加快发展清洁能源，积极推动能源多元化发展。

关兴亚把“一辈子做好一件事”的思想与年青的科技人员进行经常性地沟通和交流。说实话，如今大多数新进院的博士生和硕士生都有大展鸿图的雄心壮志。他们希望在短时间内搞几个既有经济效益又有社会影响的石油化工大课题，但关兴亚却要他们静下心来，甘于寂寞，做好每个具体试验。

如今的博士生和硕士生都经历了太多的考试，为应付考试，书本知识掌握得很多。但相对而言，动手能力却不如文革前的大学生。其实，人是靠逼的，文革前大学生，下农村和工厂劳动是经常的事，毕业前的工厂实习与当操作工没有什么两样，什么事情都要自己动手。到了研究院所工作，那时条件没有现在这么好，许多小设备，包括试验装置用设备也都要靠自己动手去做，当然外语水平不如现在的大学生，计算机还未诞生，大量化工计算靠的是计算尺来完成的。

然而，一个工业性的研究院，仅靠计算机和书本知识是远远不够的。说到底，化学化工本身就是实验科学，大量研究成果主要来自科学实验，计算机可以起到辅助作用，但无论如何也替代不了实验作用，而且知识的积累有一个量变到质变的过程，要想一夜之间搞出大项目那是不切实际的。

在上海石化院每年召开的科技大会上，院领导总要让关兴亚向年青科技人员讲几句话。为使讲话有新意切中实际，而且又容易被青年人所接受，所以，关兴亚常常走到实验室与青年人交流，了解他们在想什么，讲话自然有的放矢。年青的科技人员很喜欢听关兴亚的演讲，除了铿锵有力，带有东北口音的普通话外，他的演讲没有套话，开门见山，喜欢实话实说，还很风趣和幽默。

针对青年人急于求成的心理，尤其是一部分博士生和硕士生整天上电脑，在书本上钻牛角尖，不重视实验研究和工作浮躁现象，他用国外石油化工大宗产品开发周期和自己亲身经历来告诉他们，“只有经过无数次失败才能得到最后的成功”。他例举了国外部分大宗石化产品开发过程：

环氧乙烷，在乙烯系列产品中仅次于聚乙烯的重要有机化工原料，也是涤纶纤维主要原料。1859 年法国化学家伍尔兹首次用氯乙醇法在实验室合成制得环氧乙烷，1922 年由联碳公司建成首套半工业化生产装置。1930 年法国催化剂公司的列福尔发现，乙烯和氧在负载银催化剂上可生成环氧乙烷，1938 年由联碳公司首次建厂，但不够完善，直到 1953 年由法国石脑油化学公司正式投入工业运行。1958 年由美国壳牌公司开发成功目前国内外均采用的氧气法乙烯直接氧化制环氧乙烷工业装置。乙烯氧化工艺从 1930 年首次发现到壳牌公司氧气法工业化共花了 28 年时间。

醋酸乙烯，是维尼纶单体，也是合成胶黏剂重要原料之一。1912 年加拿大科学家克拉脱以汞盐为催化剂，首次用乙炔和醋酸合成亚乙基二乙酸酯时发现其中有醋酸乙烯，1928 年德国豪斯脱公司以醋酸锌为催化剂建成年产 1. 2 万吨工业装置。1960 年苏联科学家莫依赛夫首次发现乙烯在氯化钯、醋酸钠催化剂上可合成醋酸乙烯。1965 年英国帝国化学工业公司建成年产 2 万吨液相法装置，后因设备腐蚀而停产。1968 年采用德国拜耳公司催化剂的气相法工艺的日本可乐丽公司建成年产 6 万吨工业装置。由乙炔法转向乙烯法前后花了 56 年时间。

丙烯腈，人造羊毛的单体。世界第一篇由烯烃经氨氧化合成不饱和腈类的报告发表于 1947 年，其产品主要是乙腈，但也包括丙烯腈，一直到 1960 年才由美国俄亥俄标准油公司，即索亥俄公司真正实现工业化，前后是 13 年时间。

接着，关兴亚读了几段他在1982年发表在《合成纤维工业》杂志上一篇文章中有关我国丙烯腈合成技术开发过程。

“1961年上海石化院分别对固定床和流化床反应器及相适应的催化剂、丙烯腈分离工艺进行了全面研究。”

“……开始研制的流化床催化剂是用40~120目微球硅胶为载体，用浸渍法制造。最初的催化剂MC-22型的活性组成也是磷钼酸铋，在直径50.8毫米的流化床考查丙烯腈单程收率为58%~59%，运转1000小时后稍有下降，为55%~56%。1967年在上述催化剂组分中加入铈，丙烯腈单程收率提高到70%~72%。”

“为了解决采用粗粒度催化剂在以后的大型流化床中造成的流化状态不好的问题，曾在流化床内加入圆筒形金属丝网填料。根据直径为254毫米的填料流化床扩大试验结果，丙烯腈单程收率与直径为50.8毫米小型反应器相同，床层膨胀率为2，说明气固接触良好。1966年在该中试装置进行直径为800毫米填料流化床中间试验，但失败了。主要问题是填料严重地降低了催化剂粒子的径向运动速度，使反应器出现了很大的径向温差（50℃）。这时，国内在萘氧化制苯酐的流化床内增加一种被称为有导向作用挡板的百页窗形水平挡板，之后在直径800毫米的苯酐流化床反应器内没有出现径向温差。因此，上海石化院在1967年建造一台直径为550毫米导向挡板流化床，效果良好。丙烯腈单程收率为68%~70%，接近直径为50.8毫米反应器结果。”

从这几段话中可见，上海石化院从1961年开始到1967年，整整花了6年时间，投入上百人，才完成了流化床反应技术及相适应催化剂的中间试验。如果放在今天科研开发进程可大为缩短，但是一个接一个枯燥无味的试验是绝对少不了的。

将流化床反应器于1970年5月正式用于高桥化工厂年产2000吨装置，一直到在大庆炼油厂等全国12个单位，年总生产能力达2万吨的中小型装置的推广应用，前后过程不少于10年。在这十年内，主要科研人员必须静下心来踏踏实实地做好每一项试验。

关兴亚还告诉年青一代科研人员，只有自己亲手实验，才能从实验中发现问题，解决问题，才有新收获。有些从“实验”得到的经验和体会，看来不如“论文”那样有光彩夺目，但却是不可多得的诀窍，其应用价值远胜过一般论文。

20世纪60年代，丙烯腈催化剂制备采用的是浸渍法工艺，也就是将催化剂的活性组分配成一个溶液，再将载体浸泡在此溶液中，浸渍时主体组分被载体所吸附，但后来发现催化剂组分均一性存在问题。于是，他仔细分析了浸渍前后残留液的成分的变化，并从中找出过量浸渍的不足之处，继后改用等量吸收法来制备催化剂，这样制得的催化剂组分更均一，性能更稳定。因为当时还没有一种很好仪器来测试催化剂内芯和表面化学组成的差别，所以，关兴亚就想到从焙烧后催化剂内芯和外表颜色的差异来改进焙烧工艺条件。

由于关兴亚善于观察细节，不放过任何蛛丝马迹，所以在引进装置谈判时，从一页外商提供的操作记录中，捕捉到常人想不到的信息，例如用什么仪器，采用什么方法，主要分析哪些化学成分，规定指标，以及工艺条件的控制方法等。

因为关兴亚重视每个实验，有时会顾不上吃饭，静静地在反应器旁仔细观察反应现象。对新配方催化剂的考评，更是一刻不离地守候、记录，再加以整理汇总，这样常常可以获得许多意外结果。

钠元素一直被认为对磷钼铋系催化剂是有害的，钠对丙烯氨氧化反应没有活性和选择性，而且会使反应生成更多的二氧化碳，所以在70年代中期选用硅胶载体时，对其中钠元素的含量作了系统研究。后来发现，几乎不含钠的硅溶胶载体，其耐磨性都达不到要求，而且随着钠含量的增加，催化剂的耐磨性也相应提高。于是就得出与国外催化剂专利商相反的结果，即钠的作用在于提高催化剂耐磨性而不是抑制钼的挥发。这一成果于1987年申请了中国专利并得到授权，专利号为 CN1005248(1987 年 9 月 27 日)，比 BP(英国石油公司)含钠催化剂专利早 5 年。催化剂耐磨性是一项十分重要的技术指标，如果一个性能良好的催化剂由于耐磨性差而无法工业化，那将是十分遗憾的事情，因此这一发现的重要性显而易见。试想，如果不亲手实践催化剂制备，怎么能发现这些对催化剂性能至关重要的现象呢？更不用说含钠催化剂发明专利了。

同样的实例还有“丙烯腈卤素催化剂”改进。20 世纪 60 年代关兴亚曾研究过卤素阴离子对催化剂选择性影响，虽有改进，但它的不稳定性和挥发性也带来一系列问题。主要是在催化剂制备过程中，很易被氧化成元素溴或碘，从而使催化剂中卤素含量偏高，并使制成的催化剂浆料呈强酸性。直到 80 年代 MB 系列催化剂开发中，再一次系统地研究了卤素阴离子作用，结果发现，卤素对催化剂选择性影响十分显著，对于它的不稳定性则可通过两次浸渍方法加以解决，这才有以后的 CN106166 专利的产生。所以，当时看来并不显眼，而且在相当一段时期未被采纳的实验结果，但到某一阶段也许就会产生重要作用。

关兴亚还告诉他们，尽管现代表面分析技术的进展，以及人们不断增长的科学知识，催化剂的设计和生产正从艺术变成科学，这是一个很了不起的进展。然而影响工业催化剂性能的因素实在太多，催化剂的组成、结构与性能之间的关系非常复杂，制备条件仍然不易控制，所以就现有认识水平而言，催化剂生产还远远不能像“机械化”那样的生产，更不能按照设计程序就能制得符合预定设想的催化剂。就好像厨师做菜那样，在一定程度上还得靠实践摸索。前述上海石化总厂 CT-I 丙烯腈催化剂试生产时，就因转炉斜率稍稍偏离控制值，结果使催化剂焙烧温度和实际停留时间也偏离控制值，从而产生大量废催化剂。有时候，在实验室少量催化剂制备中也会碰到“重复性差”的问题，所以需要我们精心观察实验全过程，脚踏实地做好每一个实验，以掌握其中的诀窍，这样才能有所发现、有所发明，有所创造，有所前进。由于关兴亚的讲话常常出于肺腑，所以这些青年人也会问起关老在为我国丙烯腈工业作出重要贡献的同时有没有付出昂贵的代价，譬如家庭、子女教育，包括文革在内的历次运动的冲击等。然而，他会微微一笑说：“任何事情总是有得有失，如果你认准自己一生追求是对国家、对人民有利的话，那么个人付出的代价又能算得上什么呢？”

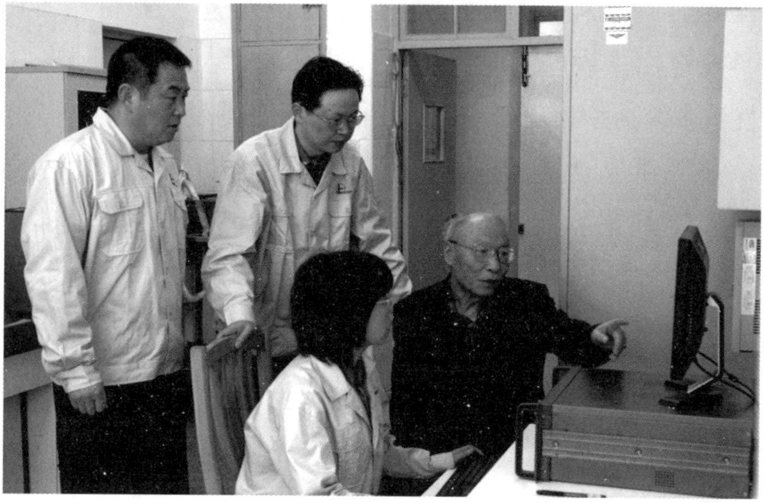

关兴亚与青年科研人员在分析实验结果

第七章

温馨家庭

“独在异乡为异客，每逢佳节倍思亲”，这句话一点不错。当年在镇江桥头镇中华三育研究社读高中时，每到寒暑假的时候，关兴亚只能眼睁睁地看着同学们回家与家人团聚，但自己却没有这么好的条件。当初父亲送他从沈阳到上海的那张飞机票的钱还是东借西凑，靠亲戚朋友筹集而来，而从沈阳经南京到镇江往返车费50多元，刚好是父亲一个月的工资，所以从减轻父亲经济负担考虑，还是安心留校打工赚钱。不过想家是难免的，尤其是春节，脑海里总浮现着自己的家。那时家里虽然穷，但春节总能吃到热腾腾的饺子，还有与邻居同学少年的玩耍，放鞭炮，好像就在眼前。关兴亚还记得，小时候父亲每天晚上教自己读国文课学不到的“弟子规”和“三字经”。读的时候也不懂得是什么意思，只是“死背”，但至今仍未忘却，长大了才有点理解“人之初，性本善，性相近，习相远”和“子不学，非所宜，幼不学，老何为”等词句的意思。

1950年的某一天，突然接到父亲的来信，称大弟关兴国要报名参加抗美援朝的中国人民志愿军。因为关兴亚在镇江亲眼目睹中国人民解放军有铁的纪律，与国民党军队有本质差别，所以立即回信坚决支持大弟当兵上前线。不久，当地政府批准了大弟入伍的要求，关父立即发电报给关兴亚要其立即回沈阳，这才圆了关兴亚回家之梦。

因为关父深知战争是残酷的，其结果往往是难以预料的，所以，父亲无论如何也要凑足路费让兄弟俩再见上一面，叙叙兄弟情谊。关兴亚知道，其弟在校读书时，思想一向进步。尽管年龄还不到15足岁，但血气方刚的他参军主意早已决定，即使父母亲要阻挠也是不可能的，所以更多的是勉励他在战场中立功，多拿几个胸章回来。然而，在“雄纠纠，气昂昂，跨过鸭绿江”的雄壮进行曲下，为穿着军装的弟弟送行时，他还是有点依依不舍。后来，在上海交通大学和复旦大学读书时，关兴亚几乎天天注意报上有关朝鲜战争的新闻报道，最痛恨的是在开展“三反”、“五反”运动中揭露出来的不法资本家王康年，他将假药卖给中国人民志愿军，坑害伤病员。

对于大弟参军，关兴亚原以为父亲不会支持的。因为在关兴亚眼里，父亲是一个典型的清教徒，严格遵守旧约律法中的清规戒律，不食“不洁食物”，如猪肉等，且烟酒不沾，连咖啡都不喝；提倡饮食卫生，食用粗粮和某些生蔬菜；反对世俗化的装饰和娱乐。但他却热衷于做慈善，在1960年和1961年国家困难时期会节衣缩食，将粮票和布票交公或帮助比他更困难的人，甚至在自己遗失购粮证和粮票的情况下，宁可自己挨饿也决不向国家申请救济。其实父亲内心却是十足的爱国主义者。在家教方面关父很传统，常用“忠孝礼义”来教育子女。在父亲看来，所谓“忠”就是要对国家忠心耿耿，对革命事业要忠心不二；所谓“孝”就是晚辈对长辈要敬重；所谓“礼”就是要讲礼节和礼貌，还要遵纪守法，要行为文明；所谓“义”就是要为人处事不能口是心非、背信弃义，要讲诚信。后来“忠孝礼义”成为关氏家庭的家训和家风，希望能代代相传。

不过从父亲坚决支持儿子参加中国人民志愿军一事看，他确实是以实际行动来响应国家号召，实践了他的“忠”，忠于自己的祖国。所以，在教会开展的“三自运动”中成为学习积极分子。但是他为人低调，不喜欢领导在各种场合多次表扬自己，认为“保卫祖国”是每个公民的应尽义务，大家都不当兵，东北三省又将成为帝国主义列强的殖民地。所以，不必“敲锣打鼓，戴大红花”大肆宣传，更不必以“光荣爸爸”和“光荣妈妈”来称呼他和妻子。

受父亲家教的熏陶，关兴亚也是一个不折不扣的孝子。他深知父母亲将他们兄弟3人抚养成人吃了不少苦。为了表示孝心，1955年9月，在重工业部沈阳化工综合研究所报到后拿到第一个月工资后，除自己留下饭钱和零用钱外，全部交给母亲。为了不增加家里负担和工作方便，他宁可住在单位宿舍，仍然过着独立生活。星期天回到家里还帮母亲料理一些家务，如打水、打扫卫生之类事情。

由于关兴亚与戴赣耀的关系早在中华三育研究社读高中时已经

确定，虽然关兴亚毕业分配后回沈阳工作，戴赣耀在上海工作，但在解决分居问题上，戴赣耀也考虑在关兴亚不能调回上海的情况下，自己去沈阳某医院或者在沈阳化工综合研究所医务室工作，并与关兴亚父母一起生活，伺候公婆一辈子，让老人家颐养天年。只是后来情况发生变化，沈阳化工综合研究所一分为四，关兴亚才有调往上海的机会。此时，关父关颂尧不但没有拖儿子的后腿，要其留在自己的身边，而且还鼓励自己儿子从工作考虑，到一个比沈阳工作环境更好的上海或北京去工作，并再三告诉儿子，以“仕途为贵”，还说“好儿女要志在四方，忠心耿耿为国效劳。”

1957 年 9 月，身体十分硬朗的父母亲还亲自到沈阳火车站为儿子送行，要他安心工作，不要牵挂父母亲。然而，关兴亚怎么也想不到这竟是与可敬父亲的最后一别。

1958 年国家正值“大跃进”年代，在“鼓足干劲，力争上游，多快好省建设社会主义”的总路线指引下，亿万人民投入空前未有的社会主义建设中。此时，信教的人越来越少，沈阳市北教堂做礼拜的人已经廖廖无几，因而当时政府决定将教堂改建为可为国家创造财富的里弄加工厂，取名为“兴无综合厂”。其“兴无”有兴无产阶级灭资产阶级之意。从此，关颂尧从一个基督教徒转变为真正自食其力的劳动者。而关母孙婉容也在“解放妇女劳动生产力”的口号下，同样成为该里弄加工厂的一名新工人。此时，大弟关兴国又以优异成绩考上了由中国科学院院长郭沫若任校长的中国科技大学应用数学系。因为一个普通家庭竟然培养出两名中国著名高等学府的大学生，曾一度受到周围邻居和同厂职工，以及亲朋好友的一片赞扬。所以，父母亲脸上不知有多少光彩，喜不自禁。然而“天有不测风云”，1961 年冬天的一个冰天雪地的日子里，关颂尧不慎摔了一跤，此后再也没有醒来，从而走完了他六十一个春秋，过早地离开了人世。

提起此事，至今关兴亚心中一直很内疚，因为他感到没有照顾好一生最疼爱他的慈父。小时候，尽管家里生活十分艰苦，但父亲总说："再苦也不能苦孩子"。为了精心培养关兴亚，在铁路不通的情况下，宁可借钱负债也要将他送出战乱的沈阳到镇江求读高中。后来，自己到上海工作后，父亲从来不提自然灾害给家里带来的困难，更没有提及粮票遗失之事，所以关父不幸离世，可以说是关兴亚一生中最大憾事之一。

关父过世后，最痛心的莫过于与其共同生活三十年的关母孙婉容。尽管关母是关家里里外外一把手，买菜做饭带孩子，缝衣补袜样样都做，而且在最困难时期还做过小生意，贴补全家生活，但全家五口人的生活来源主要还是依靠其父的工资收入。两人平时也有争吵，但还是相依为命，克服一个又一个困难。可是，眼看日子一天比一天要好过时，丈夫却突然离世，关母万分悲痛，为此关母还生了一场大病，好在小弟从小懂事，照顾母亲起居，度过了难关。

从此以后，关兴亚不论自己生活有多大困难，除逢年过节寄钱外，还将自己每月省下的粮食换成精白面粉，还有白糖和肥皂等日用品寄往沈阳孝敬母亲。而每次有机会到东北出差，尽量设法途径沈阳看望母亲，即使在沈阳住上一天，也设法陪母亲吃上一顿饭尽一份孝心。

20 世纪 80 年代初，关兴亚利用在抚顺出差的机会，将母亲接到上海，想让老母亲永远留在自己身边，养老送终，尽尽孝心。他与妻子一起陪同老母亲游览了上海著名基督教堂，即地处西藏中路的"沐恩堂"，地处武进路原复临基督会总部的教堂，以及上海名胜古迹城隍庙和繁华商业区南京路和淮海路。但是，终因上海居住条件较差，母亲在上海住了不到 3 个月坚决要求回沈阳旧居。

原先关母以为，儿子在大上海工作，又在研究院工作，是一个名牌大学毕业生和工程师，住房条件总要比沈阳好得多，哪里知道繁华的上海，高楼大厦的后面竟有如此之多的破旧民宅。说来也是，上海解放后确实建造了一大批工人新村，工人住房条件有所改善，但是毕竟人口众多，供不应求，加上十年文革，国民经济到了几近崩溃地步，积重难返，国家拿不出钱来建设更多工人新村。

那时，关兴亚居住在闸市区新闸路的石库门厢房，还是1959年其爱人生下大女儿关煜后，上海红十字医院以照顾困难户名义分配的房子。直到80年代不到15平方米房子住了5个人，在上海竟然还算不上困难户。当时三代同居一室的家庭比比皆是，不足为奇。一直到改革开放之初，在房管所称得上困难户的必须是人均2.5平方米以下的家庭。

由于老式石库门房子年久失修，所以每到台风暴雨季节是最使人担心的，除了屋顶瓦片会被卷走外，屋内还要用几只面盆来盛漏水。还有狭窄而陡峭的楼梯，不要说七十多岁的老人，就是二、三十岁的青年人走起来也要十分当心。所以，老母亲因实在不能适应这样的环境，不满3个月便坚决要回沈阳旧居生活。后来，到1987年，关兴亚分到地处上海万人体育馆附近的两居室新工房后，再次请老母亲来上海居住，但此时老母亲年事已高，虽想再来上海，但行动不便，而未能成行。不过关兴亚几乎每年都会回沈阳看望尽孝。1991年老母亲过世后，关兴亚又专程前往沈阳，承担老母亲所有丧事费用。关兴亚说，真是自古忠孝难两全，因为工作繁忙未能在老母亲弥留之际伺候老母亲，这同样也是一生中最大憾事之一。

“兄弟睦，孝在中”，意为兄弟和睦，这也是对父母的一种孝顺。

母亲共生5个儿子，可惜关兴亚有两个弟弟过早夭折。大弟关兴国小其2岁，从小一起玩耍，天资聪颖，学习成绩门门优秀，而且在中学时，受一位地下党老师的影响，思想激进。1950年，他年仅15岁就坚决要求上前线，保家卫国，参加中国人民志愿军。入朝后，因年龄偏小，又有些文化，所以任文书工作。但在战场上也经历枪林弹雨，九死一生。1955年凯旋回家后仍回原中学完成他的高中学业。1958年以优异成绩考入中国科技大学应用数学系。1963年毕业分配在第二机械工业部九院工作。那是一个“保密单位”，而且因工作需要每年都要到上海来工作一段时间，兄弟两人见面都很亲热，但大弟从不谈工作，只谈生活。1970 年，林彪发布第 1 号通令后，因弟媳家庭出身既非工，也非农，更不是兵，所以，被调离保密单位，回沈阳地震局从事计算机技术开发工作，也是一名高级工程师。后来才知道原来九院是搞与原子弹相关工作的，难怪政审如此严格。

小弟关兴杰，小关兴亚好几岁，读中学期间正值十年文革，要读书也没门，后分配在抚顺市新抚钢铁厂工作。改革开放初，钢铁企业经济效益尚可，后随着国家大型钢铁厂的建成投产，这类中小型钢铁厂便因技术落后、产品档次低下而关闭，其小弟也逃脱不了下岗的命运。后来，侄女考上大连外国语大学连学费也发生困难。关兴亚得知此情况下，立即汇上 5000 元人民币，解决了小弟燃眉之急。后来，侄女毕业后在上海一家外资企业工作，并在上海成家立业，因而，小弟也在上海和沈阳之间经常往来。

2013 年秋，大弟和弟媳来上海旅游，关兴亚抓住此机会，加上在沪小弟一家在上海为大弟庆贺八十大寿。席间，三兄弟其乐无比，除畅谈人生经历外，最多的还是回忆童年趣事，好像父母仍在身边似的，都不约而同地想到童年母亲包饺子的一幕情景。母亲包饺子是一个能手，剁馅、调馅、和面、擀面，干脆利落，像变戏法似的一个接着一个，很快就是一大堆。当年关兴亚和大弟两人还在母亲身边学包饺子，可是到最后一关，却捏成一个个面团团。虽然那时生活很艰苦，包饺子的馅大多是蔬菜和地瓜，没有什么肉，但吃起来却很香，总是吃不够。但母亲自己却吃得很少，尽量让儿子吃饱，所以人世间母爱是最伟大的。如今，当年的孩童已成白发苍苍的老人，但却赶上了改革开放的好年头，不愁吃，不愁用，因此都希望把身体养好，再享受几年清福。

常言道“一个成功的男人其背后一定有个女人在支撑着”。关兴亚的成功离不开其妻戴赣耀。他们俩人早在中华三育研究社读高中时便相识，又相知相爱。1958年春正式结为伉俪。那时，婚房还是租的。结婚也是“革命化”的。不办酒席，只是给亲戚朋友发了些喜糖，总共花费不到200元人民币，那是关兴亚发表的两篇文章的稿酬。戴赣耀小关兴亚两岁，出身在江西南昌的一个知识分子家庭，其父早年受过高等教育，后来也是在复临基督教会南昌分会任会计工作。她虽然出身在奉行基督教的家庭，但却不信基督教。不过，受高中生物和生理卫生老师影响，酷爱医学，还喜欢救死扶伤。1951年从三育中学毕业后便考上了上海护士学校，毕业后分配在地处上海市最热闹地区延安中路和西藏中路交界的上海红十字医院工作，后继续进修，成为一名手术间的麻醉师，对工作精益求精，常受到单位表彰。

因为上海红十字医院领导知道戴医生的丈夫在浦东郊区上海石化院工作，又是中层干部和课题负责人，所以很少安排戴医生到上海市郊巡回医疗。可是，戴医生却不要领导“照顾”，坚决报名参加巡回医疗，一次至少3~6个月。为了支持戴医生的工作，关兴亚也只得每天早晨烧好饭菜后，再上班，晚上下班赶到菜场买好第二天的副食品和蔬菜。好在大女儿和儿子早就学会用煤油炉热饭、热菜，而且3个小孩都学会了自己洗衣服。还有居住条件虽艰苦，但邻居亲如一家，谁家有困难都会主动上门来帮忙，所以，戴医生参加巡回医疗对家里也很放心。

戴医生也有很多方面与关兴亚母亲有相似之处。在家里她也是里里外外的一把手，家里大大小小的事情都是她一人操办，连为公婆寄钱寄物都是关兴亚动口，戴医生动手，亲自到邮局办理。为了支持丈夫工作，她失去了很多深造的机会。除八小时工作外，把精力主要集中在家务和子女教育上。

戴医生深知丈夫的性格，为人正直，实话实说，因而常常劝丈夫说话要“三思”而行。这是因为1957年反右斗争后，领导要大家向党交心，当时领导言明“不抓辫子”、“不打棍子”，从帮助党整风出发，因此他把自己想法和盘托出。因为他对“等额选举”还不十分理解，于是便认为这样的选举方式是否合理，值得推敲，结果差一点被作为批判对象。好在领导知道他对党一向忠心耿耿，而且工作一向埋头苦干，所以教育一下便过去了，不过在档案上仍被记上了一笔，留下后遗症。

谁知道到了文化大革命，戴医生最担忧的事情还是发生了，造反派旧事重提，再加上“白专道路”和“资产阶级反动学术权威”两顶帽子，关入牛棚，受尽了造反派的欺凌和侮辱。好在不久便在工宣队重新清理案子时将其从牛棚里解放出来。此时，一向“家庭观念”淡薄的关兴亚回到家里时，妻子和3个儿女个个热泪盈眶，尤其是3个儿女立即围上来异口同声地喊道：“爸爸，没有事回来了!”顿时他觉得有一种说不出来的感觉，似乎觉得儿女三个一下子长大了许多，也比以前懂事了。“没事了，早就没事了!”他深知，在这“落难”之时，人世间最关心他的人莫过于终日唠唠叨叨的妻子和这3个儿女，特别是调皮捣蛋的儿子，这既是亲情，又是支撑他闯过难关的精神力量。说来也奇怪，平时工作上遇到不称心的事情，但回到家里，看到自己的儿女，似乎白天发生的一切都忘却了，也许这就是温馨之家。

那时候，造反派工作也算做到了“家”，要妻子揭发问题，划清界线。但妻子直截了当地告诉他们，她最了解自己的丈夫，说“关兴亚从小跟着母亲做小生意，吃了多少苦，大学毕业后整天忙着工作。连这个家也不顾了，他有什么资产阶级腐朽思想，你们搞错人啦!”造反派碰到了一鼻子灰，也就悻悻地走了。

关兴亚有3个儿女，分别出生于1959年、1961年和1963年。大女儿关煜中学毕业后分配在市郊农场工作，不久，上海市从解决青年人，尤其是知识青年就业问题出发，试行“子女可顶替父母工作”的政策，于是，其妻戴赣耀与关兴亚商量，一来是为了女儿的前程，二来从更多支持关兴亚的工作出发，便向单位领导提出提前退休，让女儿顶替其工作的请求。上海航道局卫生所同意了戴医生的要求，但是因为一时还找不到合适的接班人，从工作考虑，所以退休后又做了一段时间。关煜顶替母亲工作后，先是做一般行政工作，后来经自己努力，坚持上夜校，进修自学，获得了初、中级医务职称，一直到2014年，年满55周岁才退休。

儿子关炜，从小调皮，还不慎从楼梯摔下造成骨折。中学毕业后，根据当时上海中学生分配原则，姐姐务农，弟弟即可进工矿，于是便在一家工厂当学徒工。1978年恢复高考后，他也曾经努力复习功课作一拼搏，但终因基础太差，加上工作太忙，没有充分的复习时间，所以失去良机。为此事，戴医生至今还唠叨自己的丈夫，把工作看成高于一切，却不关心自己儿子的学业。但关兴亚却说"自己的事情自己解决，我们当年考大学也是靠自己的努力"。不过尽管他嘴上这样说的，心里也明白，为了工作他没有把多少精力放在自己儿子身上，甚至连自己最熟悉的化学课也没有为儿子从头到尾系统地复习过一次。为了工作，不仅使自己孩子没很好享受父爱，甚至很少关心他们的学业，这就是他一生有"得"有"失"中的失。从内心讲也亏欠了孩子们。

后来，关炜工作单位在改革开放大潮中，经济效益不佳而关闭，成为下岗工人。按理凭着关兴亚在社会上的地位和声望，为儿子找个好工作是不在话下的，但他是一个正派的学者，不喜欢做败坏社会风气的"走后门"。当时上海石化院实验厂正需从社会上招一批技术工人，不少院内职工的家属都进了实验厂。好心的人问他是否考虑将儿子送到实验厂去工作，他婉言谢绝，并说："父子俩在一个单位工作影响不好，而且关炜到石油化工企业工作也不是他的专长。"后来，妻子戴医生知道此事后又责怪他，可他还是那句话："自己的事情自己解决"，还对妻子说："如果上海石化院职工都这样，那这个单位成何体统？"

小女儿关荧"运气"比哥哥和姐姐要好。因为当她长大时，"四人帮"已经打倒，教育事业早已拨乱反正进入正常轨道。加上她从小脑子灵活，又勤奋好学，大学毕业后又申请到美国奖学金，在美国深造后获得硕士学位，后又在休斯敦市找到一份工作，任KTM公司高级工程师，之后便在美国成了家。前几年，关兴亚和妻子曾去美国探亲。原先签证为半年，后因关兴亚工作原因，不足3个月便回上海。妻子本想多住一段时期，只因语言不通，环境生疏，生活不便也随同丈夫一起回国。不过，不看不知道，到美国后，其妻子才知道，美国并没有想象的那么好，即使纽约华尔街也远不如改革开放后的浦东陆家嘴，而且在美国生活物价也比上海贵得多，虽然工资比上海高，相比较还是生活在上海好。

现在，最让关兴亚夫妇高兴的是每逢节假日，儿孙们会聚集在自己家里，尤其是孙辈们一进门就高喊"爷爷好，奶奶好"时，两位老人家便会笑得合不上嘴来，爷爷暂时也不得不把工作停下来，与儿孙们聊天。

小时候，孙辈们最喜欢听爷爷讲科学家和伟大人物刻苦学习和忘我劳动的故事。一直到二、三十岁还记得这些故事。比如讲，从小出身贫苦，而且疾病缠身的著名数学家华罗庚如何刻苦摘取世界数学皇冠的，新中国成立后，他又放弃在美国优厚条件，回国参加社会主义建设；大文学家鲁迅先生的名言"时间，就像海绵里的水，只要你挤，总会有的"，鲁迅为写作每天起得很早，累了就和衣在床上躺一会，然后喝上一杯浓茶继续工作，就像跟时间赛跑一样；还有奠定力学三大定律的大科学家牛顿如何踏踏实实工作，为揭示"万有引力定律"经过八年反复验证和计算才正式公布于众。关爷爷还给孙辈们每人一套《十万个为什么》，希望他们长大后也成为能为国家作贡献的科学家。

后来孙辈们长大后，爷爷又喜欢同他们聊工作、学习、生活，尤其是想从青年人那里学点信息技术，诸如什么小电脑ipad、名牌手机 iphone5 和 iphone6 等新玩意儿。不过，因为老夫妇俩年事已高，所以立下一个规距，买汏烧都由儿孙们自己动手。他们各自也都有分工，有的准备菜肴，有的准备烹饪，也有的是打扫餐后“战场”的。全家十几人一起说说笑笑，享尽天伦之乐。

光阴似箭，转眼间关兴亚已到八十高龄，他怎么也没想到一辈子接触有毒有害气体的人，到八十岁还能有这样好的身体。原先想能活七十岁也不错了，多余这些年都是老天恩赐的。60 年代初，上海石化院保健标准是跟高桥化工厂的，开始每人每天一瓶牛奶，后来高桥化工厂丙烯腈车间发生了职工中毒而死亡事件后，为安抚职工情绪改为每天两瓶牛奶，还有一听麦乳精或葡萄糖。1991 年，关兴亚在《中国医科大学学报》上看到一篇“抚顺化纤厂接触丙烯腈车间工人健康调查”报告，报告声称接触丙烯腈、丙烯酸甲酯等毒物的工作，其中男性工人脑血管死亡比例明显高于当地居民，恶性肿瘤随工龄增加而上升，而且与当地人相比，死亡年龄比平常人提前 10 至 15 年。尽管当时关兴亚并不认定这份报告的普遍性，认为只要不让有毒有害物质“跑、冒、滴、漏”，危害性不致于到这个地步。但他意识到，作为一个丙烯腈生产技术开发者，有必要进一步开发丙烯腈的绿色生产工艺。另外，丙烯腈等化合物对人的身体确实有一定影响，所以从这个意义来讲，自己也算得上一个“幸运者”。

后来，妻子告诉他，小女儿要从美国专程回来，与姐姐和哥哥一起为父亲操办八十岁生日。起初，他无论如何也不答应，他说，不要铺张浪费，而且上海石化院领导也已经为他和原党委书记、同龄的沈银林一起在市内一家饭店里做过生日了。但是 3 个儿女商量后觉得还是要举办一次生日庆贺会。他们觉得父亲一生除了工作还是工作，小时候虽然父母亲工资还不算太低，但是除了抚养三姐弟外，还要负担爷爷奶奶、外公外婆的生活费用。父亲一生获得的荣誉证书、奖状、奖章不少，但生活却再简朴不过了，几十年穿着永远是工作服、工作鞋，连出国开会、考察穿的两套西装也都是上海石化院院庆时定制的。他一生唯一嗜好是香烟，还有记得父亲以前经常抽的是1毛5分的没有图案的白纸包装的“经济牌”香烟和凶得很的2毛5分一包的阿尔巴尼亚香烟，只有在逢年过节时才抽上3、4毛一包的“大前门”和“凤凰牌”。改革开放后，经济条件好转，抽得最好的也只有几块钱一包的“健牌”香烟，与普通工人没多大差别。但是，为了小辈有一个安定生活环境，不但帮助三姐弟成家立业，而且还拿出一辈子的积蓄，贴补他们买新房。所以做儿女的总觉得不是滋味，应该好好为父亲庆贺一番。因为在儿女们看来，这不是一顿饭、一种仪式，而是舍不去、割不掉的一种中华传统文化，更是几千年来中国人孝敬长辈的一种方式。所以，儿女三人考虑再三，最终还是找了一家比较实惠的饭店为父亲办了一个八十岁生日宴。而且点的菜肴都是父亲最喜欢的东北特色菜，如“小鸡炖蘑菇”、“白菜肉片炖豆腐”、“猪肉炖粉条”等。姐弟三人还各自准备了一份有意义的礼物，其中，关炜的礼物是父母各一双品牌旅游鞋，目的是要两位老人趁身体健康时能周游世界各国，饱览异国情调；关荧送的是从美国带来的最新颖的集电脑、照相和摄像功能为一体的ipad，还告诉父亲有了它无论你在何地何时都可看到你的外孙；关煜送的是有电子书之称的全新电子阅读器，还特地设置了“阅读栏目”，录入了父亲最想看到的资料，包括人物传记、世界名人和名家的资料，以及中外名著及文艺美术精品等，是一座包罗万象的“书库”。然而，谁也没有送上父亲一生最酷爱的香烟，并且规劝父亲早日戒掉烟瘾。但谁也没想到，关兴亚竟会很爽快地接受了儿女们的规劝，当即灭掉香烟，并从此戒掉几十年的烟瘾，直到今天没有再抽一支烟。其实，他们并不知道父亲早在慢慢戒烟了，因为一来报纸上宣传抽烟的害处，另一方面出于年龄的原因，咳嗽比年青时厉害了。所以也在下决心戒烟，从一天两包半，减到一包、半包，到八十大寿时也仅饭后或有喜事时抽一、两根香烟。有时烟瘾发作时，便吃几颗润喉片使其缓解。戒掉烟瘾后自己也觉得身体确实比以前好多了，至少咳嗽和痰比以前少多了。现在，每年关兴亚生日，老夫妇俩总会与儿孙们一起在饭店聚会，共享天伦之乐。邻居们也很羡慕他们，八十多岁了老俩口身体还这么硬朗，而且儿女们又这样的孝顺，四代同堂，真是其乐融融，其乐无穷。

如今，关兴亚和戴赣耀已共同生活了快 59 年，都进入耄耋之年。尽管两人平时相敬如宾，相濡以沫，可也有不协调的时候。作为一个医务工作者，妻子更多从生活上关心丈夫的身体健康，尤其不能接受的是 84 岁的高龄还是像青年人那样从早到晚没完没了的工作。可是，关兴亚却认为，“人生难得老来忙”，他说：“老来忙是人生的一种追求，一种寄托，一种情趣，更是一种奉献”。还例举好多伟人有关“老来忙”的理论，如出生于东北的 94 岁高龄的吕正操将军写过一首诗，有一句话是“最喜夕阳无限好，人生难得老来忙”，还有是：“人不在于活得久，而在于多做事”，最后吕将军活到 106 岁。其实，在关兴亚看来，倘若一个人无所事事，整天坐着看电视打发时光，大脑势必退化，而“八十多岁的年龄、五十多岁的身体、三十多岁的心态”才是永葆青春的诀窍。现在，他还是按照自己的生活习惯，早晨 5~7 点，晚上 10~12 点这是上网时间，这是因为在此时段上网人少，网速快，可以获得更多信息，只是中午增加两个小时的午休而已。在关兴亚的人生哲理中，只要生命不息，攀登将永不停止。

回首往事，漫漫人生路，有平坦大道，也有崎岖不平的小路；有辉煌，也有悲伤；有成功，也有失败。但是，无论你是辉煌还是悲伤，也无论你是成功还是失败，更不管你在大洋彼岸，还是天涯海角，温馨的家庭永远是你心灵温暖的港湾。它可以为你遮风挡雨，可以为你褪去奋斗的疲惫，甚至可以消除你的伤感，然后再积聚力量继续奋斗，而亲人则永远是你的牵挂和继续奋斗的精神力量。

关兴亚与两个弟弟(1955 年)

关兴亚与妻子戴赣耀

在美国 Sohio 公司访问(1993 年，前排右一为关兴亚)

关兴亚与妻子戴赣耀

附录一　关兴亚大事年表

1932 年

8 月 11 日(即农历壬申年七月初十)出生于奉天市，即今沈阳市，祖上系锡伯族人。

1940 年

秋季入奉天皇市西小学，入学前其父曾教过国文和算术，故跳过一年级，直接进入二年级学习。

1941 年

因皇市西小学是一所私立学校，其学历未被当时政府所承认，故仅读一年便转入京山线的高山子小学。

1943 年

考入日本人办的厚生国民学校，两年后完成高等小学学业。

1945 年

秋季入沈阳市立三中。该校前身是爱国将领张学良出资 40 万大洋于 1928 年创办的同泽女中。

1948 年

4 月，其父关颂尧托友人，送关兴亚到江苏句容由基督复临安息总会办的中华三育研究社求学。3 年后完成高中学业，期间邂逅同学戴赣耀，后结为伉俪。

1951 年

秋季，考入上海交通大学，攻读化学专业。

1952 年

因全国院系调整，上海交通大学化学系并入上海复旦大学化学系。

1955 年

2 月，在著名有机化学家、复旦大学教授朱子清指导下，在中国科学院上海有机化学研究所实习“金霉素之接触氢化脱氯反应”和“金霉素结构测定”试验。

7 月，完成毕业论文“津柴胡及决明子中生物碱的检查和提取”。

9 月，由国家统一分配进入“重工业部化学工业管理局沈阳综合研究所”(简称沈阳化工综合研究所，即沈阳化工研究院前身)。

1956 年

6 月，完成“乙炔和氯气合成四氯乙烷”研究课题。在 1963 年 7 月，由科学出版社出版的中国科学院编译委员会主编的“十年来的中国科学——化学”(1949～1959)一书中，将该研究成果列入成就之一。

9 月，完成实习期，任技术员。

之后，在该所关兴亚又先后完成了“五氯苯酚”和“乙炔氢化”两个研究课题。

1957 年

9 月，根据化工部的决定，将沈阳化工综合研究所一分为四，关兴亚调入上海化工研究院有机化学研究室，先后任技术员和专题组长。

1960 年

4 月，关兴亚等 11 名从事石油化工技术开发的研究人员从上海化工研究院调入上海市石油化学研究所(即中国石化上海石油化工研究院前身，简称上海石化院)，并将部分研究课题环氧丙烷、硝基甲烷、苯酚/丙酮等带入上海石化院作为首批研究课题。

1961 年

8 月，上海石化院“丙烯氨氧化制丙烯腈”正式立题，关兴亚被任命为该课题主要负责人之一。

1962 年

6 月，上海市化工局批复上海市石油化学研究所报告，提任关兴亚为工程师。

1963 年

9 月，固定床丙烯氨氧化制丙烯腈反应器用高活性 1116 型催化剂在上海试剂一厂完成 1 吨生产任务。

同月，年产 60 吨丙烯氨氧化制丙烯腈中试装置正式建成。

12 月，丙烯腈中试装置实现当年建设，当年试车，当年取得 2 吨粗丙烯腈产品的预期目标。

1964 年

1 月，主持上海市日常工作的曹荻秋副市长亲临上海石化院丙烯腈中试装置，表彰参与该研究工作的工人和技术人员。

9 月，上海市科委推荐，以上海石化院科研成果“丙烯氨氧化制丙烯腈新工艺”为题，制作彩车一辆，作为上海市科技系统游行队伍一部分，向国庆十五周年献礼。

1965 年

2 月，60 吨/年丙烯腈固定床中间试验，累计运行 4329 小时，基本掌握合成工艺和产品分离技术，并获得聚合级产品，为上海、大庆等地丙烯腈生产装置提供了设计数据。

1966 年

2 月，采用上海石化院技术成果，上海高桥化工厂年产 1000 吨丙烯腈装置动工兴建。

5 月，化工部李苏副部长在上海石化院主持召开 60 吨/年固定床丙烯氨氧化制丙烯腈中试技术鉴定会。

7 月，被任命为合成一室主任。

1967 年

7 月初，直径为 550 毫米的带导向挡板的流化床反应器通过中试验证，丙烯腈单程收率达 68%~70%。在这次中试过程中还将原全解吸精制流程改为部分解吸精制流程，使7道工序8台设备缩减为3道工序4台设备，从而为我国自行开发的流化床丙烯腈生产工艺技术跨出最重要一步。

7月下旬，石油部北京设计院在北京召开丙烯腈装置设计审查会，决定调整大庆炼油厂新建年产5000吨丙烯腈装置的设计方案，改用上海石化院新开发的带导向挡板的流化床反应器和部分解吸精制新流程。

1969年

3月，带导向挡板的流化床反应器中试通过技术鉴定。为此，高桥化工厂决定采用此技术成果将刚建成不久的固定床反应器改为直径为1200毫米的带导向挡板的流化床反应器，翌年5月完成改造，6月投产，使装置实际产能翻番。该技术成果先后推广到全国12套中小型丙烯腈装置，总产能达2万吨/年。

1973年

11月，在上海大厦，作为丙烯腈工艺负责人，参与上海石油化工总厂与日本旭化成公司就引进5万吨丙烯腈装置的技术谈判。

1974年

3月，同在上海大厦，作为丙烯腈催化剂制造负责人，参与上海石油化工总厂与美国索亥俄公司（Sohio）就引进C-41催化剂专利的技术谈判。

11月，为落实燃化部有关引进装置催化剂配套会议的决定，以上海石油化工总厂引进5万吨/年丙烯腈生产装置为目标，开始喷雾成型FC-69催化剂研制。至1975年12月，通过上海市化工局的技术鉴定，催化剂性能达到进口水平。

1975年

下半年，参加由化工部组织的全国丙烯腈生产装置技术改造会战组，并任组长。在此期间，编写了多篇内部资料。其中主要有：《关于我国丙烯腈技术发展八年规划》、《1975年全国丙烯腈生产技术调查报告》、《山东胜利炼油厂丙烯腈改造方案和工艺设备及管道计算书》、《茂名化工二厂丙烯腈技术改造方案》、《关于组织国内丙烯腈技术改造的会战方案》等。

1977 年

新开发的五元组分催化剂先后在高桥化工厂和山东淄博石油化工厂同为年产 2000 吨丙烯腈装置上成功应用。丙烯腈单程收率达 71%~73%，较原先使用的四元组分催化剂提高 3%~6%，为两家企业带来可观的经济效益。

12 月，“丙烯氨氧化制丙烯腈合成工艺及催化剂”荣获上海市重大科学技术成果奖。

1978 年

3 月，作为化工系统代表参加全国科学大会。“丙烯氨氧化合成丙烯腈——合成工艺及催化剂的研究”荣获全国科学大会奖。

6 月，上海石化院恢复研究室建制，关兴亚任合成二室主任。

1981 年

12 月，由上海石化院推荐，上海市化工局技术职称评定委员会审核，上海市政府同意授予关兴亚为高级工程师。

1982 年

11 月，上海高桥石油化工公司党委批复关兴亚任上海石化院副总工程师。

12 月，应上海石油化工总厂二分厂催化研究所要求，率小分队前往 300 吨/年丙烯腈催化剂生产车间，经与厂方共同努力，解决了购买国外催化剂生产专利和关键设备仍未能生产合格催化剂的技术难题，为国产丙烯腈催化剂首次在引进装置使用作出重大贡献。按当时进口催化剂价值计算，大约节约外汇 500 万美元，相当于人民币 4000 多万元。

1983 年

4 月，上海石化院将性能相当于国外新一代水平的“MB-82 型丙烯腈催化剂的研究开发”作为与国家科委、化工部科技局鉴订的攻关项目之一。关兴亚任该项目负责人。

1985 年

11 月，由关兴亚主持的“丙烯腈 MB－82 型催化剂研制（小试）”、“从丙烯腈反应系污水中回收硫铵”、“乙腈连续回收工艺的研究”和“硫铵回收基础设计”分别通过中国石化总公司的技术审查。

1986 年

2 月，性能达到国际 80 年代初工业应用水平的“MB-82 型丙烯腈催化剂”应用于山东淄博石油化工厂改造后的 2000 吨丙烯腈装置，并通过了中国石化总公司技术鉴定。

6 月，中国石化总公司召开丙烯腈技术开发工作会议，决定由上海石化院承担性能全面超过当时国际先进水平的“M-86 型催化剂”研究开发，关兴亚任课题负责人。

1987 年

1 月，关兴亚率小分队赴茂名联合化工纺织总厂，参与新建“5000 吨/年丙烯腈装置”开车。由于采用上海石化院开发的各项新工艺技术和 MB-82 型催化剂，这套以引进技术消化吸收为基础的“学用改创的工业示范装置“除设计能力是引进装置十分之一外，其他各项技术指标都相当或超过引进装置水平。

11 月，荣获国家科委颁发的国家科技成果完成者证书。

1988 年

7 月，经中国石化总公司高级专业技术职务评审委员会第七次会议通过，关兴亚享受教授、研究员待遇。

同月，“MB-82 型丙烯腈催化剂的研究开发”荣获国家科学技术进步二等奖。

1989 年

5 月，被评为上海市先进科技工作者。

9月，与陈欣等一行赴大庆石化总厂化纤厂，在直径为600毫米的流化床反应器中进行MB-86型催化剂评价。结果表明，该催化剂单程收率高于进口催化剂和MB-82型催化剂，跃入国际先进水平。

同月，被评为中国石油化工总公司系统劳动模范。

12月，完成“5万吨/年丙烯腈国产化流程设计方案”，为发展国产丙烯腈成套工艺提供了依据。

同月，“复合萃取解吸分离”新工艺用于高桥化工厂年产5000吨装置，年节约蒸汽8000吨，氢氰酸回收率提高8%，每年可增效56万元。

1990年

1月，国家人事部批准关兴亚为1988年度国家有突出贡献中青年专家。

7月，向中国专利局申请“丙烯腈流化床催化剂”、“丙烯腈流化床含卤催化剂”、“丙烯腈流化床催化剂活性长期稳定的方法”三项专利。

1991年

6月，“MB-86型丙烯腈催化剂”的工业应用表明，性能超过当时国际先进水平，为进入国际市场，以“丙烯腈流化床催化剂”中国专利蓝本为基础向美国及欧洲专利局提出专利申请。

9月，国家人事部批准，为首批享受政府特殊津贴获得者。

11月，率小分队赴兰州化工公司，将56吨“MB-82型催化剂”应用于该公司引进年产2.5万吨丙烯腈生产装置。运行结果表明，性能达到和超过当时国外同类催化剂水平。为此，荣获国家科技进步二等奖。

1992年

5月，率队赴山东齐鲁石化公司，将“MB-86型催化剂”应用于该公司引进年产2.5万吨丙烯腈装置，达到预期效果，各项性能均超过当时国外同类催化剂水平。

9月，MB-86型催化剂因在工业装置应用成功，通过中国石化总公司技术鉴定。

1993年

12月，“MB-86型丙烯腈催化剂研究及工业应用”和“丙烯腈复合萃取解吸分离新工艺五千吨级工业试验”分别获国家科委颁发的科技进步一等奖和二等奖。

1994年

7月，“MB-86型丙烯氨氧化催化剂”以“生产丙烯腈的流化床催化剂”名称向中国专利局申请专利，翌年2月向台湾地区专利局提出专利申请。

8月，率队赴大庆石化总厂化工二厂，将MB-86型催化剂应用于该公司引进年产5万吨丙烯腈装置。投料试车一次成功，催化剂各项指标达到国际先进水平。仅催化剂购置费节约了1210万元。同年11月进行标定，产品质量合格，副产品指标达到设计要求。由于用“MB-86型催化剂”替代原进口催化剂，1995年装置实际产量达6.05万吨，而且每吨丙烯腈产品耗用原料丙烯量下降，达1.079吨，所以总体水平在国际上居领先地位。

1995年

5月，当选中国工程院院士。

6月，上海石化院以中国石化总公司名义与台湾中国石油化学工业开发股份有限公司签署了“MB-86型催化剂”供货合同。

7月，在加拿大温哥华举办的“MB-86型催化剂工业应用国际交流会”上，关兴亚作“丙烯氨氧化学术研究和工业催化剂推广应用”报告。

12月，参加在美国丹佛市(Denver)举行的国际流态化技术会议，会议期间向有关国家丙烯腈制造商介绍和推广MB-86型催化剂。

1996年

1月，被聘任为上海石化院技术顾问。

3月，在北京中国石化技术开发中心召开的审查会上，通过了由关兴亚等人与抚顺石化公司、有关设计院共同完成的“抚顺石化公司5万吨/年丙烯腈装置扩能改造基础设计”，与会者一致认为采用国内技术使原引进装置从5万吨/年扩能到7万吨/年，符合石化总公司企业依靠技术进步“九·五”发展总指导思想的较佳方案，对全国丙烯腈成套技术国产化和国内同类装置的技术改造具有示范作用。

同月，根据与台湾中化公司“MB-86型催化剂供货合同”，关兴亚、陈欣、吴粮华3人赴台湾生产现场进行投料开车。初步运行结果表明，催化剂达到合同规定的下限指标，但暴露了原先未考虑到的问题。为此，考虑在回沪后进行适应于高压高负荷的MB-96型催化剂的开发。

7月，“MB-86型丙烯腈”催化剂成功应用于抚顺石化5万吨/年装置扩能改造，催化剂单程收率比进口催化剂高出7个百分点。

10月，“MB-86型丙烯腈催化剂研制和工业应用”荣获国家科委授予的香港亿利达奖。

1997年

1月，MB-86型与MB-96(A)型催化剂在高桥化工厂7000吨/年生产装置上进行混用试验，在高压高负荷下，丙烯腈单程收率可达80%~81%，为日后完成台湾生产装置上催化剂的混用奠定技术基础。

5月，适用于高压高负荷的“MB-86型与MB-96(A)混用催化剂”应用于台湾中化公司17万吨/年丙烯腈装置，并获得成功。经与厂方共同标定，各项指标超过合同值，达到国际先进水平，工业应用获得圆满成功。

上海石化院提供的210吨催化剂，创汇651万美元，而且使中国大陆石化工业在台湾地区赢得了良好声誉。

10月，“MB-86型丙烯腈催化剂研究及工业应用”荣获联合国技术信息系统颁发的发明创造新科技之星奖。

同月，赴兰州石化公司，将适用于高压高负荷的MB-96(A)型催化剂替代MB-82型和MB-86型混合催化剂，同时通过对塔器、压缩机等设备作脱瓶颈改造，使装置生产能力从2.5万吨提升至3.12万吨。总投资仅2700万元，投资回收期为3.38年，是一个省钱的扩能改造项目。

11月，“丙烯腈流化床催化剂”荣获中华人民共和国专利局、世界知识产权组织联合颁发的1997年中国专利发明创造金奖。

1998年

12月，“国产化高纯乙腈精制工艺工业试验”荣获中国石化集团公司发明二等奖。

1999年4月至2000年7月

在齐鲁石化实施丙烯腈装置年产2.5万吨至4.0万吨的扩能改造。该项目不仅是中国石化集团公司十条龙攻关项目之一，而且也是首次采用由中国石化集团公司组织上海石化院等单位自行开发的包括11项专利技术和专有技术编制的“5万吨/年丙烯腈装置工艺包”即S-ANT。S-ANT所采用的技术及其能耗、物耗等各项指标都体现了技术的先进性和可靠性，它标志着我国丙烯腈技术水平已进入世界先进行列，为采用国内技术建设自己的丙烯腈工厂奠定了良好基础，也是关系到具有自主知识产权的国产化技术能否打破外企对丙烯腈技术垄断问题。

改造分两步进行，第一步从1999年4月23日起仅改用上海石化院“MB-86型催化剂”，使装置生产能力从2.5万吨提升到3.5万吨。

第二步改造从2000年5月开始，除整体更换性能更好的上海石化院新开发的MB-98A型催化剂外，还采用其他6项新工艺新技术，如复合萃取精馏、乙腈精制、新型丙烯和氨分布器及侧吹式空气分布板、二级旋风分离器、导向浮阀、负压脱氢氰酸等。

该项目仅投资6000万元就使产能增加1.5万吨，远低于新建装置单位投资费用，实现了中国石化集团公司走内涵扩大再生产的战略目标。

2000年

5月，“提高丙烯腈精制回收技术”用于高桥化工厂年产8000吨装置，使丙烯腈精制回收率提高4.92%，当年丙烯腈产量完成8745吨，比1999年的8011吨增加734吨，平均每吨丙烯腈毛利以4136.52元计算，增效304万元。

2003年

上海石化股份有限公司采用关兴亚等编制的工艺包，完成了年产6万吨装置扩能为13万吨的技术改造。其中包括采用上海石化院开发的新一代SANC系列催化剂、精制回收新技术、复合萃取精馏新技术等。

同年，在关兴亚指导下，以上海石化院为主要承担单位，集成国内多项技术又编制了年产28万吨丙烯腈成套技术工艺包。其设计指标为：每吨丙烯腈消耗丙烯低于1.04吨，能耗低于4530千焦，总体水平达到国际先进水平。该成套技术工艺包于2006年通过中国石化集团公司组织的评审，还获得了中国石化集团公司科技进步一等奖，为大型丙烯腈装置的建设提供了可靠的技术依据。

2008年

在关兴亚指导下，符合环保理念的SANC-08高氨转化率催化剂问世，在副产硫铵大幅下降时，丙烯腈单程收率仍高达80.5%，包括氢氰酸和乙腈的“三腈”收率高达89%，这种清洁催化剂在国内年产8万吨(安庆)和13万吨(上海石化)两套装置投入运行。

2014年

6月，丙烯腈单程收率比SANC-08高1个百分点以上的SANC-

11 在上海石化年产 3 万吨反应器上完成万吨级工业应用试验，效果达到预期。

此外，在关兴亚指导下，上海石化院的在线清洁技术也在安庆石化和上海石化两套装置的气体冷却器中得到应用，运行周期从4~6个月延长到一年以上，减少了由于停车清洗带来的经济损失。

附录二　关兴亚主要论著和研究成果

论文部分

关兴亚．气相色层分析．化学世界，1956，(9)：467-470.

关兴亚．八碳环化合物的化学．化学通报，1956，(11)：17-25，72.

关兴亚．示踪原子在有机化学中的应用(一)．化学通报，1957，(1)：1-11.

关兴亚．示踪原子在有机化学中的应用(二)．化学通报 1957，(2)：11-26.

关兴亚．石油化学工业的进展．化学世界．1962，(6)：241 -246.

关兴亚，金启玲．氨氧化合成腈类化合物．化学通报，1963，(11)：669-676.

关兴亚，金启玲．丙烯氨氧化法合成丙烯腈进展．化学世界，1965，(9)：385-391.

关兴亚．从引进丙烯腈装置谈今后改进方向．合成纤维工业，1980，(4)：49-57.

关兴亚．Sohio 氨氧化法丙烯腈新工艺的探讨．合成纤维工业，1983，(3)：15-22.

关兴亚．丙烯腈工业催化剂的开发．化学反应工程与工艺，1985，(4)：1-11.

关兴亚．近年来丙烯腈生产发展概况．合成纤维工业，1986，(1)：38-41.

关兴亚．丙烯腈．化工百科全书(一卷)．北京：化学工业出版社，1990，805-820.

关兴亚．丙烯腈．有机化工原料大全(三卷)．北京：化学工业出版社，1990，125-144.

关兴亚．Development and application of acrylonitrile. Proceeding of the Internation Conference on Petroleum Refiring and Petrochemical Processing.

Oxford：Internaional Academic Publishers，1991，（3）：1166-1169.

关兴亚．中国丙烯腈生产技术国产化发展过程．合成纤维工业，1992，5(1)：43-48.

陈欣，关兴亚等．MB-86 型丙烯腈催化剂的研制及应用．上海化工，1994，9(5)：10-13.

陈欣，关兴亚等．R & D and commercial application of acrylonitrile catalyst - from bench - scale research to commercialization. Stud Surf Sci catal，1999，121：351-354.

获奖成果

1. 丙烯氨氧化合成丙烯腈-丙烯腈合成工艺及催化剂研究　1978 年全国科学大会成果奖

2. 五元浸渍法丙烯腈催化剂　1978 年上海市化学工业局科技成果三等奖

3. 丙烯腈 CT-1 型催化剂　1985 年中国石油化工总公司科技成果一等奖

4. MB-82 型丙烯腈催化剂的研究开发　1987 年中国石油化工总公司科技进步一等奖

5. 丙烯腈复合萃取解吸分离新工艺五千吨级工艺试验　1993 年国家科技进步二等奖

6. MB-86 型丙烯腈催化剂研究及工业应用　1993 年国家科技

进步一等奖

7. MB-86 型丙烯腈催化剂在引进的 5 万吨/年装置首次应用 1996 年中国石油化工总公司科技进步一等奖

8. MB-96A 型丙烯腈催化剂研制及工业应用 2000 年中国石油化工集团公司科技进步一等奖

9. 丙烯腈成套工业技术开发 2003 年国家科技进步二等奖

10. 高丙烯腈精制回收率技术开发及工业应用 2006 中国石油化工集团公司科技进步二等奖

专利部分

1. 丙烯腈流化床含钠催化剂 CN1033014(1987)

2. 丙烯腈和乙腈回收的新方法 CN1035661(1988)

3. 保持丙烯腈流化床钼系催化剂活性稳定的补加催化剂 CN1061163(1990)

4. 丙烯腈流化床含卤素催化剂 CN1061166(1990)

5. 丙烯腈流化床废旧催化剂利用工艺 CN1172696(1996)

6. 丙烯腈急冷工艺 CN1055918C(1996)

7. 丙烯腈回收和精制工艺 CN1059897C(1997)

8. 丙烯腈高回收率急冷方法 CN1413982(2001)

9. 高收率的丙烯腈催化剂 CN1915499(2005)

10. 生产丙烯腈的高负荷流化床催化剂 CN101306373(2007)

11. 丙烯腈反应装置中未反应氨回收再循环利用的方法 CN102452955A(2010)

12. 复合氧化物改性的湿式氧化催化剂及其制备方法 CN102451680A(2010)

13. 制备丙烯腈的流化床催化剂 Fluidized-bed catalyst for preparing acrylonitrile US5223469；EP0484792B；DE69102245T2

14. 丙烯腈流化床催化剂活性长期稳定方法 Supplementary catalyst for ammoxidation catalysts US5177048

15. 丙烯氨氧化制丙烯腈流化床催化剂 Fluidized-bed catalyst for propylene ammoxidation to acrylonitrile US5834394；JP3896194

16. 烃类氨氧化流化床反应器 Process for the ammoxidation of hydrocarbons MX235177；ZA98/4866；JP4047938；PI9810414 - 4；IR26044；SA1112；TW146505

17. 生产丙烯腈的催化剂 Catalyst for producing acrylonitrile US6596897；MX218928；IR25656；JP4889149；ZA98/7996；PI9812154-5；TW144017；SA1271

18. 烃类氨氧化流化床反应器 Process for removing unreacted ammonia from an effluent in a hydrocarbon ammoxidation reaction US6716405

19. Fluidized - bed catalyst for propylene ammoxidation to acrylonitrile TW194193；US6420307；JP4095302；PI0013338 - 8；MX223583；R0120244

后　记

非常荣幸能有机会参与《关兴亚传》的编撰工作。

编撰《关兴亚传》目的是弘扬关兴亚院士的科学精神，记录他的突出业绩，传承他的高尚品德。

为撰写好院士传记，中国石化集团公司宣传工作部于2015年7月28日专门组织召开《中国工程院院士传记》编撰启动会，邀请中国工程院、中国石化作家协会的领导参加会议。集团公司宣传工作部、科技部、人事部、石化出版社的有关领导和相关单位的负责人就院士传记工作进行了深入的讨论，听取了中国工程院、石化出版社有关传记编撰的建议，对工作进行了计划分工，落实了编委会的初步人选、出版进度、牵头单位及联系人等具体事项。在中国石化集团公司领导的关心下，编撰工作得到顺利推进，也得到了各部门方方面面的大力支持。

中国石化上海石油化工研究院的领导对《关兴亚传》的编撰工作十分重视，成立了以党委工作部为主要负责的编撰办公室，不仅提供了有关关兴亚院士的个人业务档案、历年来的科技成果和奖项，以及授权专利等详细资料，还多次组织各种类型的座谈会，拜访曾经与关兴亚院士共事过的、如今仍健在的老领导和老科研人员。不少老同志不顾年老体弱，将当年关兴亚院士的许多先进事迹整理成文送至编撰办公室，为编撰《关兴亚传》提供了大量宝贵资料。在成文过程中，党委工作部楼少迪、肖宏斌等对文稿提出了许多宝贵修改意见和建议，李林也积极参与文稿的整理工作。在此，表示诚挚的感谢。

记得第一次采访关老时，他认为没有必要为其“树碑立传”的。

他说，他生于日本侵略者及傀儡政权统治下的沈阳市，目睹日本侵略者奸淫烧杀、欺压中国人民的野蛮行径，所以从小就有“发愤图强，科学救国”的思想。后来是党和人民培养了他，使他从一个贫困子弟成长为新中国第一代大学本科生。“因为我的一生是党和人民给的，所以，三年自然灾害时，响应党的号召，解决人民吃穿用，搞丙烯腈，这是我们这一代人的历史责任，而且工作是大家做的，因而不必过多宣传。”

他虽作为我国丙烯腈工业的奠基者和开拓者之一，但为人却十分低调，谦虚谨慎。后来多次见到作者时又反复强调：“千万不要宣传个人的作用，要多宣传党，宣传集体，宣传参与攻关的兄弟单位，宣传为丙烯腈工作作出贡献的工人和科研人员。”

其实，包括作者在内，与关老共事数十年的老上海石化院员工都知道他是一个生活上简朴，工作上敢想、敢说、敢干的实干家，更是一个“平民化的院士”。他不仅在院内以身作则，而且在茂名、大庆、淄博等生产装置现场，可以不顾自己的年龄，冒着生命危险，亲自果断地处理各种大小事故，因而深受工人们的尊重。所以，通过编撰《关兴亚传》，也使作者受到一次深刻的教育，受益匪浅。

榜样的力量是无穷的。但愿《关兴亚传》的出版受读者欢迎，尤其是能为新一代石油化工科研工作者所喜爱，并能从中汲取有益的东西。

尽管作者力图反映出真实的、德高望重的关兴亚，但由于水平有限，在编撰过程中难免有许多不足之处，故诚恳希望读者批评指正。

最后，对《中国工程院院士传记系列丛书》编审委员会成员葛能全老师在本书撰写过程中给予具体的指导和帮助表示衷心的感谢和崇高敬意。

作者：白尔铮

2017 年 3 月 16 日

作者简介：

白尔铮，生于1945年，浙江镇海人。中国石化上海石油化工研究院高级工程师，长期从事石油化工情报调研工作，曾参与《当代中国石油化学工业》等书的编撰工作。